AF393880

KOMPENDIEN DER SOZIALEN ARBEIT

Sie arbeiten sich in ein neues Sachgebiet ein und benötigen rasch zuverlässige und umfassende Informationen? Sie möchten die wesentlichen Fakten zu Konzepten, Fällen, Arbeitsfeldern und Anwendungsgebieten der Sozialen Arbeit wissen, Good Practice-Beispiele kennenlernen und Handlungsempfehlungen für die Praxis erhalten? In der Reihe erscheinen Werke mit direktem Praxisbezug. Die Bände richten sich an Professionals, Berufseinsteiger:innen und -umsteiger:innen sowie an Studierende, gerade auch mit Blick auf Praxissemester und Anerkennungsjahr.

Helga Seel

Teilhabe und Rehabilitation

Ein Leitfaden für sichere Entscheidungen
im trägerübergreifenden Reha-System

Onlineversion
Nomos eLibrary

Die Deutsche Nationalbibliothek verzeichnet diese Publikation in
der Deutschen Nationalbibliografie; detaillierte bibliografische
Daten sind im Internet über http://dnb.d-nb.de abrufbar.

ISBN 978-3-8487-2849-7 (Print)
ISBN 978-3-8452-7454-6 (ePDF)

Vorwort

Der Mensch zuerst!

Ja, was denn sonst? Und doch muss es gebetsmühlenartig beschworen werden: Bei uns steht der Mensch im Mittelpunkt. Wir erbringen die Leistungen personenzentriert. Die Behörden sollen die Leistungen wie aus einer Hand erbringen.

Menschen mit Behinderungen benötigen Nachteilsausgleiche, um am Leben in der Gesellschaft teilnehmen zu können, um einer Erwerbsarbeit nachgehen zu können. Erbracht werden die Leistungen im „sozialrechtlichen Dreieck": Der Mensch mit Behinderung beantragt Leistungen bei einem Sozialleistungsträger. Die bewilligte Leistung wird von einem Dritten, dem sozialen Dienstleister, erbracht. Hierbei gibt es zahlreiche gesetzliche Regelungen zu beachten, die dazu ermächtigen, dass die Leistungen aus Steuer- oder Beitragsmitteln finanziert werden. Und die Angebote der sozialen Dienstleister müssen nicht nur den gesetzlichen Regelungen entsprechen, sondern sie werden am Ende ganz schlicht dadurch bestimmt, wozu die Dienstleister faktisch in der Lage sind.

Wie kann es Menschen mit Behinderungen in diesem Dreieck gelingen, möglichst selbstbestimmt zu leben? Wie kann der menschenrechtsbasierte Ansatz der UN-Behindertenrechtskonvention verwirklicht werden? Wie kann das Wunsch- und Wahlrecht umgesetzt werden?

Menschen mit Behinderungen kennen ihre eigene Situation und ihre Bedarfslage. Leistungen zur Gesundheit, zur beruflichen Teilhabe und zur sozialen Teilhabe werden von verschiedenen Leistungsträgern bereitgestellt. Hinzu kommen oft Leistungen zur Sicherung des Einkommens oder auch zur Pflege. Sie, die Menschen mit Behinderungen müssen sich mit all diesen Bereichen auseinandersetzen und treffen in den einzelnen Bereichen auf Fachleute, die allzu oft nur ihren Teilbereich kennen.

Seit Jahrzehnten wird immer wieder die Frage aufgeworfen, ob es nicht klüger sei, all diese Leistungen bei einem Träger zusammenzuführen. Doch eine solche organisatorische Entscheidung würde nichts daran ändern, dass für die Erbringung der verschiedenen Leistungen unterschiedliche Expertise erforderlich ist. Die fiktive Universalbehörde würde in Fachabteilungen zerfallen. Die Alternative zur Zusammenlegung ist die verbindliche Zusammenarbeit. Für die Leistungen der Teilhabe und Rehabilitation ist sie in den Verfahrensvorschriften im ersten Teil des Sozialgesetzbuch Neuntes Buch – Rehabilitation und Teilhabe von Menschen mit Behinderungen (SGB IX) geregelt.

Im Kern geht es um zwei zentrale Anliegen des Bundesteilhabegesetzes, durch die Teilhabe ermöglicht werden soll:

1. Personenzentriertes Handeln und
2. Leistungen wie aus einer Hand.

Doch – wie so oft im Leben – besteht eine Lücke zwischen Theorie und Praxis. Die verbindliche Zusammenarbeit ist voraussetzungsvoll. Ohne Fachleute, die sie in die Hand nehmen und vorantreiben, findet sie nicht statt. Ohne Fachleute, die einen Überblick über das Leistungsspektrum und die Arbeitsweise der verschiedenen Leistungsträger haben, kann das nicht klappen.

Und deswegen ist das neue Lehrbuch von Helga Seel so wertvoll. Denn es kann als Kompass in dieser vielfältigen und zerklüfteten Landschaft der Teilhabe und Rehabilitation dienen. Ich bin Helga Seel dankbar, dass sie zur Tastatur gegriffen hat und ihre Expertise in Sachen rechtskreisübergreifender Zusammenarbeit in einem Lehrbuch praxisorientiert aufbereitet hat.

Darüber hinaus geht es auch um die Weiterentwicklung der Teilhabeförderung. Fachleute mit einem gründlichen Verständnis für die Förderung der Teilhabe werden sie vorantreiben. Umfassende Teilhabeplanung beginnt unmittelbar mit der Antragstellung. Der auf Ebene der Bundesarbeitsgemeinschaft für Rehabilitation entwickelte *Gemeinsame Grundantrag für Rehabilitations- und Teilhabeleistungen* kann dafür zu einem wirkungsvollen Werkzeug werden. Die Pilotphase ist beendet – jetzt steht die Einführung bei den Trägern der Rehabilitation an.

Auch hier wird es darauf ankommen, dass Fachkundige – ob bei den Rehabilitationsträgern oder in Beratungsstellen wie der Ergänzenden Unabhängigen Teilhabeberatung – mit einem ganzheitlichen Blick Menschen mit Behinderungen sowohl beraten als auch ihre Anträge entgegennehmen und die Entscheidungsverfahren zügig und koordiniert umsetzen.

Bleibt mir nur zu wünschen, dass dieses Buch viele Leserinnen und Leser finden wird.

Rolf Schmachtenberg
Staatssekretär im Bundesministerium für Arbeit und Soziales a. D.

Inhaltsverzeichnis

Abkürzungsverzeichnis

AA	Agentur für Arbeit
AOK	Allgemeine Ortskrankenkasse(n)
BA	Bundesagentur für Arbeit
BAGLJÄ	Bundesarbeitsgemeinschaft der Landesjugendämter
BAGüS	Bundesarbeitsgemeinschaft der überörtlichen Träger der Sozialhilfe und der Eingliederungshilfe
BAR	Bundesarbeitsgemeinschaft für Rehabilitation e. V.
BDA	Bundesvereinigung der Deutschen Arbeitgeberverbände
BG	Berufsgenossenschaft
BIH	Bundesarbeitsgemeinschaft der Integrationsämter und Hauptfürsorgestellen e. V.
BKK	Betriebskrankenkasse(n)
BMAS	Bundesministerium für Arbeit und Soziales
BMFSFJ	Bundesministerium für Familie, Senioren, Frauen und Jugend
BR-Drs.	Bundesratssdrucksache
BT-Drs.	Bundestagsdrucksache
BTHG	Bundesteilhabegesetz
BVG	Gesetz über die Versorgung der Opfer des Krieges (Bundesversorgungsgesetz)
DGB	Deutscher Gewerkschaftsbund
DRV	Deutsche Rentenversicherung
DGUV	Deutsche Gesetzliche Unfallversicherung
EGH	Trägerbereich Eingliederungshilfe
FL SA	Fachlexikon Soziale Arbeit
GKV	Trägerbereich gesetzliche Krankenversicherung
IKK	Innungskrankenkasse(n)
JH	Trägerbereich öffentliche Jugendhilfe

KBS	Knappschaft Bahn See
KOF	Trägerbereich Kriegsopferfürsorge
KOV	Trägerbereich Kriegsopferversorgung
LG	Leistungsgruppe(n)
LMR	Leistungen zur medizinischen Rehabilitation
LPK-SGB IX	Lehr- und Praxiskommentar SGB IX
LST	Leistungen zur Sozialen Teilhabe
LTA	Leistungen zur Teilhabe am Arbeitsleben
LTB	Leistungen zur Teilhabe an Bildung
OEG	Opferentschädigungsgesetz
RV	Trägerbereich gesetzliche Rentenversicherung
SER	Trägerbereich Soziales Entschädigungsrecht
SGB	Sozialgesetzbuch
SVLFG	Sozialversicherung für Landwirtschaft, Forsten und Gartenbau
SWK Behindertenrecht	Stichwortkommentar Behindertenrecht
THP	Teilhabeplan
THPK	Teilhabeplankonferenz
THVB	Teilhabeverfahrensbericht
UN-BRK	Behindertenrechtskonvention der Vereinten Nationen
UV	Trägerbereich gesetzliche Unfallversicherung
vdek	Verband der Ersatzkassen
WfbM	Werkstätte(n) für behinderte Menschen

Einleitung

Jeder neunte in Deutschland lebende Mensch lebt mit einer Behinderung. Nicht eingerechnet sind Menschen, die von Behinderung bedroht oder von einer chronischen Erkrankung betroffen sind. Viele Menschen mit gesundheitlicher Einschränkung sind in ihrer Teilhabe am gesellschaftlichen Leben beeinträchtigt.

Deutschland verfügt über ein breit angelegtes Angebot an Leistungen, um die Teilhabe von Menschen mit Behinderungen zu fördern. Die Leistungen werden – abhängig von bestimmten Voraussetzungen und Zuständigkeiten – von insgesamt acht für Rehabilitation zuständigen Trägerbereichen erbracht. Sie bilden gemeinsam das sogenannte „Gegliederte Sozialleistungssystem". Das Sozialleistungssystem ist komplex und es wird durchaus auch als kompliziert wahrgenommen. Seine Leistungsfähigkeit und seine Funktionstüchtigkeit hängen in einem hohen Maß von der Zusammenarbeit der Akteure ab. Dazu zählen neben den Reha-Trägern auch die Leistungserbringer und – allen voran – die Menschen mit Behinderungen selbst als die „Stakeholder".

Ohne die Menschen, die für ihre Teilhabe Unterstützung brauchen, gäbe es dieses System nicht. Eine ganz zentrale Aussage im Jahr 2018 novellierten Sozialgesetzbuch Neuntes Buch (SGB IX) lautet „Der Mensch steht im Mittelpunkt" (BT-Drucks.18/9522, S.191) – daran hat sich die Anwendung der Möglichkeiten des Leistungssystems auszurichten. Deshalb ist es konsequent, dass die Rolle von Menschen mit Behinderungen und die Mitwirkung an der Gestaltung ihrer Teilhabe gestärkt werden.

Sowohl die UN-Behindertenrechtskonvention wie auch das SGB IX stellen diese Anforderung voran und formulieren als Ziel „Die volle Teilhabe an allen Aspekten des Lebens" (Artikel 26 Abs.1 UN-BRK). In den Mittelpunkt rückt der Mensch mit all seinen Belangen. Die Feststellung des individuellen Bedarfs, ein planerisches Vorgehen beim Einsatz der Unterstützungsmöglichkeiten, Partizipation am gesamten Prozess sind Bezugspunkte für die Rehabilitation, wie sie in der UN-BRK formuliert und im SGB IX konkretisiert sind.

Für die Sozialleistungsträger sind damit enorme Herausforderungen formuliert: weg vom reinen Erlassen von Verwaltungsakten in Form von Bewilligung oder Ablehnung einer beantragten Leistung oder Weiterleitung des Antrags, hin zu einer Befassung mit dem Anliegen und den Belangen ausgehend vom Menschen mit Behinderung. Diesen Anspruch einzulösen heißt, die Rehabilitation individueller zu gestalten, das zur Verfügung stehende Leistungsspektrum kreativ, rechtssicher und flexibel einzusetzen und teilhabeorientiert auf das auszurichten, was die Menschen wirklich brauchen.

Die Fachkräfte bei den Sozialleistungsträgern, bei den Leistungserbringern, in den Beratungsstellen tragen eine hohe Verantwortung. Für den Erfolg ihrer Arbeit brauchen sie eine zielsichere Orientierung im einerseits umfassenden, andererseits aber auch komplexen Leistungssystem sowie eine wirkungsstarke Zusammenarbeit mit den weiteren Akteuren.

Zusammenarbeit im gegliederten Sozialleistungssystem ist kein Selbstzweck. Sie ist eine maßgebliche Grundlage und oft genug entscheidend für den nachhaltigen Erfolg von Rehabilitation für den einzelnen Menschen und ebenso für den dauerhaften Bestand des Sozialleistungssystems selbst. Ihre Bedeutung spiegelt sich in den einschlägigen Normen des SGB IX wider. Vorschriften sind nur die eine Seite der Medaille – es kommt entscheidend auf die Umsetzung an.

Das Lehrbuch will Unterstützung und praktische Hilfestellung bieten und:

- die Philosophie des modernen Reha- und Teilhaberechts vermitteln,
- einladen, vom Menschen her zu denken,
- mit einem Überblick über das gegliederte Sozialleistungssystem Orientierung bieten,
- die Komplexität und Kompliziertheit des Systems reduzieren und leichter begreiflich machen,
- Orientierungs- und Handlungswissen vermitteln,
- die Anwendung der Leistungsmöglichkeiten fördern,
- die Bedeutung von Verstehen – Verständnis – Verständigung als zentrale Grundlagen für die Zusammenarbeit aufzeigen,
- zur praktischen Umsetzung und Anwendung motivieren.

Im Sinne von Praxisorientierung werden u. a. Erfahrungsberichte von Menschen mit Behinderungen, einschlägige Urteile, Checklisten, Links und Kontaktadressen eingesetzt. Abbildungen dienen der Veranschaulichung und Festigung. Dabei wird auch den Fragen nachgegangen, inwieweit der grundlegende Wandel in der Praxis der Rehabilitation angekommen ist, wo Hürden liegen und wie sich die Hürden – zumindest teilweise – überwinden lassen.

Der Aufgabenteil bietet die Möglichkeit, der Überprüfung, der Anwendung und der Reflektion des Gelernten.

Das Lehrbuch richtet sich an Beraterinnen und Berater, Fallmanagerinnen und Fallmanager und solche, die es werden wollen.

Das heißt, damit angesprochen sind:

- Praktikerinnen und Praktiker vor allem
  - bei den Leistungsträgern, aber auch bei Leistungserbringern,
  - bei den Beratungsstellen, z. B. den IfDs, den EUTBs und den Ansprechstellen,
- Studierende wie auch Lehrende in einschlägigen Studiengängen der Sozialpolitik.

Das Lehrbuch will die Praxisarbeit im Sinne einer bestmöglichen Teilhabe für Menschen mit Behinderungen voranbringen und ein handlungssicheres Arbeiten im gegliederten Sozialleistungssystem unterstützen. Es ist bewusst nicht auf eine sektorale Betrachtung ausgerichtet. Vielmehr steht eine systemische Betrachtung im Mittelpunkt, die Zusammenhänge und Wirkmechanismen darstellt und so Orientierung und Sicherheit in der Anwendung der zahlreichen Möglichkeiten der zur Verfügung stehenden Teilhabeleistungen zum Wohl der Menschen mit Behinderungen bietet.

Über Rückmeldungen, Hinweise, kritische Stellungnahmen freue ich mich.

Idstein, im November 2025
Helga Seel

Kapitel 1 Einführung

1.1 Inklusion als Gesellschaftsmodell

Jeder Mensch – ob mit oder ohne Behinderung – möchte am Leben in der Gesellschaft würdevoll und bestmöglich teilhaben. Und er hat einen Anspruch darauf. So ist in Artikel 1 unseres Grundgesetzes verankert: „Die Würde des Menschen ist unantastbar." Seit einem Vierteljahrhundert, seit der Verfassungsreform nach der deutschen Einheit, steht dieser Satz in unserer Verfassung. Ganz besonders wird die Würde behinderter Menschen in Artikel 3 Absatz 3 Satz 2 berücksichtigt: „Niemand darf wegen seiner Behinderung benachteiligt werden." Eine Gesellschaft funktioniert dann gut, wenn alle Menschen –mit und ohne Behinderungen – an ihr teilhaben und mitentscheiden können.

Dafür braucht es eine an Menschenwürde, gleichberechtigter Teilhabe und Selbstbestimmung ausgerichtete Rechtspolitik zugunsten behinderter Menschen (Kapitel 2.III) und erst recht eine daran ausgerichtete Umsetzung durch die verantwortlichen Akteure (Kapitel 2.IV).

Seit dem 26. März 2009 ist das Übereinkommen der Vereinten Nationen über die Rechte von Menschen mit Behinderung – die UN-Behindertenrechtskonvention (UN-BRK) – auch in Deutschland geltendes Recht. „Inklusion" hat damit als Leitidee ihre Wirkung entfaltet; sie steht für eine breite Akzeptanz individueller Vielfalt in einer Gesellschaft, die den Wert jedes einzelnen Menschen mit seinen Fähigkeiten und individuellen Voraussetzungen erkennt und anerkennt.

Inklusion signalisiert die Zugehörigkeit von Menschen mit Behinderungen zu einer Gesellschaft, in der Behinderung ein „normaler" Teil ihrer „normalen" Diversität ist. Als ein tragender Grundsatz und Leitbegriff für die Gestaltung unserer Gesellschaft steht Inklusion für die Offenheit einer Gesellschaft in Bezug auf soziale Vielfalt, die alle Menschen umfasst und selbstverständlich Menschen mit Behinderungen einschließt.

Der Gedanke der Inklusion geht weit über das Gesellschaftsmodell hinaus, das von „Integration" oder „Eingliederung", „Wiedereingliederung" geprägt war. Es geht nicht um Einbezogenwerden, sondern um Einbezogensein als vollwertiges Mitglied in der Gesellschaft. Bei der Inklusion muss sich niemand verändern, um in die Umwelt „hineinzupassen"; vielmehr muss sich die Umwelt an die Anforderungen jedes Individuums anpassen und nach den Bedürfnissen ausrichten.

Es geht nicht darum, innerhalb bestehender Strukturen auch für Menschen mit Behinderungen Raum zu schaffen und ihnen Möglichkeiten zu eröffnen, sondern darum, die gesellschaftlichen Strukturen so zu gestalten, dass sie der realen Vielfalt menschlicher Lebenslagen, gerade auch von Menschen mit Behinderungen, von vornherein gerecht werden und diese Teil der Gesellschaft und ihrer Subsysteme sind.

„Demokratie braucht Inklusion" – so lautet das Motto des Bundesbehindertenbeauftragten der Bundesregierung, Jürgen Dusel. Folgen wir diesem Gedanken, dann ist der dafür erforderliche Abbau von bestehenden Barrieren eine demokratische Aufgabe. Wer dabei mithilft, leistet Demokratiearbeit, und Möglichkeiten mitzuwirken, bieten sich für uns alle.

Die UN-BRK bringt in ihrem Artikel 3 zum Ausdruck, worum es geht: eine „vollständige und wirksame Partizipation und Inklusion in der Gesellschaft". Das Prinzip sozialer Inklusion gewinnt konkret Gestalt in den Forderungen z. B. nach gleichberechtigtem Zugang zum Arbeitsmarkt, nach Möglichkeiten der Teilhabe am kulturellen Leben, nach inklusiver Bildung und nach gleichberechtigter politischer Mitwirkung.

Eine zentrale Rolle spielt das Moment der Selbstbestimmung – im Gegensatz zu Fürsorge und Fremdbestimmung. Selbstbestimmung und Inklusion bedingen einander wechselseitig: Selbstbestimmung ist eine Voraussetzung für soziale Inklusion und ohne soziale Inklusion kann Selbstbestimmung nicht gelebt werden.

Die neuen Begriffe Teilhabe, Partizipation, Personenzentrierung, Inklusion, Selbstbestimmung, Teilnahme, Teilhabeplan, Teilhabekonferenz, Barrierefreiheit lösen Begriffe wie Entschädigung, Versorgung, Fürsorge, Eingliederung, Wiedereingliederung, Integration ab. Wir sprechen heute nicht mehr von behinderten Menschen, sondern von Menschen mit Behinderungen, von Menschen mit drohender Behinderung, von chronisch kranken Menschen. Der Wechsel zu neuen Begrifflichkeiten ist nicht trivial – es ist der Beginn für einen Perspektivwechsel. Denn sprachliche Entwicklung bildet das ab, was mit dem für eine inklusive Gesellschaft notwendigen und geforderten Bewusstseinswandel einhergeht. Den braucht es, damit Menschen mit Behinderung genauso als Teil der Gesellschaft wie Menschen ohne Behinderung gesehen werden und sich selber sehen können. Die Aufgabe besteht darin, die Rahmenbedingungen dafür von vornherein so zu gestalten, dass dies möglich ist. Dieser Geist liegt dem Begriff der Inklusion zugrunde, der im Sprachgebrauch Begriffe wie „Integration", „Eingliederung", „Wiedereingliederung" abgelöst hat.

Mit der Ratifikation der UN-BRK zum 28.3.2009 hat sich Deutschland zur UN-BRK, zum inklusiven Gesellschaftsmodell und zu einer gleichberechtigten Teilhabe von Menschen mit Behinderungen bekannt (Kapitel 2.III.1). Mit dem SGB IX als eigenem Gesetzbuch für die Rehabilitation und Teilhabe von Menschen mit Behinderungen wurde bereits in 2001 ein Paradigmenwechsel eingeleitet: Statt Fürsorge und Versorgung wurde Teilhabe als sozialpolitisches Konzept für Selbstbestimmung und Eigenverantwortung definiert. Mit der Verabschiedung des Gesetzes zur Stärkung der Teilhabe und Selbstbestimmung von Menschen mit Behinderungen, dem Bundesteilhabegesetz, am 23.12.2016 erfolgte ein weiterer Schritt in der Weiterentwicklung des deutschen Rechts in Übereinstimmung mit dem Menschenrechtsübereinkommen (vgl. BT-Drs.18/9522, S.188).

Zwar sind gesetzliche Vorschriften, ein Wechsel von Begrifflichkeiten und Bekenntnisse eine wichtige Grundlage für Veränderungen, sie verändern aber zunächst noch gar nichts. Inklusion ist mit Arbeit verbunden und sie kann nur gelingen, wenn sie von einer breiten gesellschaftlichen Akzeptanz und Mitwirkung getragen ist. Deshalb nehmen Inklusion und Teilhabe die ganze Gesellschaft in den Blick.

Dem Diversity Ansatz der BRK folgend sind Menschen mit Behinderungen Teil der Normalität menschlichen Lebens und des gesellschaftlichen Zusammenlebens. Gesellschaftliche Strukturen müssen so barrierefrei verändert und gestaltet werden, dass sie auch Menschen mit Behinderungen voll umfänglich gerecht werden (vgl. von Boetticher/Kuhn-Zuber 2022: 17).

Als Gesellschaftsentwurf betrifft Teilhabe alle Menschen und nimmt den einzelnen Menschen in Blick, der sich nach seinen individuellen Möglichkeiten engagiert. Hierbei geht es dann auch um das Verständnis, sich als Teil des Ganzen zu verstehen mit Rechten wie auch mit Pflichten. So gesehen sind Inklusion und Teilhabe nichts Eindimensionales. Denn gleichberechtigter Teil des Ganzen zu sein und Inklusion als handlungsleitendes Motiv gesellschaftlicher Prozesse zu verstehen, heißt immer auch, mit seinen Möglichkeiten zum Funktionieren der Gesellschaft beizutragen. Dies bedeutet, die Güte dessen was erreicht werden soll nicht allein in der Durchsetzung eigener Erwartungen oder Forderungen zu verstehen, sondern eben auch Kompromisse zu suchen, wo eine komplette Durchsetzung nicht möglich ist.

Inklusion ist kein Selbstläufer. Vorschriften, Konzepte, Vereinbarungen schaffen noch keine Inklusion – auf die Übertragung in die Alltagspraxis kommt es an. Für Inklusion muss gearbeitet werden und alle, die im Bereich von Rehabilitation und Teilhabe tätig sind, tragen Verantwortung für das Gelingen von Teilhabe im Einzelfall wie auch für die Erreichung einer inklusiven Gesellschaft.[1]

Noch einen Schritt weiter geht Andreas Oehme in Bezug auf einen inklusiven Arbeitsmarkt: „Inklusion ist [...] nicht nur eine gesetzliche Vorgabe [...]. Sie ist auch keine Begriffsmode, die wie viele andere kurz durch die Fachwelt geistert und dann von den nächsten abgelöst wird, sondern eine Idee, für die die Zeit in den Beschäftigungshilfen reif geworden ist" (Oehme 2025: 7).

1.II Der Mensch im Mittelpunkt

1.II.1 Teilhabeorientierung

Orientierungspunkt im Recht der Rehabilitation und Teilhabe und Zielsetzung seiner Leistungen ist die Förderung von selbstbestimmter und gleichberechtigter Teilhabe von Menschen mit Behinderung am Leben in der Gesellschaft sowie die Vermeidung oder das Entgegenwirken von Benachteiligungen (vgl. Stähler in SWK Behindertenrecht 2018: 613 Rn. 1; Rasch in FL SA 2022: 916).

Teilhabe ist subjektiv und geht vom Menschen aus. Kein Außenstehender kann und sollte bestimmen wollen, worin selbstbestimmte und gleichberechtigte Teilhabe für Menschen mit Behinderungen besteht. Im Sinne von Teilhabeorientierung geht es darum, den individuellen Bedürfnissen des Einzelnen Rechnung zu tragen. Der Einsatz der im geltenden Recht zur Verfügung stehenden Hilfemöglichkeiten soll auf ein Höchstmaß an Teilhabe ausgerichtet sein. Für die Rehabilitationsträger ist Teilhabeorientierung deshalb eine Verpflichtung zum einen als Zielstellung, zum anderen als Leitlinie für das Handeln.

1.II.2 Personenzentrierung

Im Kontext der Politik für Menschen mit Behinderungen ist Personenzentrierung ein Prinzip bei der Feststellung des Hilfebedarfs (vgl. Nier in FL SA

---

1 So formulierte es Bundeskanzlerin Angela Merkel in ihrer Rede beim Jahresempfang des Bundesbehindertenbeauftragten Jürgen Dusel am 17.8.2021.

2022:644). Eine klare Definition von „Personenzentrierung" gibt es allerdings nicht. Bei genauerem Hinsehen wird deutlich, dass teils sehr unterschiedliche Inhalte mit dem Begriff verbunden werden.

Als zentrales Kennzeichen lässt sich festmachen, dass es um den individuellen Hilfebedarf geht und sich die Leistungen allein daran orientieren. Maßgeblich dafür sind Faktoren, die den Menschen mit Behinderung und seine Lebensumstände ausmachen. Denn je nach Erkrankung oder Behinderung stellen sich ganz unterschiedliche Anforderungen (siehe Kapitel 2.I.3); ebenso einflussreich können Gegebenheiten sein, die in der Person bedingt sind oder als auch in ihrem Umfeld liegen. So spielen z. B. Wohnort, Alter, Lebensbedingungen, Bildungsniveau oder auch die soziale Eingebundenheit eine entscheidende Rolle, wenn es um Teilhabeeinschränkungen bzw. Partizipationsmöglichkeiten geht. Je besser und passgenauer auf den Menschen eingegangen wird, desto höher sind die Chancen auf volle Teilhabe.

Der Begriff der Personenzentrierung wurde zu einem Leitbild der Reform der Eingliederungshilfe für Menschen mit Behinderungen und als Leitgedanke im BTHG verankert. „Von der Einrichtungs- zur Personenzentrierung" lautet die Überschrift in der Begründung zum BTHG (BT-Drs.18/9522, S.197 ff.). Die Ausführungen beziehen sich auf die Neuausrichtung der Eingliederungshilfe von einer bisher praktizierten einrichtungszentrierten zu einer personenzentrierten Leistung. Danach soll sich die notwendige Unterstützung von Menschen mit Behinderungen nicht mehr an einer bestimmten Wohnform – ambulant – teilstationär – stationär – ausrichten, sondern sich ausschließlich am individuellen Bedarf orientieren. Ausgangspunkt ist der Mensch mit Behinderung selbst, seine Fähigkeiten, sein Lebensfeld, seine Vorstellungen, seine Teilhabeziele. Damit verfolgt der personenzentrierte Ansatz eine ganzheitliche Perspektive. Es geht darum, mit dem Leistungsberechtigten den eigenen Willen zu erörtern, gemeinsam den individuellen Hilfebedarf festzustellen und dann ein passendes Hilfepaket im gewohnten oder gewünschten Lebensfeld zusammenzustellen und zu organisieren.

Das neue Recht der Eingliederungshilfe hat Auswirkungen auf alle Träger. Die Orientierung am Menschen ist für die Frage nach der notwendigen Unterstützung aus dem Hilfesystem eine Forderung, die sich an alle Sozialleistungsträger richtet. Da sich die Bedarfe der Menschen nicht nach den Grenzen des Sozialleistungssystems richten, kann vorrangiger Ausgangspunkt eben nicht die Binnenlogik eines einzelnen Trägerbereichs sein, sondern die Möglichkeiten des gesamten Leistungssystems. Neben der Beantwortung der Frage, was ein Träger selbst leisten kann bzw. zu leisten hat, besteht die Pflicht einer umfassenden und koordinierten Ermittlung aller Bedarfe eines Menschen mit Behinderung (Kapitel 3.II.).

Der personenzentrierte Ansatz macht Vorgaben für alle Träger und zwar nicht nur in Bezug auf die Leistungen selbst, sondern auch für die Gestaltung des Verfahrens: Darunter fallen die aktive Einbeziehung des Betroffenen, die Beachtung aller Lebenslagen, die Berücksichtigung des Wunsch- und Wahlrechts, ein planerisches Vorgehen nach den allgemeinen Vorschriften der Teilhabeplanung (§§ 15 ff. SGB IX) und den besonderen Vorschriften für die Gesamtplanung (§§ 117 SGB IX). Für die Trägerbereiche impliziert dies, ihre Entwicklungs- und Entscheidungsverfahren als Prozesse anzupassen und zwar weg von einer hierarchischen hin zu einer partizipativen Steuerung.

Passgenaue Leistungen liegen im Interesse aller Beteiligten. Geht es um die Frage des Erfolges von Leistungen der Rehabilitation und Teilhabe ist immer davon auszugehen, dass je zielgenauer sie die Bedarfe und Bedürfnisse eines Menschen mit Behinderung treffen, desto größer sind dessen Chancen für eine tatsächlich bestmögliche Teilhabe. Leistungen, die sich nicht daran orientieren, drohen ins Leere zu laufen. Eine Qualifizierungsmaßnahme zur Rückkehr ins Arbeitsleben verfehlt ihre Wirkung, wenn die Leistung nicht den Vorstellungen des Rehabilitanden entspricht und nicht zum Lebensumfeld, in diesem Fall dem betrieblichen Kontext, passt.

Die Mehrwerte von Teilhabeorientierung und Personenzentrierung – durchaus auch im Sinne von Wirksamkeit und Wirtschaftlichkeit der Leistungen zur Rehabilitation und Teilhabe – liegen auf der Hand.

Kapitel 2 Grundlagen

2.1 Um wen geht es?

Zusammenfassung

In Kapitel 2.1. wird anhand von ausgewählten Zahlen, Daten und Fakten belegt, dass es sich bei den Zielgruppen von Rehabilitation und Teilhabe um eine relevante Gruppe unserer Gesellschaft handelt.

Es folgt ein Blick auf die zur Bezeichnung der Zielgruppe verwendeten Begrifflichkeiten und die Relevanz der Differenzierung im Kontext von Leistungen der Rehabilitation und Teilhabe.

Daran und anhand der unterschiedlichen Krankheitsbilder und Behinderungsarten sowie deren Auswirkungen auf Teilhabe wird deutlich, dass Menschen mit Behinderungen keine homogene Gruppe darstellen.

Ihre Vielschichtigkeit erfordert im Rahmen von Rehabilitation und Teilhabe entsprechende Beachtung.

2.1.1 Zahlen, Daten, Fakten

Menschen, die aufgrund gesundheitlicher Einschränkungen in ihrer Teilhabe beeinträchtigt sind, sind keine Randgruppe – sie stellen einen relevanten Teil unserer Gesellschaft dar.

Laut drittem Teilhabebericht der Bundesregierung über die Lebenslagen von Menschen mit Beeinträchtigungen leben in Deutschland beinahe 13,04 Millionen Menschen mit Beeinträchtigungen (vgl. BMAS 2021: 36). Jeder neunte in Deutschland lebende Mensch lebt also mit einer Beeinträchtigung. In diese Zahl nicht eingerechnet sind Menschen, die von einer Behinderung bedroht sind (siehe Kapitel 2.1.2).

Eine Teilgruppe der Menschen mit Behinderungen sind Menschen mit anerkannter Schwerbehinderung[2]. Zum Jahresende 2023 lebten in Deutschland rund 7,9 Millionen Menschen mit schwerer Behinderung. Das waren rund 67.000 oder 0,9 Prozent mehr als zum Jahresende 2021. Bezogen auf die

---

2 Alle zwei Jahre veröffentlicht das Statistische Bundesamt (Destatis) die Statistik der Menschen mit schwerer Behinderung. Die aktuelle Statistik wurde 2024 veröffentlicht. www.destatis.de/DE/Presse /Pressemitteilungen/2024/07/PD24-281_227.html - abgerufen 8.9.2025.

Gesamtbevölkerung zum Jahresende 2023 waren 9,3 Prozent der Menschen in Deutschland schwerbehindert. 50,1 Prozent der Schwerbehinderten waren Männer, 49,9 Prozent waren Frauen.

Mehr als ein Fünftel der Menschen mit schwerer Behinderung (22 Prozent) verfügte über den höchsten Grad der Behinderung von 100. Über ein Drittel (35 Prozent) der schwerbehinderten Menschen wiesen einen Grad der Behinderung von 50 auf.

2.1.1.1 Zielgruppenmerkmale

Behinderungen entstehen meist erst in fortgeschrittenem Alter, Behinderungen von Geburt an oder im Kindesalter sind eher selten. Zum Jahresende 2023 waren 2,7 Millionen der schwerbehinderten Menschen (34 Prozent) 75 Jahre und älter. 3,6 Millionen (45 Prozent) der schwerbehinderten Menschen gehörte der Altersgruppe von 55 bis 74 Jahren an. 214.000 (3 Prozent) waren Kinder und Jugendliche unter 18 Jahren.

Die Hauptursache einer schweren Behinderung ist eine Krankheit. Knapp 91 Prozent der schweren Behinderungen wurden durch eine Krankheit verursacht, rund 3 Prozent der Behinderungen waren angeboren oder traten im ersten Lebensjahr auf. 1 Prozent der Behinderungen waren auf einen Unfall oder eine Berufskrankheit zurückzuführen. Weitere Ursachen machen einen Anteil von 5 Prozent aus.[3]

In Bezug auf die unterschiedlichen Arten von Behinderungen (siehe Kapitel 2.1.3) ergibt sich folgende Verteilung: Körperliche Behinderungen lagen bei 58 Prozent der schwerbehinderten Menschen vor. Davon waren bei 26 Prozent die inneren Organe bzw. Organsysteme betroffen, bei 11 Prozent waren Arme und/oder Beine in ihrer Funktion eingeschränkt, bei weiteren 10 Prozent Wirbelsäule und Rumpf. Blindheit oder eine Sehbehinderung lagen in weiteren 4 Prozent und bei ebenfalls 4 Prozent Schwerhörigkeit, Gleichgewichts- oder Sprachstörungen vor. Der Verlust einer oder beider Brüste war bei 2 Prozent Grund für die Schwerbehinderung.

Geistige oder seelische Behinderungen hatten insgesamt 15 Prozent, zerebrale Störungen 9 Prozent der schwerbehinderten Menschen. Bei den übrigen Personen (19 Prozent) war die Art der schwersten Behinderung nicht ausgewiesen.

---

3 www.destatis.de/DE/Presse/Pressemitteilungen/2024/07/PD24_281_227.html (8.9.2025).

Abbildung 1:   Ursachen von Behinderung (Datenquelle: Statistisches Bundesamt 2024, Stand 31.12.2023)

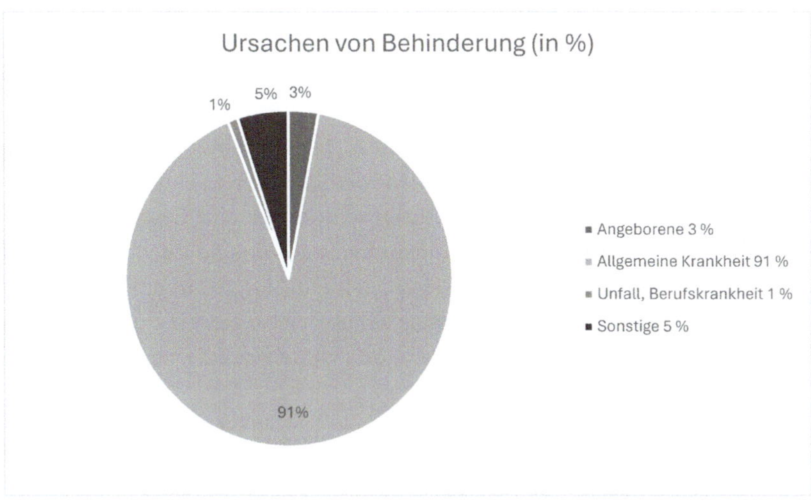

Abbildung 2:   Behinderungsarten (Datenquelle: Statistisches Bundesamt 2024)

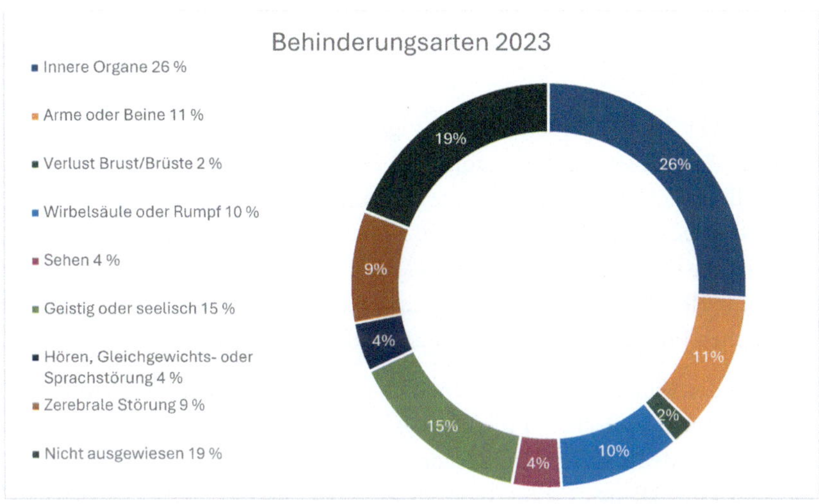

Ein besonderer Stellenwert kommt der Teilhabe von Menschen mit Behinderung am Arbeitsleben zu (vgl. Kapitel 2.III.1). Die Bundesagentur für Arbeit veröffentlicht jährlich eine Statistik zur Arbeitsmarktsituation schwerbehinderter Menschen in Deutschland.[4] Nach dem aktuellen Bericht wird eine Verschlechterung in 2024 gegenüber dem Vorjahr 2023 verzeichnet: Die Zahl der arbeitslosen schwerbehinderten Menschen erhöhte sich um 6 Prozent auf durchschnittlich 175.000 Personen, die Arbeitslosenquote lag bei 11,6 Prozent. Fast die Hälfte der Menschen mit Schwerbehinderung in Deutschland war langzeitarbeitslos. Mit einer Erwerbsquote von 51,4 Prozent lag die Erwerbsbeteiligung schwerbehinderter Menschen im Alter von 15 bis 65 Jahren deutlich niedriger als bei nicht schwerbehinderten Menschen. Trotz guter Qualifikationen ist es für schwerbehinderte Menschen schwieriger, eine Beschäftigung auf dem allgemeinen Arbeitsmarkt aufzunehmen, und oft sind sie zusätzlich von anderen vermittlungshemmenden Merkmalen wie Langzeitarbeitslosigkeit betroffen. Die Zahlen der Bundesagentur für Arbeit zeigen einen allgemeinen Rückgang der Fortschritte bei der Inklusion schwerbehinderter Menschen in den allgemeinen Arbeitsmarkt.

2.1.1.2 Entwicklungstendenzen

Insgesamt ist die Zahl der Menschen mit Behinderungen (zu den Begrifflichkeiten vgl. Kapitel 2.1.2) in den letzten Jahren gestiegen und sie wird weiter steigen. Dabei ist die Zunahme nicht allein im demografischen Wandel zu sehen und darin begründet, dass altersbedingt gesundheitliche Beeinträchtigungen steigen.

So kommt es auch zu neuen Erkrankungsformen verursacht durch unvorhergesehene Ereignisse wie die Corona-Pandemie in den Jahren 2020 bis 2023. Nicht alle an SARS-CoV-2 erkrankte Menschen haben die Erkrankung ohne bleibende Beeinträchtigung überstanden – viele Erkrankte leiden bis heute teilweise massiv unter Covid-19-Spätfolgen, wie etwa andauernder Müdigkeit (Fatigue), Herz-Kreislauf-Erkrankungen, Lungenschäden, Atembeschwerden, psychischen Problemen, psychosomatischen Beschwerden.

Die Zahl der Kinder und Jugendlichen, die an Depressionen, Angststörungen und anderen psychischen Problemen leiden, hat signifikant zugenommen. Bei jüngeren Menschen steigen besonders Erkrankungsformen wie Adipositas, Allergien oder Diabetes. Eine repräsentative Studie der DAK zeigt, dass im Jahr 2023 4,6 Prozent der 5- bis 17-jährigen DAK-versicherten Mädchen und Jungen eine Adipositas-Diagnose aufwiesen. Hochgerechnet auf die gesamt-

---

4   Bundesagentur für Arbeit 2024: Arbeitsmarktsituation schwerbehinderter Menschen 2024. Abrufbar unter https://statistik.arbeitsagentur.de (6.7.2025).

deutsche Bevölkerung entspricht dies einer Anzahl von knapp 470.000 Adipositas-Betroffenen in der untersuchten Altersgruppe der 5- bis 17-Jährigen. Im Pandemiejahr 2021 kam es zu einem deutlichen Anstieg der sich in Behandlung befindlichen Kinder und Jugendlichen im Alter von 5 bis 17 Jahren. Im Jahr 2023 stabilisiert sich der Anteil der 5- bis 17-Jährigen mit einer Adipositas-Diagnose auf das Vorpandemieniveau des Jahres 2019. Lediglich für die Altersgruppe der männlichen Jugendlichen (15–17 Jahre) ist im Vergleich der Jahre 2019 und 2023 eine deutliche Steigerung der Prävalenz von 6 Prozent zu beobachten. Wie die Studie ebenfalls zeigt, ist die Prävalenz bestimmter Erkrankungen – darunter Adipositas – bei Kindern und Jugendlichen von Eltern ohne Bildungsabschluss wesentlich höher gegenüber denen von Eltern mit hohem Bildungsabschluss: Sie sind dreimal häufiger von Fettleibigkeit betroffen als Kinder und Jugendliche mit hohem sozioökonomischen familiären Hintergrund.[5]

2.1.1.3 Steigender Bedarf an Rehabilitations- und Teilhabeleistungen

Verbunden mit der kontinuierlichen Erhöhung der Zahl der Menschen mit Beeinträchtigungen ist die Zunahme an Unterstützungsbedarf. Leistungen der Rehabilitation und Teilhabe werden immer wichtiger, um Menschen mit Beeinträchtigungen Teilhabe zu ermöglichen.

Der Stellenwert der Rehabilitation und Teilhabe in der Gesellschaft steigt: So gilt neben der Akutversorgung und der Prävention die Reha-Branche als dritte große Säule des deutschen Gesundheitssystems. Bereits 2023 prognostizierte die Bank für Sozialwirtschaft bis zum Jahr 2030 einen Anstieg der Fallzahlen allein in Vorsorge- und Rehabilitationseinrichtungen auf über zwei Millionen (vgl. BAR Reha-Info 2/2023: 2).

Diese Entwicklung zeichnet sich auch ab in den seit Jahren kontinuierlich steigenden Aufwänden für Leistungen der Rehabilitation und Teilhabe (vgl. BAR Reha-Info 1/2025, 4 ff.).[6]

---

5   https://www.dak.de/dak/unternehmen/reporte-forschung/dak-kinder-und-jugendreport-2023_45
524 (2.10.2025).)

6   Die Bundesarbeitsgemeinschaft für Rehabilitation e. V. (BAR) veröffentlicht jährlich eine trägerübergreifende Statistik über die Gesamtausgaben differenziert nach Leistungsgruppen und Trägerbereichen.

Gesamtausgaben für Leistungen der Rehabilitation

Im Jahr 2023 lagen die Leistungsausgaben der Träger bei 47,4 Milliarden und damit 8,7 Prozent über dem Vorjahresniveau. Der Anstieg der Reha-Ausgaben liegt deutlich über dem bisherigen durchschnittlichen jährlichen Anstieg zwischen 2019 und 2022.

Betrachtet man die Reha-Ausgaben im Vergleich zum Bruttoinlandsprodukt (BIP) und dem Sozialbudget so fällt auf: Während das BIP im Jahr 2023 um 6,3 Prozent und im Vergleich zum Vorjahr um 7,4 Prozent zunahm, stieg das Sozialbudget um 5,2 Prozent und um 2,2 Prozent im Vergleich zum Vorjahr. Mit einem Anstieg von 8,7 Prozent verzeichnen die Reha-Ausgaben das deutlichste Wachstum und übertreffen das Vorjahresniveau, das 2022 bei 3,8 Prozent lag.

Abbildung 3: Gesamtausgaben und Anteile der Trägerbereiche 2019 bis 2023 (Quelle: Bundesarbeitsgemeinschaft für Rehabilitation e.V. (BAR) 2025)

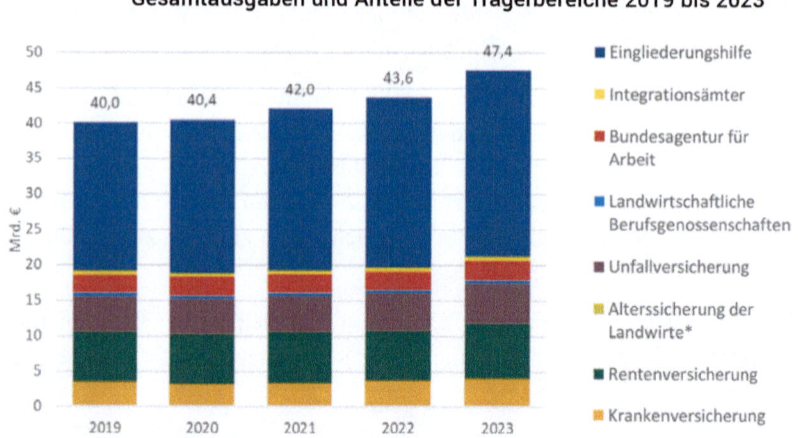

Abbildung 3 zeigt auch, dass sich die Ausgaben für Leistungen der Rehabilitation nicht gleichmäßig auf die einzelnen Trägerbereiche (siehe Kapitel 2.IV.2.2) verteilen.

Mit Ausgaben von 26,2 Milliarden und einer Steigerung um 9,0 Prozent gegenüber 2022 ist die Eingliederungshilfe der ausgabenstärkste Träger mit steigender Tendenz. An zweiter Stelle folgt die Rentenversicherung mit 7,6 Milliarden und einem Anstieg von 9,7 Prozent gegenüber dem Vorjahr.

Die Unfallversicherung verzeichnet mit 5,7 Milliarden einen Anstieg gegenüber dem Vorjahr um 7,4 Prozent. Der Anteil der Krankenversicherung liegt bei 4,1 Milliarden, was einem Anstieg gegenüber dem Vorjahr von 9,8 Prozent entspricht. Die Ausgaben der Bundesagentur für Arbeit liegen bei 2,7 Milliarden und sind im Vorjahresvergleich um 3,4 Prozent gestiegen. Sowohl die Alterssicherung der Landwirte wie auch die Landwirtschaftliche Unfallversicherung weisen ihre Ausgaben separat von der Deutschen Rentenversicherung bzw. den übrigen Trägern der Unfallversicherung aus. Erstere steigert die Ausgaben um 12,3 Prozent auf 11 Millionen, letztere um 12,3 Prozent auf 466 Millionen. Die Ausgaben der Integrationsämter für Leistungen der Begleitenden Hilfe im Arbeitsleben (vgl. Kapitel 2.IV.1.6) liegen bei 628 Millionen und entsprechen einem Wachstum von 9,2 Prozent.

Wie sich die Ausgaben der einzelnen Träger auf die einzelnen Leistungen verteilen, zeigt die Tabelle „Ausgaben für Rehabilitation und Teilhabe".

Tabelle 1: Ausgaben für Rehabilitation und Teilhabe (Quelle: Bundesarbeitsgemeinschaft für Rehabilitation e.V. (BAR) 2025)

Tabelle 1: Ausgaben für Rehabilitation und Teilhabe

(2021 – 2023) in Millionen Euro [1]

	2021	2022	2023	Veränd.
	in Mio €	in Mio €	in Mio €	22–23
Krankenversicherung	**3.369**	**3.695**	**4.058**	**9,8%**
Stationäre Anschlussrehabilitation gesamt	1.900	1.990	2.071	4,0%
Stationäre Rehabilitation gesamt	449	558	668	19,6%
Rehabilitation für Mütter und Väter	6	5	5	-7,2%
Ambulante Rehabilitation gesamt	134	149	167	12,3%
Beiträge zur Unfallversicherung für Rehabilitanden	91	79	83	5,7%
Rehasport/Funktionstraining	126	211	264	25,1%
Sonstige ergänzende Leistungen	107	111	119	7,0%
Leistungen in sozialpäd. Zentren	287	308	330	7,1%
Belastungserprobung u. Arbeitstherapie	0,58	0,42	0,44	5,1%
Leistungen zur Früherkennung und Frühförderung	183	196	213	9,1%
Ergänzende Leistungen zur Reha (DMP)	11	12	11	-5,5%
Persönliches Budget	75	76	126	66,5%
Rentenversicherung	**7.112**	**6.963**	**7.641**	**9,7%**
Leistungen zur medizinischen Rehabilitation	4.930	4.723	5.273	11,6%
Leistungen zur Teilhabe am Arbeitsleben (LTA)	1.230	1.237	1.204	-2,6%
Prävention, Kinderrehabilitation, Nachsorge, Sonstige Leistungen	549	608	743	22,3%
Sozialversicherungsbeiträge	403	396	420	6,2%
Persönliches Budget	0,55	0,50	0,62	24,4%
Alterssicherung der Landwirte	**9**	**10**	**11**	**12,3%**
Unfallversicherung [2]	**5.069**	**5.292**	**5.685**	**7,4%**
Ambulante Heilbehandlung u. Zahnersatz	1.748	1.804	1.957	8,5%
Stationäre Behandlung u. häusliche Krankenpflege	1.203	1.254	1.351	7,7%
Verletztengeld und besondere Unterstützung	865	925	981	6,0%
Sonstige Heilbehandlungskosten	1.094	1.168	1.265	8,3%
Leistungen zur Teilhabe am Arbeitsleben (LTA)	159	141	131	-6,9%
Landwirtschaftliche Berufsgenossenschaften	**421**	**415**	**466**	**12,3%**
davon Persönliches Budget	1,97	1,82	2,05	12,6%
Bundesagentur für Arbeit	**2.595**	**2.588**	**2.676**	**3,4%**
Pflichtleistungen der LTA	2.474	2.471	2.560	3,6%
Ermessensleistungen der LTA	106	102	101	-0,2%
Persönliches Budget	14	15	15	1,1%
Integrationsämter	**555**	**575**	**628**	**9,2%**
Begleitende Hilfe im Arbeitsleben	450	467	513	9,8%
Arbeitsmarktprogramme	42	52	60	16,0%
Sonstige Leistungen	64	56	55	-2,3%
davon Trägerübergreifendes Persönliches Budget	0,32	0,58	0,62	5,8%
Eingliederungshilfe	**22.870**	**24.053**	**26.212**	**9,0%**
Leistungen zur medizinischen Rehabilitation	84	106	131	23,2%
Leistungen zur Teilhabe am Arbeitsleben	5.111	5.221	5.707	9,3%
davon Leistungen zur Beschäftigung in WfbM	5.064	5.165	5.628	9,0%
Leistungen zur Teilhabe an Bildung	2.003	2.302	2.583	12,2%
Leistungen zur sozialen Teilhabe	15.268	16.001	17.252	7,8%
davon Assistenzleistungen	11.777	12.190	13.110	7,6%
Sonstige Leistungen der Eingliederungshilfe	404	423	539	27,5%
Ausgaben insgesamt	**42.001**	**43.591**	**47.378**	**8,7%**

©BAR 2025

Fußnoten Tabelle:

[1] Rundungsabweichungen können auftreten. Für die Richtigkeit der genannten Zahlen können wir keine Gewähr übernehmen, da diese in der Verantwortung der einzelnen Herausgeber liegen.

[2] In der UV kann eine Trennung der Ausgaben zur Heilbehandlung und zur medizinischen Rehabilitation nicht vorgenommen werden.

Datenquellen

- BA (2024): Finanzentwicklung im Beitragshaushalt SGB III (Dezember 2023).
- BIH (2025): BIH-Jahresbericht 2023 | 2024. (im Druck)
- BMAS (2024): Sozialbudget 2023.
- BMG (2024): Gesetzliche Krankenversicherung. Endgültige Rechnungsergebnisse 2023.
- Destatis (2024a): Bruttoausgaben der Eingliederungshilfe: Deutschland, Jahre, Leistungsarten.
- Destatis (2024b): VGR des Bundes – Bruttowertschöpfung, Bruttoinlandsprodukt (nominal/preisbereinigt): Deutschland, Jahre.
- DGUV (2025): Geschäfts- und Rechnungsergebnisse der gewerblichen Berufsgenossenschaften und Unfallversicherungsträger der öffentlichen Hand 2023.
- DRV (2024): Endgültige jährliche Rechnungsergebnisse. (Tabelle 141 DRV zur Erstellung der Ausgabenstatistik der BAR zur Verfügung gestellt)
- SVLFG (2024a): Geschäfts- und Rechnungsergebnisse der Alterssicherung der Landwirte.
- SVLFG (2024b): Rechnungsergebnisse der landwirtschaftlichen Unfallversicherung.

Ausführlichere Quellenangaben mit Verlinkungen sind verfügbar unter: https://www.bar-frankfurt.de/themen/zahlen-daten-fakten.html

Antragszahlen

Auch ein Blick in die Entwicklung der Antragszahlen zeigt eine Steigerung. Im Jahr 2023 wurden knapp 3,2 Millionen Gesamtanträge auf Leistungen zur Rehabilitation und Teilhabe gestellt, im Jahr 2022 waren es noch 3,0 Millionen Gesamtanträge. Dabei kann ein Gesamtantrag Leistungen aus mehreren Leistungsgruppen beinhalten (Teilhabeverfahrensbericht 2024: 11).

Gemessen an der Anzahl der Gesamtanträge ist die Rentenversicherung mit 1,76 Millionen Anträgen der größte Rehabilitationsträger.

Abbildung 4: Anzahl der Gesamtanträge nach Trägerbereich (Quelle: Teilhabeverfahrensbericht 2024, 54)

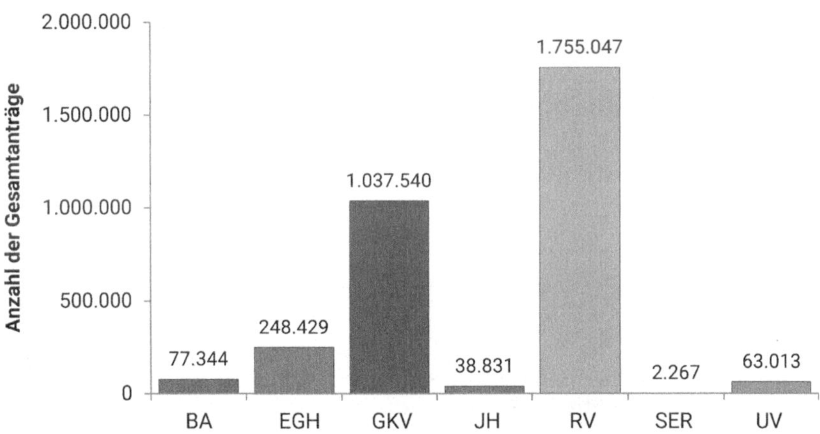

Volkswirtschaftliche Bedeutung von Rehabilitation

Rehabilitation hilft Millionen Menschen zurück in den Alltag, in die Familie und in den Beruf. Reha hilft auch der Gesellschaft insgesamt, beispielsweise durch den Erhalt der Erwerbstätigkeit, der Vermeidung von Erwerbsminderungsrenten oder von Pflegebedürftigkeit.

Das Institut für Rehabilitationsmedizinische Forschung (IFR) der Universität Ulm ist den Fragen nachgegangen, wodurch der volkswirtschaftliche Nutzen entsteht und wer wie von einer Rehabilitation profitiert. Die Studie umfasst eine sektorenübergreifende Auswertung von Daten einer Gruppe von Rehabilitanden und einer Gruppe von Nicht-Rehabilitanden. Bei den Perspektiven ging es um die Sicht der Versicherten, der Kostenträger, der Arbeitgeber und der Volkswirtschaft. Die Analysen zeigen, dass die direkten Kosten der Krankenversicherung durch die Rehabilitation sanken. Bereits im Jahr der Rehabilitation waren die Kosten in der Gruppe der Rehabilitanden im Mittel 987 Euro geringer als bei den Nichtrehabilitanden. Auch in den beiden Folgejahren verursachten Rehabilitanden geringere Ausgaben in diesem Bereich (minus 372 Euro bzw. minus 293 Euro).

Darüber hinaus konnten die Analysen belegen, dass Rehabilitation geeignet ist, die Arbeits- bzw. Erwerbsfähigkeit zu erhalten. Die AU-Tage reduzierten sich in der Gruppe der Rehabilitanden bereits im ersten Jahr um 14,8 Tage mehr als in der Vergleichsgruppe. AU-Tage verursachen Kosten: Die Bundesanstalt für Arbeitsschutz und Arbeitsmedizin (BAuA) bezifferte zum Zeitpunkt der Studie jeden AU-Tag mit Kosten in Höhe von 302 Euro. Legt man diese Kosten zugrunde, erschließt sich, dass sich mit Rehabilitation Einsparungen erzielen lassen.

Rehabilitation bringt einen Nutzen für die Betroffen selbst, für die Sozialversicherungsträger, für Arbeitgeber und Volkswirtschaft. Die Studie bestätigt das Prinzip „Reha vor Rente". Sie belegt einen klaren Zusammenhang zwischen dem subjektivem Reha-Nutzen und einem geringeren Risiko für Erwerbsminderungsrente. Weniger AU-Tage und geringe Krankheitskosten gehen in der Regel einher mit einer besseren Gesundheit und höheren Lebensqualität.[7]

2.1.2 Menschen mit Behinderungen – eine rechtliche und gesellschaftspolitische Einordnung

Einer der zentralen Begriffe im Rahmen von Rehabilitation und Teilhabe ist der Begriff der „Behinderung". Er hat sich im deutschen Sozialrecht etabliert und ist Grundlage für die Anwendung des Rechts der Rehabilitation und Teilhabe behinderter Menschen (vgl. Welti in FL SA 2022: 588)

2.1.2.1 Entwicklungen in Verständnis und Definition von Behinderung

Bis in die 1990er-Jahre wurde Behinderung eher als medizinisches Problem oder individuelles Defizit gesehen. Erst mit der von der WHO entwickelten International Classification of Functioning, Disability and Health (ICF) erfolgte der Wechsel hin zu einem bio-psycho-sozialen Verständnis von Behinderung (siehe Kapitel 2.III.6). Danach entsteht Behinderung erst aus der

---

7 Der Abschlussbericht ist abrufbar unter https://www.requamo.de (3.11.2025).

Wechselwirkung zwischen Beeinträchtigung und einstellungs- und umweltbedingten Barrieren. Diese Barrieren sind es, die Menschen an ihrer Teilhabe hindern (vgl. von Boetticher/Kuhn-Zuber 2022: 27 Rn.16 ff.).

Damit wird Behinderung eben nicht als medizinisches Problem oder individuelles Defizit des betroffenen Menschen verstanden. Das neue Verständnis „Menschen sind nicht behindert, sie werden behindert" hebt auch hervor, dass Behinderung kein statischer Begriff ist. (vgl. ebd.).

Die UN-Behindertenrechtskonvention (siehe Kapitel 2.III.1) hält fest, wer der Gruppe der Menschen mit Behinderungen zuzuordnen ist: „Menschen, die langfristige körperliche, seelische, geistige oder Sinnesbeeinträchtigungen haben, welche sie in Wechselwirkung mit verschiedenen Barrieren an der vollen, wirksamen und gleichberechtigten Teilhabe an der Gesellschaft hindern können" (Artikel 1, Satz 2).

Dieses neue Verständnis von Behinderung wurde mit der Neufassung des SGB IX durch das Bundesteilhabegesetz seit dem 1.1.2018 im deutschen Recht verankert: „Menschen mit Behinderungen sind Menschen, die körperliche, seelische, geistige oder Sinnesbeeinträchtigungen haben, die sie in Wechselwirkung mit einstellungsbedingten und umweltbedingten Barrieren an der gleichberechtigten Teilhabe an der Gesellschaft mit hoher Wahrscheinlichkeit länger als sechs Monate hindern können" (§ 2 Abs. 1 SGB IX).

Gemäß dieser Definition ist Behinderung als Teilhabeeinschränkung aufzufassen. Zusätzlich ist im SGB IX folgende Definition zu finden: „Eine Beeinträchtigung [...] liegt vor, wenn der Körper- und Gesundheitszustand von dem für das Lebensalter typischen Zustand abweicht. Menschen sind von Behinderung bedroht, wenn eine Beeinträchtigung nach Satz 1 zu erwarten ist" (§ 2 Abs. 1 SGB IX).

2.I.2.2 Begrifflichkeiten zur Bezeichnung der Zielgruppe

Im sozialrechtlichen Kontext treten zur Bezeichnung der Zielgruppe von Leistungen zur Teilhabe (vgl. Kapitel 1.II.) verschiedene Begriffe auf.

Im Bereich von Rehabilitation und Teilhabe werden am häufigsten folgende Begriffe verwendet:

- Menschen mit Beeinträchtigungen,
- Menschen mit Behinderungen,
- Menschen mit anerkannten Behinderungen,

- Menschen mit anerkannter Schwerbehinderung,
- gleichgestellte behinderte Menschen,
- Menschen mit drohender Behinderung,
- Menschen mit wesentlicher Behinderung,
- Menschen mit chronischer Erkrankung.

Je nach fachlichem Kontext werden die Begriffe Menschen mit Beeinträchtigungen und Menschen mit Behinderungen teilweise einander gleichgesetzt, teilweise aber auch als Bezeichnungen unterschiedlicher Gruppen verwendet.

In der Klassifikation von Funktionsfähigkeit, Behinderung und Gesundheit (ICF) werden die beiden Gruppen – Menschen mit Behinderungen und Menschen mit Beeinträchtigungen – wie folgt definiert:

Zu den Menschen mit Beeinträchtigungen werden Menschen gezählt, wenn folgende Bedingungen zutreffen:

- Sie haben Schädigungen von Körperstrukturen oder -funktionen, wobei auch psychische Funktionsstörungen hierunter gefasst werden.
- Ihre Leistungsfähigkeit ist bei Aktivitäten im Zusammenhang mit diesen Schädigungen dauerhaft beeinträchtigt.

Um zu den Menschen mit Behinderungen gezählt zu werden, muss Folgendes zutreffen:

- Es handelt sich um Menschen mit Beeinträchtigungen, mit den zuvor beschriebenen Merkmalen.
- Ihre Beeinträchtigungen wirken so mit Barrieren in ihrer räumlichen und gesellschaftlichen Umwelt zusammen, dass die Menschen mit Beeinträchtigungen dadurch nicht gleichberechtigt mit Menschen ohne Beeinträchtigungen an einzelnen Lebensbereichen teilhaben können (vgl. BMAS 2021: 21 ff.).

Als chronische Krankheit werden Krankheiten bezeichnet, die je nach Erkrankung mindestens ein halbes oder ein Jahr andauern, schwer behandelbar sind bzw. eine vollständige Wiederherstellung der Gesundheit nicht möglich ist (vgl. Meyer et al. 2022:35). Die Beschwerden und die Einschränkungen in der Funktionsfähigkeit in Beruf und Alltag können das Lebens chronisch erkrankter Menschen stark prägen; die Auswirkungen einer chronischen Erkrankung können deshalb auch als Behinderung bezeichnet werden.

Insgesamt ist festzuhalten, dass für eine Abgrenzung zwischen *Beeinträchtigung*, *Behinderung* und *chronischer Krankheit* keine klaren Kriterien vorliegen.

Unter den *Menschen mit Beeinträchtigungen* sind chronisch Kranke, die nicht behindert sind, sofern die chronische Krankheit nicht den Grad einer Behinderung erreicht hat, und jene, die zugleich behindert sind. Eine *Beeinträchtigung* liegt vor, wenn der Körper- und Gesundheitszustand von dem für das Lebensalter typischen Zustand abweicht. Sie wird erst dann zu einer Behinderung, wenn die Umwelt keinen Ausgleich der jeweiligen beeinträchtigten Funktion ermöglicht (vgl. ebd.: 34).

Demgegenüber haben *Menschen mit Behinderungen* langfristige körperliche, seelische, geistige oder Sinnesbeeinträchtigungen, die sie in Wechselwirkung mit verschiedenen Barrieren an der vollen, wirksamen und gleichberechtigten Teilhabe am Leben in der Gesellschaft hindern können.

2.1.2.3 Amtliche Anerkennung

Eine weitere Definition von Menschen mit Behinderungen hängt mit der amtlichen Anerkennung einer Behinderung zusammen. Menschen mit Behinderungen können bei der zuständigen Behörde – in der Regel das Versorgungsamt – die amtliche Anerkennung einer Behinderung beantragen. Je nach Schwere der Beeinträchtigung wird ein Grad der Behinderung (GdB) zugemessen, der in Zehnerschritten von 20 bis 100 reicht.

Menschen mit anerkannter Behinderung wird ein GdB zwischen 20 und unter 40 bescheinigt. *Menschen mit anerkannter Schwerbehinderung* haben einen amtlich festgestellten GdB zwischen 50 und 100. Die zuständige Behörde stellt gleichzeitig den Schwerbehindertenausweis aus. In diesen können ggf. gesundheitliche Merkmale als sogenannte Merkzeichen eingetragen werden, wie z. B. „aG" für außergewöhnlich gehbehindert, „Bl" für blind, „B" für die Berechtigung zur Mitnahme einer Begleitperson. Die Merkzeichen berechtigen zu bestimmten Nachteilsausgleichen.

Menschen mit einem festgestellten Grad der Behinderung von weniger als 50 und mehr als 30 können Menschen mit einer Schwerbehinderung gleichgestellt werden. Voraussetzung ist, dass sie ohne die *Gleichstellung* einen geeigneten Arbeitsplatz nicht erlangen oder nicht behalten können. Gleichstellungen werden auf Antrag von der Agentur für Arbeit ausgesprochen. Mit der Gleichstellung ist allerdings kein Zugang zu weiteren Nachteilsausgleichen verbunden wie sie für schwerbehinderte Menschen zur Verfügung stehen.

Grundsätzlich ist für die Inanspruchnahme von Nachteilsausgleichen sowie für den Zugang zu bestimmten Teilhabeleistungen die amtliche Anerkennung einer Behinderung erforderlich. Nicht alle Menschen mit Behinderungen beantragen eine amtliche Anerkennung. Für Menschen mit seelischen Erkrankungen z. B. bedeutet dieser Schritt eine enorme Hemmschwelle. In diesen Fällen bestehen Möglichkeiten für Übergangslösungen.

In einigen Leistungsgesetzen gibt es Besonderheiten: Für die Arbeitsverwaltung wird in § 19 SGB III der Begriff Menschen mit Behinderung auf das Arbeitsleben bezogen und auch Menschen mit Lernbehinderung (siehe Kapitel 2.I.3) zählen zu den Leistungsberechtigten. Im Bereich der Eingliederungshilfe sind vor allem *Menschen mit einer wesentlichen Behinderung* leistungsberechtigt (Welti in FL SA 2022:588).

Ausdruck gesellschaftlichen Wandels

Wie sehr Begriffe Ausdruck gesellschaftlicher Entwicklungen sind und diese auch in ihnen ihren Ausdruck finden, wird am Beispiel des Begriffs „Behinderung" deutlich. Dass wir heute von Menschen mit Behinderungen anstelle von Behinderten sprechen und der Begriff der Behinderung Begriffe wie Verkrüppelung und Beschädigung abgelöst haben (vgl. ebd.), ist Ausdruck eines sich wandelnden gesellschaftlichen Verständnisses.

Behindert sein verweist auf eine individuelle Beeinträchtigung im Sinne von Funktionseinschränkung. Behinderung entsteht durch gesellschaftliche Barrieren, die sich nicht nur baulich und technisch, sondern auch einstellungsbedingt in Form von Vorurteilen, Unkenntnis oder auch Ängsten als Barrieren in den Köpfen zeigen. Erst durch Störungen in der Interaktion zwischen dem einzelnen Menschen und seiner Umwelt werden Menschen mit Behinderungen an ihrer vollen, wirksamen und gleichberechtigten Teilhabe gehindert.

Dieser Wechsel im Begriffsverständnis von Behinderung als Zustand hin zu Behinderung als Prozess findet konsequenterweise seinen Niederschlag in den Anforderungen an ein inklusives Gesellschaftsmodell (vgl. Kapitel 1.I).

2.I.3 Krankheitsbilder und Behinderungsarten

Zusammenfassung
Personenzentrierung ergibt sich nicht von selbst. Wer weiß, was in der Beratung bzw. im Reha-Prozess mit einem gehörlosen Menschen, mit einem Menschen mit körperlicher Einschränkung oder psychischer Erkrankung zu beachten ist, wird den erforderlichen Perspektiv-

wechsel schaffen und besser in der Lage sein, in die richtige Richtung zu beraten.

Verstehen kann nur, wer sich auskennt. Zu den Voraussetzungen für ein professionelles Handeln von Beratungsfachkräften in der Rehabilitation zählt deshalb auch Fachwissen bei den Krankheitsbildern und Behinderungsarten.

Um als Akteur im Rehabilitationsgeschehen Teilhabebeeinträchtigung zu verstehen, um auszuloten, welche Hilfemöglichkeiten zur Verfügung stehen und geeignet sein können, um in die richtige Richtung zu beraten und zu entscheiden, sind diese Grundkenntnisse erforderlich.

Das Kapitel beschreibt einzelne Krankheitsbilder und Behinderungsarten, ihre Besonderheiten und ihre Auswirkungen auf Teilhabe.

2.1.3.1 Behinderung ist nicht gleich Behinderung

Menschen mit Behinderungen sind so unterschiedlich und individuell wie Menschen ohne Behinderungen. Selbst wenn zwei Personen von der gleichen Behinderung betroffen sind, kann sich diese ganz unterschiedlich bemerkbar machen. Auch ist nicht jede Behinderung auf den ersten Blick erkennbar. Oft sind es gerade die unsichtbaren Beeinträchtigungen wie chronische Erkrankungen oder psychische Störungen, die die Betroffenen stark einschränken. Und nicht jede körperliche oder psychische Funktionsstörung ist gleich eine Behinderung (siehe Kapitel 2.1.2).

Bei einem querschnittgelähmten Rollstuhlfahrer bleiben die Behinderung und die Auswirkungen auf die Teilhabe nicht verborgen. Aber auch Behinderungen, die auf den ersten Blick nicht sichtbar sind, können die Teilhabe der Betroffenen enorm einschränken. So zeichnen sich z. B. Menschen mit neurologischen Erkrankungen durch eine große Heterogenität aus. Die Symptome können sichtbar oder unsichtbar oder auch beides sein. Sie können sich auf die Aufmerksamkeit und das Gedächtnis, auf die Koordinationsfähigkeit, auf sensorische Fähigkeiten oder die Feinmotorik beziehen und sich auch in verschiedenen Einschränkungen zugleich äußern. Entsprechend komplex sind die daraus resultierenden Beeinträchtigungen im Alltag und im Beruf. So können manche als weniger bedeutend betrachtete Defizite für die Ausübung einer Berufstätigkeit gravierende Folgen haben. Bei der Aufnahme oder Wiederaufnahme einer Arbeit können sie Auslöser für große Enttäuschungen sein und zu Konflikten mit dem dortigen Umfeld führen.

Die Ursachen von Behinderungen sind unterschiedlich und dementsprechend unterschiedlich sind die Auswirkungen. Behinderungen können angeboren sein oder im Laufe des Lebens durch Unfall, Krankheit oder andere Ursachen entstehen und das Leben „auf den Kopf stellen". Und es sollte klar sein, dass jeder jederzeit in die Situation kommen kann, eine Behinderung zu erwerben, eine Teilhabebeeinträchtigung zu erfahren und Hilfe zu benötigen.

Vielschichtig sind die Auswirkungen einer Behinderung auf die Teilhabe: Gehörlose und hochgradig schwerhörige Menschen sind ohne Gebärdensprachdolmetschende oder technische Hilfsmittel und Rücksichtnahme seitens der Hörenden weitestgehend von lautsprachlicher Kommunikation ausgeschlossen. Blinde Menschen oder Menschen, die auf einen Rollstuhl angewiesen sind, erleben ihre Barrieren im Straßenverkehr, beim Einkaufen, im Kino oder im Theater. Menschen mit psychischen Beeinträchtigungen halten Druck nicht aus, für Menschen mit Autismus stellen starre Regelungen oder Fristen eine Barriere dar. Und für Menschen mit kognitiven Einschränkungen ist die Komplexität von Sprache eine nur schwer überwindbare Barriere.

Je nach Erkrankung oder Behinderung stellen sich ganz unterschiedliche Anforderungen an die Unterstützung mit Rehabilitations- und Teilhabeleistungen, aber auch Möglichkeiten für eine bestmögliche Teilhabe. Entscheidend für den Reha-Erfolg und volle Teilhabe des Menschen mit Behinderung ist die Passgenauigkeit der Unterstützungsleistungen (vgl. Kapitel 3.II). Wenn sich die Leistungen am persönlichen Bedarf des Menschen mit Behinderung orientieren sollen, dann muss man dafür den ganzen Menschen, sein Umfeld und eben auch seine Erkrankung bzw. Behinderung und deren Auswirkungen in den Blick nehmen.

2.I.3.2 Einzelne Krankheitsbilder und einzelne Behinderungsarten

Die nachfolgenden Ausführungen geben einen Einblick in unterschiedliche Krankheitsbilder und Behinderungsarten. Diese Übersicht ist kurz und allgemein gehalten und dient einer ersten Orientierung. Um eine Zuordnung geht es nicht. Die Darstellung erhebt auch nicht den Anspruch auf Vollständigkeit. Über die dargestellten Krankheits- und Behinderungsformen hinaus gibt es weitere verschiedene untergeordnete Ausprägungen, die sich wiederum ganz unterschiedlich äußern können.[8]

8　Als Quelle wurden im Wesentlichen das Rehadat Lexikon, das Fachlexikon der BIH sowie Ausführungen der einzelnen Fachverbände und Selbsthilfeorganisationen genutzt.

Adipositas

Unter Adipositas versteht man ein zu hohes Körpergewicht, das durch zu viel Körperfett verursacht wird. Die Erkrankung wird auch Fettleibigkeit genannt. Der hohe Fettanteil entsteht, wenn dem Körper – etwa durch eine kalorienreiche Ernährung – mehr Energie zugeführt wird, als er verbrauchen kann. Diese überschüssige Energie lagert sich als Fett im Körper ab.

Ob Adipositas vorliegt, lässt sich anhand des Körpermasseindex oder Body-Mass-Index (BMI) feststellen. Dieser zeigt an, ob Gewicht und Körpergröße in einem gesunden Verhältnis zueinanderstehen. Ab einem BMI-Wert von 30 spricht man von Adipositas.

Jeder Mensch kann übergewichtig oder fettleibig werden. Menschen aller Altersklassen sind in Deutschland von Adipositas betroffen. Die Häufigkeit der Adipositas hat zugenommen, besonders stark unter jungen Frauen in der Altersgruppe zwischen 18 und 29 Jahren sowie in der Altersgruppe der 45- bis 64-Jährigen. Auch bei Kindern und Jugendlichen gibt es immer mehr Menschen mit Adipositas

Ursachen

Adipositas entsteht nicht über Nacht, sondern über Jahre hinweg. Ausschlaggebend ist dabei, dass dem Körper mehr Energie – also mehr Kalorien über die Nahrung – zugeführt wird, als er alltäglich verbraucht. Die überschüssigen Kalorien speichert der Körper als Fett. Das Körperfett macht sich auf der Waage bemerkbar: Man nimmt immer mehr zu.

Neben der Ernährung können weitere Gründe zu Fettleibigkeit beitragen, die zum einen im Verhalten, zum anderen auch in Störungen im Hormonhaushalt und Stoffwechsel liegen.

Zur Entwicklung von Adipositas tragen ganz verschiedene Umstände bei, so z. B.:

- Viel Sitzen und wenig Bewegung.
- Seelische Probleme können dazu führen, dass man mehr isst, z. B. weil man sich mit Essen tröstet.
- Bestimmte Medikamente wie Antidepressiva, Neuroleptika oder Kortison können zu einer Gewichtszunahme beitragen.
- Bestimmte Gene können das Risiko für Adipositas erhöhen. Auch wenn ein oder beide Elternteile fettleibig sind, steigt die Wahrscheinlichkeit, selbst adipös zu werden.

- Hormonelle Erkrankungen wie eine Unterfunktion der Schilddrüse oder eine übermäßige Kortisol-Produktion (Cushing-Syndrom) können Adipositas verursachen.

Besonderheiten und Auswirkungen

Zu den Folgeerkrankungen der Adipositas gehören:

- Stoffwechselerkrankungen wie Diabetes Typ 2 oder Gicht
- Erkrankungen des Herz-Kreislauf-Systems wie Vorhofflimmern oder Bluthochdruck, Herzinfarkte oder Schlaganfälle
- Erkrankungen des Bewegungsapparates, z. B. Kniearthrose, Hüftarthrose
- Erkrankungen von Organen, z. B. der Niere, Leber, Gallenblase
- Lungenerkrankungen wie Asthma
- Schwerer Verlauf bei Infektionskrankheiten, z. B. Covid-19 oder Grippe

Viele Menschen mit Übergewicht oder Adipositas haben im Alltag mit Ausgrenzung oder gar Anfeindungen zu tun. Dies kann sich ungünstig auf das Selbstwertgefühl auswirken. Aus der seelischen Belastung können sich psychische Erkrankungen wie Depression oder Angststörung entwickeln.

Weitere Informationen:

Stiftung Gesundheitswissen: www.stiftung-gesundheitswissen.de

Autismus

Autismus bezeichnet eine angeborene, tiefgreifende Entwicklungsstörung. Die komplexe und vielgestaltige neurologische Entwicklungsstörung führt zu einer veränderten Wahrnehmungs- und Informationsverarbeitung im Gehirn.

Die ICD-10 (International Classification of Diseases and Related Health Problems) unterscheidet zwischen frühkindlichem Autismus, Asperger-Syndrom und atypischem Autismus. Die Erscheinungsformen des autistischen Syndroms sind vielfältig: Es gibt deutlich voneinander abgrenzbare Arten von Autismus und ebenso fließende Übergänge zwischen den verschiedenen Formen und Ausprägungen. Eine klare Abgrenzung wird immer schwieriger, da zunehmend leichtere Formen der einzelnen Störungsbilder diagnostiziert werden.

Als Oberbegriff für das gesamte Spektrum autistischer Störungen wird heute häufig der Begriff Autismus-Spektrum-Störung verwendet.

Menschen, die vom *frühkindlichen Autismus*, dem sogenannten Kanner-Syndrom betroffen sind, haben oft eine schwere geistige Behinderung, können nicht sprechen und sind ihr Leben lang auf Unterstützung angewiesen.

Mit zunehmendem Alter ändern sich die Merkmale autistischer Störungen. Im Erwachsenenalter, mit weitgehend gleichbleibenden Voraussetzungen in der Sozialisation, der Kommunikation und den Interessen, bleiben sie jedoch bestehen. Ebenso sind sie in ihrer Zusammensetzung und ihrem Ausprägungsgrad von Person zu Person unterschiedlich. Autismusbedingte Beeinträchtigungen können zwar häufig gebessert oder kompensiert, aber nicht geheilt werden. Die meisten Menschen mit Autismus benötigen aufgrund der umfassenden Beeinträchtigungen eine lebenslange Hilfe und Unterstützung, deren Grad wiederum sehr unterschiedlich sein kann. Autismus ist unabhängig vom Intelligenzniveau, jedoch ist die Wahrscheinlichkeit einer Intelligenzminderung erhöht.

Beim *Asperger-Syndrom* sind – anders als bei den anderen Autismus-Spektrum-Störungen – oft keine Entwicklungsverzögerung bzw. kein Entwicklungsrückstand in der kognitiven Entwicklung und in der Sprache vorhanden. Die meisten Menschen mit Asperger-Syndrom besitzen eine normale allgemeine, in Teilgebieten sogar besonders hohe Intelligenz. Auffälligkeiten sind hingegen in der psychomotorischen Entwicklung und der sozialen Interaktion festzustellen. Besonderheiten in der Wahrnehmung und Verarbeitung von Umweltreizen und Sinneseindrücken treten auch bei Menschen mit Asperger-Syndrom häufig auf.

Autismus bleibt in der Regel ein Leben lang bestehen. Er kann jedoch sehr unterschiedlich verlaufen. Manchmal zeigen sich Auffälligkeiten schon sehr früh, im Alter von 1 bis 2 Jahren. Manche Menschen leben aber auch viele Jahre oder Jahrzehnte mit Autismus, ohne dass er erkannt wird. Die typischen Symptome nehmen im Laufe der Jahre häufig ab oder verändern sich. Einzelne Merkmale können sich auch vorübergehend oder dauerhaft verstärken.

Viele Kinder und Jugendliche lernen mit der Zeit, besser zu kommunizieren und mit anderen Menschen umzugehen. Viele Menschen mit Autismus brauchen aber auch ein Leben lang intensive Unterstützung. Manche können selbstständig leben, einem Beruf nachgehen und eine Familie gründen. Aber auch sie brauchen manchmal Hilfe bei Herausforderungen im Alltag. Mit der Zeit gelingt es vielen, besser mit dem Autismus umzugehen.

Ursachen

Autismus ist angeboren und die Folge einer Entwicklungsstörung des Gehirns. Die genauen Ursachen von Autismus sind noch nicht hinreichend geklärt. Es sind jedoch einige Faktoren bekannt, die das Risiko für eine Autismus-Spektrum-Störung erhöhen können.

Einen starken Einfluss hat die genetische Veranlagung. Bei Eltern mit Autismus ist die Wahrscheinlichkeit erhöht, dass ihre Kinder ebenfalls Autismus haben. Wenn Eltern bereits ein Kind mit Autismus haben, ist zudem die Wahrscheinlichkeit erhöht, dass ein zweites Kind ebenfalls Autismus hat. Mit zunehmendem Alter von Mutter und Vater steigt das Risiko, dass sie ein Kind mit Autismus bekommen.

Besonderheiten und Auswirkungen

Die Symptome und ihre individuellen Ausprägungen sind vielfältig. Kennzeichnend sind drei Kernmerkmale: Probleme im sozialen Miteinander, Schwierigkeiten mit der Kommunikation und Sprache, sich wiederholende, stereotype Verhaltensmuster. Wann und in welcher Ausprägung diese Kernsymptome auftreten, ist individuell sehr unterschiedlich. Bei manchen Menschen sind bestimmte Merkmale auch gar nicht vorhanden.

Besonderheiten im sozialen Miteinander: Menschen mit Autismus wirken oft abwesend, in sich gekehrt und suchen seltener Blickkontakt. Andere wiederum sind auch sehr kontaktfreudig, verhalten sich dabei aber für Außenstehende mitunter ungewöhnlich. Der Grund liegt darin, dass sich Menschen mit Autismus nicht so gut in andere hineindenken können. Das erschwert es ihnen, mit anderen Menschen umzugehen und Beziehungen aufzubauen. Sie deuten Kommunikation eher fehl und tun sich schwer, Mehrdeutigkeiten und Ironie wahrzunehmen. Menschen mit Autismus zeigen häufig ungewöhnliche Reaktionen, so etwa, wenn sie auf Gefühlsäußerungen ihres Gegenübers nicht eingehen. Sie können soziale und emotionale Signale häufig nur schwer einschätzen und haben ebenso Schwierigkeiten, diese auszusenden.

Besonderheiten in der Kommunikation mit anderen Menschen: Die Entwicklung des Sprachgebrauches und des Sprachverständnisses sind gleichermaßen betroffen. Manche Menschen mit Autismus lernen später und schlechter sprechen oder sprechen gar nicht mit anderen. Dadurch sind wechselseitiger Gesprächsaustausch, Flexibilität im Sprachausdruck und in der Sprachmelodie ebenso wenig ausgeprägt wie die Ausprägung begleitender Gestik. Sie verwenden weniger Gesten, um anderen etwas mitzuteilen. Ihre Sprachmelodie ist monotoner. Manche wiederholen ständig bestimmte Begriffe und Sätze oder sprechen das nach, was andere sagen. Andere wiederum sprechen sehr genau und ausgefeilt.

Besonderheiten im Verhalten: Die Besonderheiten im Verhalten sind geprägt durch eingeschränkte, sich wiederholende und stereotype Verhaltensmuster, Interessen und Aktivitäten. Alltägliche Aufgaben werden starr und routiniert ausgeführt. Kinder können darauf bestehen, bestimmte Handlungsroutinen in bedeutungslos erscheinenden Ritualen auszuführen. Es können sich ständig wiederholende Beschäftigungen mit Daten, Fahrrouten oder Fahrplänen ergeben. Häufig zu beobachten sind motorische Stereotypien wie Schaukeln, Wedeln, Kreiseln von Dingen ebenso wie ein außergewöhnliches Interesse an Teilaspekten von Objekten (z. B. wie diese riechen oder sich anfühlen). Menschen mit Autismus können große Probleme mit Veränderungen von Handlungsabläufen oder Details der persönlichen Umgebung (wie etwa Veränderungen der Dekoration oder der Möbel in der Wohnung, Veränderung der Kleidung etc.) haben und zum Teil sehr stark auf diese Veränderungen reagieren.

Neben diesen Besonderheiten in der sozialen Interaktion und im Verhaltensrepertoire betroffener Menschen haben Betroffene große Schwierigkeiten mit der Wahrnehmung und der Verarbeitung von Umwelt- und Sinnesreizen. Sehr schnell können sie in die Situation einer Überladung mit Sinneseindrücken kommen.

Menschen mit Autismus neigen häufig auch noch zu einer Reihe weiterer psychischer Begleitstörungen, wie übergroße Befürchtungen, Phobien, Schlaf- und Essstörungen sowie herausforderndes Verhalten in Form von Wutausbrüchen und fremd- oder selbstverletzenden Verhaltensweisen. Die meisten Menschen mit Autismus lassen Spontanität, Initiative und Kreativität vermissen. Sie haben Schwierigkeiten, Entscheidungen zur Bewältigung einer Aufgabe zu treffen, auch wenn die Aufgabe kognitiv zu bewältigen wäre.

Weitere Informationen:

Bundesverband Autismus Deutschland e.V.: www.autismus.de

Blindheit und Sehbehinderung

Blindheit, hochgradige Sehbehinderung und Sehbehinderung zählen zur Gruppe der Sehstörungen.

Sehbehindert sind Menschen, deren Sehschärfe trotz Korrekturen durch optische Hilfsmittel, z. B. Brillen und Kontaktlinsen, auf dem besseren Auge nicht mehr als 30 Prozent beträgt, oder wenn Ausfälle des Gesichtsfeldes, Störungen des Lichtsinns, des Farbensinns und der Augenbewegungen von entsprechendem Schweregrad vorliegen.

Nach dem deutschen Sozialrecht und in der Augenheilkunde gelten folgende Zuordnungen: Als blind gilt, wem das Augenlicht vollständig fehlt bzw. wer auf dem besseren Auge ein Sehvermögen von weniger als 2 Prozent des normalen Sehvermögens besitzt.

Als hochgradig sehbehindert werden Menschen bezeichnet, deren Sehschärfe auf 5 Prozent bis 2 Prozent der Norm herabgesetzt ist.

Ursachen

Sehbeeinträchtigungen haben verschiedene Ursachen und die Krankheitsbilder sind vielfältig. Sie können durch angeborene und erbliche Veränderungen des Auges, durch Verletzungen oder Erkrankungen des Sehnervs oder der Netzhaut entstehen.

Bei jungen Patienten sind es vorwiegend Verletzungen traumatischen Ursprungs nach Unfällen und tätlichen Auseinandersetzungen, bei Patienten mittleren Alters überwiegen die diabetische Retinopathie und genetische Erkrankungen, die zur Blindheit führen, bei älteren Patienten sind es Netzhautablösungen, Grüner Star (Glaukom) und die altersbedingte Erkrankung der Netzhautmitte (Makula-Degeneration).

Besonderheiten und Auswirkungen

Für die Frage nach den Auswirkungen ist sehr wichtig, wann die Blindheit eingetreten ist: Menschen, die von Geburt oder früher Kindheit an erblindet sind, stellen sich auf die Behinderung ein. Sie erlernen die Blindenschrift (Braille- oder Punktschrift), werden in ihrer Mobilität trainiert und frühzeitig im Umgang mit entsprechenden modernen Techniken geschult.

Für Menschen, die im Erwachsenenalter erblinden, ist der Sehverlust ein tiefgreifender Einschnitt im Leben, der große Ängste hervorruft. Die Verarbeitung der Behinderung ist psychisch sehr belastend und das Zurechtfinden in einer veränderten Welt sorgt für große Verunsicherung. Nicht selten kommen weitere gesundheitliche Belastungen hinzu.

Sehschädigungen machen sich bemerkbar z. B. durch

- Auffälligkeiten wie Augenzittern, Augenrollen, Schielen,
- scheinbares Vorbeisehen an einem fixierten Objekt, keinen Blickkontakt aufnehmen können,
- Anstoßen, Stolpern, Danebengreifen, Fehltritte beim Treppensteigen,
- mit der Nase lesen, schiefe Kopfhaltung beim Sehen, Gebrauch nur eines Auges, Blinzeln,
- auffallend schlechte Handschrift oder auffällige Veränderungen der Handschrift.

Wenn eine Sehbehinderung oder Blindheit unvorbereitet auftreten, fällt das kurzfristige Erlernen der richtigen notwendigen Techniken auch wegen der extremen psychischen Belastung schwer. Aufgrund der fortgeschrittenen Sozialisation erleben spätsehgeschädigte Menschen die Beeinträchtigung in ihrer Lebenswelt einschneidender, abhängig vom Ausmaß der Behinderung sowie dem beruflichen und familiären Status wie auch der sozialen Einbettung und existenziellen Sicherung. Neben psychischen können auch somatische Belastungssymptome auftreten.

Weitere Informationen:

Deutscher Blinden- und Sehbehindertenverband: www.dbsv.de

Chronische Erkrankungen
Als chronische Krankheit werden Krankheiten bezeichnet, die je nach Erkrankung mindestens ein halbes oder ein Jahr andauern, schwer behandelbar sind bzw. eine vollständige Wiederherstellung der Gesundheit nicht möglich ist.

Herz-Kreislauf-Erkrankungen, koronare Herzerkrankungen, chronische Lungenerkrankungen, Erkrankungen des Muskel-Skelett-Systems wie Rückenschmerzen und Diabetes mellitus werden zu den chronischen Erkrankungen gezählt. Auch psychische, neurologische und Autoimmunerkrankungen werden zu den chronischen Störungen gerechnet.

Covid-19/Post-Covid

Eine Covid-19-Erkrankung kann fast ohne Symptome oder wie eine harmlose Erkältung verlaufen. Insbesondere bei Risikogruppen kann Covid-19 zu schweren Verläufen mit Lungenentzündungen und akutem Lungenversagen führen und langfristige Folgen haben. Es handelt sich um ein komplexes Krankheitsbild, das eine Vielzahl körperlicher und psychischer Einschränkungen umfassen kann. Dauern die Beschwerden länger als zwölf Wochen nach einer Infektion an, spricht man von Post-Covid oder auch Long-Covid. Aufgrund der Komplexität werden in die Behandlung verschiedene medizinische Fachrichtungen einbezogen, beispielsweise Neurologie, Pulmologie und Psychiatrie.

Ursachen

Die Erkrankung geht zurück auf das im Dezember 2019 erstmals identifizierte neue Coronavirus SARS-CoV-2.

Besonderheiten und Auswirkungen

Die Erkrankung äußert sich in vielen Fällen als Atemwegserkrankung mit Symptomen wie Husten, Atemnot, Fieber oder Lungenentzündung. Langfristige Folgen können auch eine chronische Erschöpfung, Konzentrationsstörungen und Kurzatmigkeit sein. Bei schweren Krankheitsverläufen kann es zu akutem Lungenversagen mit Todesfolge kommen. Mit zunehmendem Alter und Begleiterkrankungen steigt das Risiko schwerer Verläufe.

Weitere Informationen:

Deutsches Zentrum für Infektionsforschung: www.dzif.de

Epilepsie

Epilepsien sind neurologische Erkrankungen mit äußerst vielfältigem Erscheinungsbild. Deshalb wird in der Regel von Epilepsien in der Mehrzahl gesprochen. Um eine Epilepsie als Erkrankung des Zentralen Nervensystems und des Gehirns genau beschreiben zu können, ist es wichtig, zwischen dem Krankheitsbild als solchem (der Epilepsieform) und den Symptomen der Erkrankung (den epileptischen Anfällen) zu unterscheiden.

Kennzeichen der Erkrankung ist, dass das Gehirn oder einzelne Hirnbereiche übermäßig aktiv sind und zu viele Signale abgeben. Diese lösen die sogenannten epileptischen Anfälle aus. Manchmal spricht man daher auch von einem „Gewitter im Gehirn", das sich im übrigen

Körper z. B. als Krampfanfall bemerkbar macht. Dabei zucken manchmal nur einzelne Muskeln – es kann aber auch der gesamte Körper krampfen und man verliert das Bewusstsein.

Eine Epilepsie kann in jedem Lebensalter auftreten. Manche Menschen haben schon in der Kindheit ihren ersten Anfall, andere erst im Alter. Zwischen den Anfällen zeigen sich meist keine körperlichen Beschwerden. Die Sorge, dass es zu einem erneuten Anfall kommt, ist bei vielen Betroffenen gegeben.

Ursachen

Eine Epilepsie kann sehr verschiedene Ursachen haben – z. B. Verletzungen, Entzündungen der Hirnhaut oder des Gehirns, Schlaganfälle oder Tumoren. Man spricht hier von „symptomatischer Epilepsie". Oft lässt sich jedoch keine eindeutige Ursache für die Epilepsie feststellen.

In manchen Familien tritt Epilepsie über mehrere Generationen hinweg auf. Das ist ein Hinweis auf eine genetische Veranlagung für die Erkrankung.

Besonderheiten und Auswirkungen

Ein epileptischer Anfall kann sich ganz unterschiedlich zeigen. Er kann wenige Sekunden dauern und sogar unbemerkt bleiben, nur einen einzelnen Arm oder ein Bein betreffen oder den ganzen Körper erfassen. Manche Menschen werden bewusstlos, andere sind nur kurz abwesend oder bleiben bei vollem Bewusstsein.

Beim großen Anfall, dem sogenannten *Grand mal* – verlieren die Betroffenen das Bewusstsein, sie versteifen sich, stürzen und beginnen am ganzen Körper zu zucken. Während des Anfalls, der eine bis anderthalb Minuten dauert, besteht keine Kontrolle über den Körper. Bei *Absencen* haben die Betroffenen eine bis 30 Sekunden dauernde Bewusstseinspause, in der sie starr und verträumt blicken und nicht ansprechbar sind. Einfache fokale Anfälle erfolgen bei vollem Bewusstsein. Sie äußern sich in Form von flüchtigen Wahrnehmungen, wie etwa einem plötzlich auftretenden Wärmegefühl, einem bestimmten Geruch oder Geräuschen. Diese Anfälle können auch als Vorgefühl oder Aura einem Anfall mit Bewusstseinsverlust vorausgehen. Bei psychomotorischen Anfällen ist das Bewusstsein eingeschränkt. Dabei werden sinnlose Handlungen ausgeführt wie Kauen, Wischen, Sprechen von unsinnigen Sätzen oder zielloses Herumlaufen.

Ein epileptischer Anfall hält selten lange an. Dauert er länger als fünf Minuten, spricht man von einem „Status epilepticus". Dabei handelt es sich um einen Notfall, der schnell mit Medikamenten behandelt werden muss. Es kann auch vorkommen, dass mehrere Anfälle kurz hintereinander auftreten.

Medikamente können helfen, Anfälle zu verhindern und eine gute Lebensqualität zu erhalten. Sie helfen allerdings nicht immer: Etwa drei von zehn Betroffenen haben weiter regelmäßig Anfälle. Für sie ist die Krankheit eine besondere Belastung.

Weitere Informationen:

Deutsche Epilepsievereinigung: www.epilepsie-vereinigung.de

Gehörlosigkeit, Schwerhörigkeit (Hörbehinderung)
Der Begriff Hörbehinderung umschreibt alle Arten von Beeinträchtigungen des auditiven Systems. Zur Gruppe der Menschen mit Hörbehinderung zählen vor allem gehörlose, (spät-)ertaubte und schwerhörige Menschen.

Gehörlose Menschen werden ohne verwertbares Hörvermögen geboren oder sie haben es nach dem Spracherwerb verloren, etwa durch einen Unfall, eine Mittelohr- oder Hirnhautentzündung.

Spätertaubte Menschen haben ihr Gehör in einem späteren Lebensalter verloren, z. B. durch eine Verletzung des Trommelfells oder einen Hörsturz. Bei (spät-)ertaubten Menschen trat der Hörverlust erst nach dem Spracherwerb ein. Sie konnten echte Höreindrücke sammeln und so auch nach der Ertaubung die Verknüpfungen zu Worten, Geräuschen oder ähnlichem herstellen. Je älter die Betroffenen bei Eintritt der Ertaubung sind, desto stärker ist in der Regel die lautsprachliche Orientierung.

Weicht die Hörkurve in irgendeiner Form vom Normalbereich ab, liegt eine Schwerhörigkeit vor, die in verschiedene Grade unterteilt wird. Schwerhörige Menschen hören bestimmte Töne gar nicht, eingeschränkt oder verzerrt. Der Grad der Schwerhörigkeit reicht von leicht bis „an Taubheit grenzend". Schwerhörigkeit kann begleitet sein von Tinnitus und Gleichgewichtsstörungen. Die häufigsten Formen der Schwerhörigkeit sind Alters- und Lärmschwerhörigkeit.

Bei der Hörschädigung wird nach dem Grad des Hörverlustes unterschieden:

■ Taubheit: Der Hörverlust beträgt im Bereich zwischen 125 und 250 Hz mehr als 60 dB sowie mehr als 100 dB im übrigen Frequenzbereich.
■ Hochgradige Schwerhörigkeit: Dieser Grad der Behinderung liegt vor, wenn der mittlere Hörverlust zwischen 70 und 100 dB beträgt. Bei Hörverlusten zwischen 85 und 100 dB spricht man auch von „Resthörigkeit" oder „an Taubheit grenzender Schwerhörigkeit".
■ Mittelgradige Schwerhörigkeit: In diesem Fall bewegt sich der Hörverlust zwischen 40 bis 70 dB. Hier ist die Möglichkeit zur Sprachaufnahme über das Ohr noch vorhanden, doch treten bei der Teilnahme an Gesprächen je nach Höhe des Hörverlustes Verständnisprobleme auf, die auch von modernen Hörgeräten nicht vollständig behoben werden können.
■ Leichtgradige Schwerhörigkeit: Der Hörverlust im besseren Ohr beträgt im Hauptsprachbereich durchgehend 25 bis 40 dB. Die betroffene Person hat immer noch genug Hörvermögen, um Sprache über das Ohr aufzunehmen und einer normalen Unterhaltung bezogen auf das Verständnis zu folgen.

Ursachen

Hörbehinderungen haben vielfältige Ursachen. Sie reichen von Gendefekten, intrauterinen Infektionen und Alterungsprozessen bis hin zu akuten Ereignissen wie Lärmtraumata, Hörstürzen, Infektionen (Mumps, Masern, Meningitis), Medikamenten, Stoffwechselstörungen, Tumoren oder Schädelverletzungen.

Permanente Lärmbelastung z. B. durch laute Musik kann auch schon in jungen Jahren zu Schwerhörigkeit führen.

Auswirkungen und Besonderheiten

Schwerhörige Menschen besitzen in jedem Fall ein Restgehör, mit dem sie – unterstützt durch individuell angepasste Hörsysteme – Sprache in begrenztem Umfang wahrnehmen können. Allerdings ist das qualitativ andere Hören bei schwerhörigen Menschen oft nicht ausreichend, um das Gegenüber ohne besondere Schwierigkeiten zu verstehen. Je nach Alter bei Eintritt der Schwerhörigkeit und je nach Form und Umfang des Hörverlustes sind Sprechfähigkeit und Gebärdensprache individuell sehr unterschiedlich entwickelt.

Für gehörlose Menschen steht der Spracherwerb unter erschwerten Bedingungen. In der Regel erfolgt der Erwerb der Lautsprache über das Gehör und die Schriftsprache wird über die Lautsprache erlernt. Gehörlose Menschen können die Lautsprache nicht auf akustischem Weg erlernen und selbst bei bestmöglicher Versorgung mit Hörsystemen keine oder nur begrenzte Höreindrücke wahrnehmen. Deshalb sind geschriebene Texte für die Betroffenen oft schwerer verständlich, insbesondere wenn es um abstrakte Begriffe oder Fremdwörter geht. Ohne Gehör ist es nicht möglich, die eigene Stimme zu hören. Ihre eigene Aussprache können gehörlose Menschen nicht über das Gehör kontrollieren. Für Außenstehende kann ihre Sprechweise daher oft fremd klingen und schwer zu verstehen sein.

Gehörlose Menschen kommunizieren in Deutscher Gebärdensprache (DGS), in Lautsprachbegleitenden Gebärden (LBG) und/oder unterstützend in schriftlicher Form. Viele hörbehinderte Menschen sind auch in der Lage von den Lippen abzulesen, was eine hohe Konzentration erfordert und nur unter bestimmten Rahmenbedingungen funktioniert. Dazu zählen kein Durcheinanderreden und Zugewandtheit beim Sprechen. Doch auch dann führt das sogenannte „Mundablesen" häufig zu Missverständnissen, da nur ein geringer Teil des Gesagten abgesehen werden kann, der größte Teil muss erraten werden.

Im Umgang mit Hörenden stellen weder die Formen der Verständigung noch die schriftliche Verständigung ein vollständiges Erfassen von Informationen sicher. Aufgrund der erschwerten Verständigung können Missverständnisse entstehen. So prägen die Erfahrung von Verständigungsproblemen, Isolation und Anderssein die persönliche Entwicklung und das Selbstwertgefühl vieler Menschen mit Hörbehinderung.

Die Kommunikation mit gehörlosen Menschen kann erleichtert werden durch eine ruhige Umgebung, gute Lichtverhältnisse, langsames und deutliches Sprechen, aber nicht übertrieben laut, Unterstützung mit Gestik und Mimik, die Verwendung von einfacher und klarer Sprache, das Aufschreiben von schwierigen Begriffen, Namen und wichtigen Daten und durch Rückfragen, ob man verstanden wurde.

Weitere Informationen:

Deutscher Gehörlosenbund e. V.: www.dglb.de

Geistige Behinderung

Geistige Behinderung ist ein Sammelbegriff für eine Bandbreite an Erscheinungsformen einer verzögerten oder unvollständigen Entwicklung geistiger Fähigkeiten. Zentrales Merkmal einer geistigen Behinderung ist die erhebliche kognitive Beeinträchtigung, die sich bei der Aufnahme, Verarbeitung und Speicherung von Informationen zeigt. Die Gruppe der Menschen mit einer geistigen Behinderung ist ausgesprochen heterogen: Es gibt Menschen mit kognitiver Beeinträchtigung, die alltägliche Abläufe weitgehend selbstständig bewältigen und sich an Schriftzeichen und Symbolen orientieren können. Andere können sich alleine nicht zurechtfinden und sind auch bei täglich wiederkehrenden Verrichtungen auf Hilfe angewiesen. Die kognitive und motorische Leistungsfähigkeit sowie das sozioemotionale Verhalten sind individuell sehr unterschiedlich ausgeprägt. Den Grad einer geistigen Behinderung unterscheidet man anhand des Intelligenzquotienten (IQ) in leichte, mittelschwere, schwere und schwerste geistige Behinderung (siehe auch Lernbehinderung).

Der Begriff „geistige Behinderung" ist umstritten. Mit der Verwendung der Begriffe „Menschen mit kognitiven Beeinträchtigungen" oder „Menschen mit Lernschwierigkeiten" wird zum Ausdruck gebracht, dass die Betroffenen durch individuelle Förderung, Unterstützung und Begleitung ihre Potenziale entfalten können.

Ursachen

Geistige Behinderungen machen sich bereits früh im Kindes- oder Jugendalter bemerkbar. Die Ursachen sind entweder genetisch oder werden bei der Geburt erworben. In seltenen Fällen können geistige Behinderungen aber auch die Folge von Krankheiten sein, welche Teile des Gehirns dauerhaft verletzten, wie z. B. bei einem ungünstigen Verlauf eines Schlaganfalls oder einer Hirnhautentzündung. Die häufigste genetische Ursache ist das Down-Syndrom (Trisomie 21). Daneben gibt es erworbene zerebrale Schädigungen z. B. durch einen Sauerstoffmangel bei der Geburt oder durch eine Gehirnentzündung.

Auswirkungen und Besonderheiten

Die Auswirkungen der Behinderung sind sehr unterschiedlich, machen sich aber in aller Regel in der Beeinträchtigung der Denkfähigkeit und des Sozialverhaltens bemerkbar.

Die Behinderung zeigt sich im frühkindlichen Alter meist als deutliche Entwicklungsverzögerung, die alle Bereiche der kindlichen Entwicklung betrifft, an denen Lernen wesentlich beteiligt ist. So ist beispielsweise die Wahrnehmung beeinträchtigt und der Spracherwerb setzt später und verlangsamt ein. Schwierigkeiten zeigen sich beim Erlernen von Wortbedeutungen und grammatikalischen Regeln.

In Bezug auf die Lernfähigkeit hat es in den letzten Jahren enorme Fortschritte gegeben. Auch ist es nachgewiesen, dass Menschen mit einer geistigen Behinderung vor allem durch praktisches Handeln in lebensnahen Situationen lernen und mit professioneller Förderung auf dem allgemeinen Arbeitsmarkt bestehen können. Je nach Auswirkung der Behinderung können Betroffene durchaus auch eine Berufsausbildung oder Teile davon machen. Dabei helfen gezielte Unterstützung und Sonderregelungen. Welchen konkreten Anforderungen Menschen mit einer geistigen Behinderung am Arbeitsplatz gewachsen sind, ist aber weder aus dem Intelligenztest noch dem Grad der Behinderung direkt abzulesen. Hier ist eine konkrete Erprobung in der Arbeit und ein Gespräch mit langjährigen Bezugspersonen häufig die bessere Alternative.

Weitere Informationen:

Bundesvereinigung Lebenshilfe e. V.: https://www.lebenshilfe.de

Erworbene Hirnschädigung

Neurologische Erkrankungen greifen unser zentralstes Steuerungsorgan an.

Eine Verletzung des Gehirns als Zentralorgan hat fast immer schwerwiegende Folgen, die das Leben der Betroffenen dramatisch verändern können. Nach dem Ereignis ist das Leben für viele nicht mehr wie es vorher war. Trotz Behandlung bleiben oft schwere Beeinträchtigungen, die das Leben der Betroffenen und ihrer Angehörigen verändern können. Eine echte Heilung ist nicht möglich, nur eine möglichst sinnvolle Reorganisation des Gehirns als Reaktion auf die verbleibenden Substanzdefekte. Deshalb besteht ein großer Teil der Beeinträchtigungen meist dauerhaft (vgl. Pichler 2018: 48).

Dank des medizinischen Fortschritts sind die Überlebenschancen von Menschen mit erworbener Hirnverletzung deutlich gestiegen und ihre Teilhabe kann mit Leistungen der Rehabilitation und Teilhabe gefördert werden.

Ursachen

Eine erworbene Hirnschädigung kann jeden jederzeit treffen, die Ursachen sind vielfältig und oft nicht vorhersehbar. Eine erworbene Schädelhirnverletzung kann Folge eines Verkehrs-, Arbeits- oder Sportunfalls sein (siehe Kapitel 3.IV.1). Ihre Ursache kann aber auch in einer Erkrankung, etwa einem Schlaganfall, einer Gehirnblutung, einem Hirntumor, einer Hirnhautentzündung oder Multipler Sklerose liegen.

Besonderheiten und Auswirkungen

Nach einer Verletzung des zentralen Nervensystems ist die berufliche und soziale Wiedereingliederung grundsätzlich anders zu betrachten als nach einer orthopädischen oder kardiologischen Erkrankung (vgl. ebd.).

Hirnschäden können zu zahlreichen Beeinträchtigungen führen. Betroffen sein können sowohl motorische Fähigkeiten wie z. B. das Gehen und der Arm- und Handgebrauch, die Sprach- und Sprechfertigkeiten als auch die geistige Leistungsfähigkeit in den Bereichen Aufmerksamkeit und Konzentration (mit Minderung der Gesamtbelastbarkeit), Gedächtnis sowie Planen und Problemlösen. Nicht zuletzt kann auch die Fähigkeit zu einer angemessenen Steuerung des sozialen Verhaltens gestört sein. Hirnorganisch bedingte Wesensveränderungen erschweren die soziale Reintegration zusätzlich.

Neben motorischen Störungen im Bereich der Grob- oder Feinmotorik, des Gleichgewichts und der Koordination können auch Hör- und Seheinschränkungen, Sprach- und Sprechstörungen oder epileptische Anfälle auftreten. Was oft schwerer wiegt, sind Störungen im Bereich der geistigen Leistungsfähigkeit, im Gefühlsleben oder im Sozialverhalten. Diese neuropsychologischen Einschränkungen betreffen z. B. dir Aufmerksamkeit, das Gedächtnis, die Lernfähigkeit, die zeitliche und örtliche Orientierung, das Sprach-, Schreib- und Rechenvermögen oder die Fähigkeit, Probleme zu lösen.

Nach der medizinischen Erstversorgung im Krankenhaus schließt sich in der Regel ein länger dauernder stationärer Aufenthalt in einer Rehabilitationsklinik an. Um die Möglichkeit einer Rückkehr in den Alltag zu erproben und gezielt alltags- und berufsrelevante Fähigkeiten zu trainieren, kann anschließend eine medizinisch-berufliche Rehabilitation durchgeführt werden. Für Menschen, die vor der Erkrankung oder Verletzung im Erwerbsleben standen, ist die berufliche Wiedereingliederung ein vorrangiges Ziel. Doch auch wenn durch Rehabilitationsmaßnahmen eine Verbesserung der Funktionen erreichbar ist, bleibt es vielfach eine Kernaufgabe, trotz verbliebener Resteinbußen Teilhabe zu ermöglichen. Gerade wenn die Auswirkungen eines Schädelhirntraumas sehr schwerwiegend sind, kommt den Angehörigen der Betroffenen bei der Bewältigung der Folgen eine zentrale Rolle zu.

Weitere Informationen:

ZNS-Stiftung Hilfen für Menschen mit Schädelhirntrauma: www.zns-stiftung.de

Innere Erkrankungen

Zu den Erkrankungen der inneren Organe gehören z. B. Stoffwechselerkrankungen wie Diabetes oder Mukoviszidose, verschiedene Krebsarten und diverse Herzerkrankungen.

Von einer Behinderung spricht man, wenn die Einschränkungen den Erkrankten mittel- oder langfristig daran hindern, am beruflichen oder privaten Leben teilzuhaben. Eine akute Lungenentzündung mit normalem Verlauf ist beispielsweise noch keine Behinderung, sondern eine Krankheit mit einer bestimmten Zeitdauer von wenigen Wochen. Wird die Entzündung allerdings chronisch oder ist die Atmung auch nach der Heilung der Krankheit eingeschränkt, kann eine Behinderung vorliegen.

Ursachen

So vielfältig wie die Arten von inneren Erkrankungen sind auch ihre Ursachen. Einige Herz- oder Stoffwechselerkrankungen sind z. B. genetisch bedingt und damit angeboren, andere Krankheiten entwickeln sich erst im (hohen) Alter.

Auswirkungen und Besonderheiten

Innere Erkrankungen sind nicht immer auf den ersten Blick erkennbar, ihre Auswirkungen können einschneidend sein. Sie betreffen häufig die körperliche Kondition, das heißt die physische Kraft kann entweder nur eingeschränkt oder nur über einen bestimmten Zeitraum voll verwendet werden. Bei Überlastung können Phasen der Erschöpfung auftreten. Eine weitere häufige Einschränkung erfolgt durch Schmerzen, die die Konzentration beim Arbeiten verringern können.

Die Krankheitsverläufe sind sehr unterschiedlich: Einige Erkrankungen wie Diabetes mellitus verlaufen zwar symptomarm, können aber jederzeit in bedrohliche Krisenzustände übergehen. Andere sind gekennzeichnet durch Krankheitsschübe, die jederzeit und unerwartet auftreten können und oft mit Schmerzen verbunden sind. Es ist typisch für chronische Erkrankungen, dass sich ihr Krankheitsverlauf so wenig vorhersagen lässt und die Auswirkungen von Mensch zu Mensch stark variieren.

Diese Auswirkungen können durch eine medizinische Behandlung meist stark verringert oder sogar ganz beseitigt werden. Häufig muss der Betreffende mehrmals am Tag Medikamente einnehmen.

Weitere Informationen: siehe bei den einzelnen Krankheitsbildern

Körperbehinderung
Zu den häufigsten Formen von Körperbehinderung gehören Schädigungen des Skelettsystems (z. B. Gelenkfehlstellungen), Schädigungen des Zentralnervensystems (z. B. Querschnittslähmung) und Fehlbildungen oder Schädigungen der Gliedmaßen. Auch Mischformen können auftreten, wie z. B. spastische Lähmungen.

Ursachen

Körperbehinderungen können, wie beispielsweise bei Gelenkfehlstellungen, genetisch bedingt sein. Einige der Formen von körperlichen Behinderungen werden erst im Laufe des Lebens erworben: Zum Beispiel kann durch einen Schlaganfall eine Lähmung verursacht werden oder ein Autounfall hat den Verlust eines Armes oder Beines zur Folge.

Ursache für spastische Lähmungen ist eine Schädigung des Zentralnervensystems, aus der eine veränderte Eigenspannung des Skelettsystems folgt. Nachteilige Auswirkungen wie z. B. Schwierigkeiten beim Gehen können durch unterschiedliche Grunderkrankungen hervorgerufen werden.

Besonderheiten und Auswirkungen

Der Zeitpunkt des Eintritts einer Körperbehinderung spielt eine entscheidende Rolle: Während Menschen mit Gliedmaßenfehlbildungen meist schon von Geburt an gelernt haben, mit der Behinderung umzugehen, müssen Menschen, die durch einen Unfall oder eine Krankheit behindert wurden, sich erst auf die neue Situation einstellen.

Ebenso vielfältig wie die Erscheinungsformen von Körperbehinderungen sind auch die damit in der Regel verbundenen Einschränkungen im Lebens- und Berufsalltag. Die jeweilige Einsatz- und Leistungsfähigkeit des Menschen mit Körperbehinderung bei der Bewältigung des Alltags lässt sich oft erst in der praktischen Erprobung beurteilen. Stellen sich bei den täglichen Bewegungsabläufen Probleme ein, gibt es viele Möglichkeiten, gegenzusteuern, z. B. mit der Nutzung von technischen Hilfsmitteln. Unter Umständen sind Rollstuhl, Gehhilfen und/oder Medikamente notwendig.

Weitere Informationen: siehe bei den einzelnen Krankheitsbildern

Kleinwuchs

Beim Kleinwuchs liegen die Körpermaße unterhalb des Normbereichs. Als kleinwüchsig gelten Menschen mit einer Körpergröße zwischen 70 und 140 Zentimetern.

Ursachen

Familiärer Kleinwuchs ist erblich bedingt.

Hormonaler Kleinwuchs wird verursacht durch einen Mangel an Wachstumshormonen, z. B. Hormone der Hirnanhangsdrüse, der Schilddrüse oder der Nebennierenrinden. Der Körperbau ist harmonisch proportioniert. Durch Einnahme von Hormonen können Betroffene manchmal eine normale Körpergröße erreichen.

Skelettdysplasien gehen auf genetisch bedingte Störungen der Knorpel- und Knochenbildung zurück. Es gibt Auffälligkeiten im Körperbau, z. B. verkürzte, gekrümmte Arme und Beine. Oft besteht auch eine Streckhemmung der Ellenbogen und Hüftgelenke. Zu den Skelettdysplasien zählt z. B. die Anchondroplasie, eine Wachstumsstörung, bei der Arme und Beine verkürzt sind.

Besonderheiten und Auswirkungen

Probleme, die für Kleinwuchs typisch sind, betreffen die Erreichbarkeit in der Höhe, einen verringerten Greifradius, den Umgang mit schweren Lasten und die Bewältigung längerer Wegstrecken.

Viele kleinwüchsige Menschen sind es gewohnt, ihre fehlende Körpergröße durch besondere Kraftanstrengung zu kompensieren. Auf Dauer können diese zusätzlichen körperlichen Belastungen zu schmerzhaften Verschleißerscheinungen mit weiteren Bewegungseinschränkungen führen.

Ergonomische Lösungen können helfen, die körperlichen Belastungen zu senken und einseitige Bewegungsabläufe zu vermeiden. Das können kleinwuchsgerechte Möbel sein, die in Höhe und Neigung verstellbar sind, oder tiefergelegte Bedienelemente und Mobilitätshilfen wie ein Rollstuhl oder Elektromobil.

Weitere Informationen:

Bundesverband Kleinwüchsige Menschen:
www.bkmf-netzwerkberuf.de

Lernbehinderung

Lernbehinderung ist ein Sammelbegriff für verschiedenartige Schwierigkeiten beim Lernen und Arbeiten. Die einzelnen Ausprägungen unterscheiden sich teils stark voneinander und können verschiedene Lernbereiche, wie z. B. das Rechnen, das Lesen, aber auch die Bildung von Zusammenhängen zwischen Informationen betreffen. Eine Lernbehinderung ist nicht zwangsläufig mit verminderter Intelligenz gleichzusetzen.

Entscheidend für die Effektivität der Lernprozesse sind nicht nur die einzelnen Wege, sondern auch ihr Zusammenspiel. Durch fehlende Verknüpfungen der Nervenzellen können Denkprozesse verlangsamt werden, die Menge der Informationen und die Geschwindigkeit ihrer Verarbeitung sind reduziert.

Ursachen

Lernbehinderungen entwickeln sich in der Regel im Kindesalter. Eine besondere Rolle spielt neben genetischen Faktoren und individuellen psychischen Beeinträchtigungen das Elternhaus und das weitere soziale Umfeld. Wachsen Kinder in einer Umgebung auf, in der das Lernen oder die Kommunikation untereinander nicht gut funktionieren, kann sich infolgedessen eine Lernbehinderung entwickeln.

Eine Lernbehinderung kann durch verschiedene Faktoren aus unterschiedlichen Bereichen verursacht werden. Sie betrifft in der Regel mehrere Funktionsebenen (geistig, seelisch und körperlich), die sich in der Lebensentwicklung gegenseitig individuell und nicht kontinuierlich verstärken. Die Hauptursachen liegen meistens im organischen und neurologischen Bereich. Es handelt sich um angeborene genetische Faktoren oder erworbene hirnorganische Schädigungen.

Neben den biologischen Ursachen können psychosoziale Faktoren wie ungünstige soziale und psychologische Bedingungen eine Lernbehinderung verursachen oder verstärken. Säuglinge und Kleinkinder, die keine ausreichende Pflege und zu wenig emotionale Zuwendung erhalten, zeigen Entwicklungsverzögerungen und -rückstände. Fehlende Anreize und fehlende Zuwendung wirken sich auf das physische Wachstum, die kognitive Entwicklung sowie die Psyche des Kindes aus.

Besonderheiten und Auswirkungen

Eine Lernbehinderung vermindert die Fähigkeit, Informationen aufzunehmen, neue Prozesse zu verstehen und Wissen auf neue Situationen anzuwenden. Teilweise ist auch das Verhalten betroffen. Es können unterschiedliche individuelle Verhaltensweisen auftreten. Dann ist es wichtig, mit den Betroffenen und ggf. auch mit Unterstützern (z. B. Berufsbegleiter, Familie) im Gespräch zu bleiben.

Das Entwicklungsalter von Kindern mit Lernbehinderungen weicht im Kleinkindalter immer mehr von der Entwicklung gleichaltriger Kinder ab. Diese Entwicklungsverzögerung wird bedauerlicherweise auch heute noch nicht immer rechtzeitig bemerkt. Von Lernbehinderung betroffen sind ca. 2,5 bis 3,5 Prozent aller Kinder eines Jahrgangs. In der Schule unterscheidet sich ihr Lern- und Leistungsvermögen immer deutlicher vom Lernen gleichaltriger Kinder. Kinder mit Lernbehinderungen sind deshalb auf ein individuelles sonderpädagogisches Bildungsangebot angewiesen.

Eine Lernbehinderung wirkt sich auf jede Form des Lernens im Alltag und auf die Bewältigung des täglichen Lebens in jeder Altersstufe aus. Menschen mit Lernbehinderungen benötigen Unterstützung und Begleitung, damit sie in der Gesellschaft und am Arbeitsleben teilhaben können.

Weitere Informationen:

Lernen Fördern e.V. (Bundesverband zur Förderung von Menschen mit Lernbehinderung): https://lernen-foerdern.de

Multiple Sklerose (MS)

Multiple Sklerose ist eine der häufigsten Erkrankungen des Zentralnervensystems. Sie beginnt in der Regel im frühen Erwachsenenalter. Bei den Erkrankten treten im Gehirn und Rückenmark verstreut Entzündungen auf. Dies beeinträchtigt die Weiterleitung von Nervenimpulsen und es kann zu körperlichen Störungen kommen, wie z. B. Missempfindungen, Schwindel, Gefühlsstörungen, vermehrtes

Stolpern, Unsicherheit beim Gehen und Stehen oder Schwierigkeiten beim Sehen.

Die Symptome sind individuell sehr verschieden und der Krankheitsverlauf ist nicht vorhersehbar. Eine MS muss nicht zwangsläufig schwer verlaufen. Sie kann schubweise, mit langen krankheitsfreien Intervallen oder auch chronisch verlaufen. Ihre Behandlung erfolgt überwiegend medikamentös.

Krankheitszeichen können sich wieder zurückbilden. Auch wenn das nicht der Fall ist, sind viele Betroffene nur geringfügig eingeschränkt. Es gibt allerdings auch Krankheitsverläufe, bei denen zunehmend Beeinträchtigungen auftreten und bestehen bleiben. Bei unter fünf Prozent der Betroffenen führt die Erkrankung innerhalb weniger Jahre zu einer schweren Behinderung.

Ursachen

Wodurch Multiple Sklerose letztlich verursacht wird, ist noch nicht abschließend geklärt. Es wird vermutet, dass mehrere Faktoren für diese Erkrankung verantwortlich sind, u. a. spielt das Immunsystem eine zentrale Rolle. Eine Fehlreaktion des körpereigenen Abwehrsystems (Autoimmunerkrankung) kann zur allmählichen Zerstörung der Nervenhüllen führen. Ursache kann auch eine Virusinfektion sein.

Besonderheiten und Auswirkungen

Seh- und Sprechstörungen und Schwierigkeiten, gezielte Bewegungen mit den Armen und Beinen auszuführen, zählen zu den häufigsten Symptomen. Bewegungsabläufe wie Greifen und Gehen können Probleme bereiten, die Kraft der Arme und Beine kann nachlassen, vorzeitige Ermüdung kann eintreten. Blasen- und Darmstörungen können entstehen. Die Symptome können einzeln, aber auch kombiniert auftreten.

Bei einem großen Teil der MS-Kranken verläuft die Krankheit in unterschiedlich heftigen Schüben, nach denen die Beschwerden wieder abklingen oder ganz verschwinden. Der unterschiedliche Verlauf der Erkrankung und die wechselhafte körperliche und seelische Verfassung bestimmen vielfach die Ausdauer, Belastbarkeit, Flexibilität und psychische Stabilität der Betroffenen.

„Nicht wissen was auf einen zukommt" – diese Ungewissheit über den Krankheitsverlauf ist gerade für Neuerkrankte eine der größten Schwierigkeiten.

Weitere Informationen:

Deutsche Multiple Sklerose Gesellschaft Bundesverband e. V.: www.dmsg.de

Querschnittslähmung

Eine Querschnittslähmung ist Folge einer Rückenmarkschädigung.

Querschnittlähmungen werden nach der Höhe und ihrer Ausprägung klassifiziert. Darüber hinaus wird die Lähmung als komplett (keinerlei Funktion unterhalb der Rückenmarkschädigung) oder inkomplett (verbliebene Restfunktion unterhalb der Rückenmarkschädigung) beschrieben.

Unterschieden werden folgende Formen:

- Paraplegie: Lähmung beider Beine und der Rumpfmuskulatur
- Tetraplegie: Verletzungen im Halsbereich führen zu einer hohen Querschnittslähmung, die Arme und Beine betrifft und eine Beeinträchtigung der Atmung und der inneren Organe zur Folge hat.
- Hemiplegie: Lähmung einer Körperhälfte
- Diplegie: doppelseitige Lähmung des oberen oder unteren Körperabschnitts
- Monoplegie: Lähmung eines Armes oder eines Beines

Ursachen

Querschnittslähmung wird häufig durch Unfälle verursacht, bei denen es zu Verletzungen des Rückenmarks (z. B. bei Wirbelbrüchen) kommt. Weitere Ursachen können Tumore und andere spezielle Erkrankungen wie z. B. Multiple Sklerose sein.

Besonderheiten und Auswirkungen

Je nach Ausmaß der Schädigung im Verlauf des Rückenmarks (Hals-, Brust- oder Lendenmark) ergeben sich unterschiedlich schwere Beeinträchtigungen. Ein querschnittsgelähmter Mensch ist nicht mehr in der Lage, zu stehen und zu gehen. Er ist in der Regel auf den Rollstuhl und eine sitzende Tätigkeit angewiesen.

Eine Querschnittslähmung kann unterschiedliche Lähmungen mit unterschiedlichen Auswirkungen hervorrufen. Bei einer motorischen Lähmung kommt es zum Ausfall der willkürlichen Muskelbewegung unterhalb der betroffenen Stelle am Rückenmark. Der Betroffene ist gehunfähig. Sensosensorische Lähmungen äußern sich im Verlust des Empfindungsvermögens. Schmerz-, Tast- und Temperaturreize können nicht oder nur noch teilweise wahrgenommen werden. Vegetative Lähmungen führen zu Funktionsstörungen von inneren Organen wie z. B. der Harnblase, des Enddarms und der Schweißdrüsen.

Weitere Informationen:

Bundesverband für körper- und mehrfachbehinderte Menschen: www.bvkm.de

Rheuma

Rheuma ist ein Überbegriff für verschiedene Erkrankungen. Sie alle äußern sich in chronischen Schmerzen und können ganz unterschiedliche Körperteile betreffen. Betroffen sind nicht nur ältere Menschen, sondern auch Kinder und Jugendliche.

Rheumatische Erkrankungen lassen sich in vier Hauptgruppen unterteilen:

Entzündlich-rheumatische Erkrankungen

Darunter fallen Gelenkentzündungen, die dauerhaft (chronisch) sind. Zu den häufigsten Krankheitsformen dieser Hauptgruppe zählen die rheumatoide Arthritis und Morbus Bechterew.

Ursache entzündlich-rheumatischer Erkrankungen: Das Immunsystem greift den eigenen Körper an – Gelenke und Sehnen, Haut und andere Körpergewebe, manchmal sogar innere Organe.

Degenerativ-rheumatische Erkrankungen

Bei dieser Erkrankungsform ist der Knorpel in Knie, Hüfte, Finger oder Zehen meist großflächig geschädigt. Auch die Gelenke der Wirbelsäule können befallen sein. Die häufigsten chronischen Gelenkerkrankungen sind die Arthrosen.

Betroffene klagen über kurzfristige, wenige Minuten dauernde Schmerzen (Anlaufschmerzen), Schmerzen bei längerer Belastung und Bewegungseinschränkungen.

Betroffene spüren oftmals Anlaufschmerzen – etwa, wenn sie aus dem Bett aufstehen oder aus dem Auto aussteigen. Sie müssen sich erst „einlaufen". Anders als bei entzündlich-rheumatischen Erkrankungen sind die Schmerzen in Ruhephasen ohne Belastung seltener wahrnehmbar.

Chronische Schmerzsyndrome des Bewegungsapparates

Zu dieser Gruppe zählen z. B. der chronische Rückenschmerz und die Fibromyalgie. Chronischer Rückenschmerz nimmt mit dem Alter zu und erreicht seinen Höhepunkt abhängig von der Belastung erst in höherem Alter. Auch der berühmte Tennis-Ellbogen oder das Karpaltunnelsyndrom gehören in diese Gruppe. Weichteilgewebe und Muskeln, Sehnenansätze und Sehnenscheiden sowie die Schleimbeutel sind gereizt und schmerzen – meist nur in einer Körperregion und meist bedingt durch Überlastung.

Die Fibromyalgie ist eine chronische Schmerzkrankheit, die Schmerzen am ganzen Körper verursacht.

Stoffwechselerkrankungen mit rheumatischen Beschwerden

Osteoporose – auch Knochenschwund genannt – zählt zu den Stoffwechselerkrankungen mit rheumatischen Beschwerden. Durch eine Störung des Knochenstoffwechsels werden die Knochen anfällig für Brüche. Betroffen sind vor allem Wirbelkörper des unteren Rückens und der Brustwirbelsäule sowie Unterarm- und Oberschenkelhalsknochen. Die Osteoporose selbst verursacht keine Beschwerden, Knochenbrüche jedoch sehr wohl. Kommt es zu Brüchen von Wirbelkörpern, können die verformten Knochen zu dauerhaften Schmerzen führen. Häufig entsteht auch ein Rundrücken, der die Bewegungsfreiheit einschränkt.

Gicht ist eine weitere Stoffwechselerkrankung mit rheumatischen Beschwerden. Durch eine Störung des Harnsäure- oder Purin-Stoffwechsels entsteht im Körper ein Harnsäureüberschuss. Typischerweise treten Gichtanfälle auf – plötzliche, starke Schmerzen in einem Gelenk mit Schwellung, Rötung und Überwärmung, die selten mehr als zwei Wochen dauern. Meist ist zuerst der Großzeh betroffen.

Rheuma macht den Körper unbeweglich. Fast immer verursacht die Krankheit Schmerzen, sie schränkt die Bewegungsfähigkeit ein und belastet die Betroffenen psychisch.

Rheuma ist keineswegs nur eine Erkrankung von älteren Menschen. Eine entzündliche rheumatische Erkrankung kann auch schon in jungen Jahren auftreten und tatsächlich stehen viele Menschen bei Beginn ihrer Erkrankung noch im Berufsleben. Frauen sind häufiger betroffen als Männer.

Weitere Informationen:

Deutsche Rheuma-Liga: www.rheuma-liga.de

Seelische Erkrankungen

Zu den seelischen Erkrankungen zählen z. B. Depression, Psychose, Neurose, Schizophrenie, bipolare oder somatoforme Störung. Die ICD-10 (siehe Kapitel 2.III.6) spricht in diesem Kontext von psychischen und Verhaltensstörungen. Angststörungen und Depressionen zählen deutschlandweit zu den häufigsten Krankheitsbildern.

Die Klassifikation ICD-10 trifft folgende Unterscheidung:

Schizophrene und wahnhafte Störungen mit eingeschränkter Wahrnehmung der Wirklichkeit. Bewusstsein, Denken und Fühlen sind gestört, oft im Verlauf von Phasen. Betroffene fühlen sich verfolgt oder bedroht, verschließen sich ihrer Umwelt, hören Stimmen, haben Halluzinationen.

Affektive Störungen mit manischen und depressiven Phasen im Wechsel (sog. bipolare Störung) oder mit anhaltender Depression.

Belastungs- und Anpassungsstörungen mit generellen oder speziellen Angststörungen, sozialer Phobie, Zwangsstörungen, Belastungsstörungen als Reaktion auf persönlich erfahrene Bedrohungen oder als somatoforme Störungen in Form von Schmerzen oder Herz-Kreislauf-Beschwerden, die sich nicht auf organische Erkrankungen zurückführen lassen.

Persönlichkeits- und Verhaltensstörungen mit anhaltenden Verhaltensmustern, die sich in starren Reaktionen auf unterschiedliche persönliche und soziale Lebenslagen zeigen, z. B. krankhaftes Misstrauen, soziale Abkapselung, Pedanterie, Aggression gegen andere oder sich selbst, Abhängigkeit etc.

Die Grenzen zwischen einer psychischen Erkrankung und einer psychischen Störung, die (noch) keinen Krankheitswert haben, sind fließend. Im Kontext ungünstiger Lebensbedingungen und ohne entsprechende Abhilfe kann aus einer psychischen Störung eine Erkrankung oder gar Behinderung werden – mit allen damit verbundenen Konsequenzen.

Ursachen

Die Ursachen sind vielschichtig. Sie beruhen auf einer Wechselwirkung von biologischen, psychischen und sozialen Faktoren. So kann bei entsprechender Veranlagung eine Lebenskrise zum Ausbruch einer seelischen Erkrankung führen.

Auslöser können einerseits z. B. Akutereignisse wie Überfälle, Unfälle oder andere individuell einschneidende Momente sein. Andererseits liegen oftmals schleichende, von außen zunächst nicht wahrgenommene Entwicklungen zugrunde.

Für Außenstehende sind Ursachen einer psychischen Störung auf den ersten Blick oft nicht unmittelbar erkennbar. Anders als bei einem Unglück, einem Überfall oder einen Unfall gibt es oft keinen konkret datierbaren auslösenden Moment für Veränderungen der Psyche eines Menschen, was es für Dritte schwierig macht, diese als Erkrankung wahrzunehmen und zu akzeptieren.

Besonderheiten und Auswirkungen

Psychische oder seelische Störungen sind durch krankheitswertige Veränderungen des Erlebens und Verhaltens gekennzeichnet. Dies kann mit Unterschieden der Wahrnehmung, des Denkens, Fühlens oder auch des Selbstbildes (Selbstwahrnehmung) einhergehen. So können sich auch „einfache" psychische Probleme ohne Krankheitswert auf Motivation, soziale Beziehungen oder das Leistungsvermögen auswirken. Im Gegensatz zu körperlichen Erkrankungen sind die Verläufe bei psychischen Erkrankungen meist langwieriger und häufig nicht linear, sondern zyklisch.

Die Auswirkungen und der Verlauf psychischer Erkrankungen sind selbst bei gleichlautenden Diagnosen sehr verschieden. Es ist auch möglich, dass eine psychische Störung chronisch verläuft und sich zu einer Behinderung entwickelt.

Psychische Störungen sind inzwischen eine der häufigsten Ursachen für Arbeitsunfähigkeit.

Obwohl seelische Erkrankungen heute stärker in der Aufmerksamkeit der Gesellschaft stehen, gibt es noch erhebliche Unsicherheiten im Umgang mit der Erkrankung. Zum einen bei den Betroffenen selbst durch Scham, fehlende Krankheitseinsicht oder die Angst vor Sanktionen, zum anderen beim gesellschaftlichen Umfeld des Betroffenen: Menschen mit Auffälligkeiten im Verhalten gelten allzu leicht als verrückt, werden belächelt oder man geht ihnen aus dem Weg. Psychisch Erkrankte bemerken soziale Rückzüge in ihrem Umfeld und fühlen sich im Stich gelassen. Das gibt der psychischen Störung Raum, sich zu manifestieren – bis hin zu einer psychischen Behinderung. Nicht zu unterschätzen ist in diesem Prozess die Bedeutung der Erwerbsfähigkeit und -tätigkeit. Die Ausübung einer beruflichen Tätigkeit gibt dem Menschen nicht nur eine regelmäßige Struktur, sie bedient daneben das existenzielle Bedürfnis nach Arbeit. Die berufliche Wiedereingliederung gilt dabei oft als oberstes Ziel für Menschen mit psychischen Erkrankungen.

Weitere Informationen:

Aktion psychisch Kranke e. V.: www.apk-ev.de

Deutsche Gesellschaft für Psychiatrie und Psychotherapie: www.dgppn.de

2.II Um was geht es?

2.II.1 Selbstbestimmte Teilhabe

Zusammenfassung

Dieses Kapitel befasst sich mit zwei zentralen Begriffen im Recht von Rehabilitation und Teilhabe: Selbstbestimmung und Teilhabe. An diesen beiden Begriffen macht sich zum einen der mit dem SGB IX eingetretene Paradigmenwechsel fest. Zum anderen – und das ist für im Bereich von Reha und Teilhabe tätige Akteure ebenso wichtig – leitet sich daraus der notwendige Perspektivwechsel ab.

Maßgeblich sind nicht die eigenen Vorstellungen von dem was Teilhabe und Selbstbestimmung bedeuten, sondern die Perspektive des Menschen mit Behinderung. Aus dem Blickwinkel der Betroffenen sehen zu können, erfordert ein gesichertes Verständnis von Selbstbestimmung und Teilhabe.

Dieses Verständnis braucht es, um die Hilfemöglichkeiten des Systems zielführend einzusetzen. Die wachsende Bedeutung von Rehabilitation und ihren Leistungen zur Teilhabe bedeutet auch eine steigende Verpflichtung für die Rehabilitationsträger.

2.II.1.1 Selbstbestimmung

Als Teil des allgemeinen Persönlichkeitsrechts steht jedem Menschen das Recht auf Selbstbestimmung zu – das gilt gleichermaßen für Menschen ohne und mit Behinderung.

Im SGB IX wird Selbstbestimmung als eines der grundlegenden Ziele des Rechts für Menschen mit Behinderungen und eines der grundlegenden Zwecke von Rehabilitation genannt. Selbstbestimmung ist handlungsleitend für die Gestaltung von Teilhabe von der Bedarfsfeststellung über die Koordinierung von Leistungen bis hin zur Ausführung der Leistungen (vgl. von Boetticher/Kuhn-Zuber 2022: 23, Rn. 9).

Hier zeigt sich der mit dem SGB IX eingetretene Paradigmen- und Perspektivwechsel weg von der Fürsorge, weg von bevormundender Hilfe und Fremdbestimmung, weg vom Helfersyndrom hin zum Gestalten auf Augenhöhe mit dem Menschen, um dessen Teilhabe es geht. Im Sinne der Art. 3 und 25 der UN-BRK ist dies die Aufforderung an alle Beteiligten, die Selbstbestimmung der Betroffenen als unveräußerliches Grundrecht zu achten. (Meyer et al. 2022: 37). Wir begegnen dabei zwei Aspekten, die gleichermaßen bedeutsam sind: Zum einen geht es um selbstbestimmte Teilhabe, zum anderen um die Beachtung von Selbstbestimmung bei der Ausführung von Sozialleistungen.

Selbstbestimmung ist nicht gleichzusetzen mit Selbstständigkeit. Letztere bezeichnet das Ausmaß, in dem eine Person in der Lage ist, ohne zusätzliche Hilfe bestimmte Tätigkeiten des alltäglichen Lebens auszuführen. Doch auch ein Mensch mit Behinderung, der viele Dinge nicht selbstständig ausführen kann und eventuell rund um die Uhr auf Unterstützung angewiesen ist, kann selbstbestimmt leben.

Entscheidend ist das Ausmaß der Kontrolle, das er über sein eigenes Leben hat: „Kontrolle über das eigene Leben zu haben, basierend auf der Wahlmöglichkeit akzeptabler Alternativen, die die Abhängigkeit von Entscheidungen anderer bei der Bewältigung des Alltags minimieren. Es schließt das Recht ein, seine eigenen Angelegenheiten selbst regeln zu können, ohne dabei in die psychologische und körperliche Abhängigkeit anderer zu geraten" (von Boetticher/Kuhn- Zuber 2022: 25, Rn. 11).

In der Teilhabe kommt es auf die Selbstbestimmung an, nicht auf die Selbstständigkeit der Verrichtung. Selbstbestimmte Teilhabe bedeutet, selbst über Reha-Ziele bestimmen zu können, auch wenn man sie selbst nicht (mehr) selbstständig durchführen kann. Wenn es andere tun oder meinen, es tun zu müssen – dann ist das fremdbestimmt (vgl. Behrens 2022: 232).

Selbstbestimmte Teilhabe ist somit immer etwas Höchstpersönliches, denn es geht

- um die Orientierung an den Interessen und am Willen der Menschen,
- um die Konzentration auf die Ressourcen der Menschen und des Sozialraums,
- um die Unterstützung von Eigeninitiative und Selbsthilfe.

Deshalb funktioniert Selbstbestimmung nur mit aktiver Einbindung im Sinne von Partizipation und Personenzentrierung. Denn welche Maßnahmen und Unterstützungsleistungen für eine selbstbestimmte Teilhabe zielführend sind und wann und wie sie durchgeführt werden, lässt sich nur beantworten, wenn gemeinsam alle individuellen und sozialräumlichen Aspekte beachtet und abgewogen werden.

Dazu ist es notwendig, den Menschen im Sinne von Partizipation (siehe Kapitel 3.III.3) möglichst weitgehend in Entscheidungen mit einzubeziehen, am besten in allen Phasen der Rehabilitation: die gemeinsame Identifizierung und Bestimmung der Rehabilitationsziele, die Wahl von Reha- und Teilhabeleistungen, die Planung von Nachsorge, die selbstbestimmte Umsetzung von Gelerntem in den eigenen Alltag.

Selbstbestimmung hat aber auch Grenzen: Ein wesentliches Merkmal von Selbstbestimmung ist zwar einerseits die Individualität des Menschen, hinter der der Mensch als soziales Wesen zurücktritt. Andererseits ist die Ausübung der Selbstbestimmung des Einzelnen begrenzt durch das Selbstbestimmungsrecht der anderen (vgl. Meyer et al. 2022: 37). Dieses Spannungsfeld zwischen Selbstbestimmung und sozialer Teilhabe löst sich im Begriff der selbstbestimmten Teilhabe auf. Als soziales Wesen ist der Mensch Teil einer Gemeinschaft – Rechte und Pflichten ihr gegenüber sind ein wesentliches Kennzeichen einer inklusiven Gesellschaft. Für Menschen ohne und Menschen mit Behinderungen gilt, dass Selbstbestimmung nicht nur Rechte garantiert, sondern auch Pflichten auslöst, sich als Teil der Gesellschaft mit seinen Möglichkeiten einzubringen.

2.II.1.2 Konkretisierung im SGB IX

Wichtige Ansatzpunkte im SGB IX, in denen das Selbstbestimmungsrecht in der Rehabilitation konkretisiert ist, sind die Stärkung der Position von Menschen mit Behinderungen und ganz konkret das Wunsch- und Wahlrecht (§ 8 SGB IX) sowie das Persönliche Budget (§ 29 SGB IX) (siehe Kapitel 3.I.4 und 3.III.3).

Ein Höchstmaß an Selbstbestimmung über die benötigten Leistungen eröffnet das Persönliche Budget (PB). Damit haben Menschen mit Behinderungen direkt Einfluss auf das Leistungsangebot und können über die selbstständige Bezahlung der Leistungen steuern und ggf. bestehende Mängel in der Leistungserbringung unmittelbar sanktionieren. Mit der Inanspruchnahme eines PBs ist gleichzeitig ein hohes Maß an Verantwortung verbunden: passende Angebote finden, Preise vereinbaren, Verträge schließen, ordnungsgemäße Einhaltung und qualitätsgerechte Durchführung kontrollieren (vgl. von Boetticher/Kuhn-Zuber 2022: 81, Rn. 113).

Das Wunsch- und Wahlrecht im SGB IX soll die Selbstbestimmung und Eigenverantwortung der Leistungsberechtigten stärken und gleichzeitig die Motivation der Rehabilitanden fördern, mitzuwirken. Rehabilitationsträger sind verpflichtet, im Rahmen des Wunsch- und Wahlrechts die Betroffen an der Auswahl, der Planung und Gestaltung der einzelnen Hilfe zu beteiligen und ihre Mitwirkung zu fördern. Im Sinne von selbstbestimmter Teilhabe und zur Verhinderung von Fremdbestimmung soll vermieden werden, dass Rehabilitationsträger nur eine Leistung anbieten, ohne auf Alternativen und die Möglichkeit der Mitbestimmung und Mitgestaltung durch die Ausübung des Wunsch- und Wahlrechts hinzuweisen (vgl. ebd.: 45, Rn. 52).

Menschen mit Behinderungen können – und sollten – Wünsche nach einer bestimmten Rehabilitationseinrichtung, nach bestimmten Leistungen oder auch Wünsche zur konkreten Ausgestaltung der Rehabilitation einbringen. Wenn sich darüber die Wirksamkeit der Teilhabeleistungen sicherstellen lässt, haben beide Seiten ihre Ziele erreicht.

2.II.2 Teilhabe und Rehabilitation

2.II.2.1 Teilhabe braucht Rehabilitation

Teilhabe an allen Aspekten des gesellschaftlichen Lebens ist ein Schlüssel zur Inklusion und auch zum Erhalt unserer Gesellschaft. Keine Gesellschaft kann es sich leisten, das Potenzial der Menschen mit Behinderungen brach liegen zu lassen. Viele Menschen mit Behinderungen brauchen Unterstützung, um teilhaben zu können. Es ist deshalb ein klarer Auftrag an die Gesellschaft und an den Sozialstaat, Barrieren abzubauen und Hilfen zur Verfügung zu stellen.

Wenn Teilhabe das Ziel ist, dann umfassen Leistungen der Rehabilitation die Möglichkeiten, Menschen mit Behinderungen, von Behinderung bedrohte und chronisch kranke Menschen (siehe Kapitel 2.I.2), die in ihrer Teilhabe beeinträchtigt sind, zu unterstützen. Sie haben unabhängig von der Ursache der Behinderung Anspruch auf diese Unterstützung und müssen sich darauf verlassen können, dass Leistungen zur Verfügung gestellt werden, wenn sich damit Teilhabe verbessern oder ermöglichen lässt.

Die Deutsche Vereinigung für Rehabilitation (DVfR) definiert den Begriff Rehabilitation wie folgt:

- Rehabilitation fördert Menschen mit bestehender oder drohender Behinderung.
- Ziel ist die Stärkung von körperlichen, geistigen, sozialen und beruflichen Fähigkeiten sowie die Selbstbestimmung und die gleichberechtigte Teilhabe in allen Lebensbereichen.
- Sie umfasst medizinische, therapeutische, pflegerische, soziale, berufliche, pädagogische oder technische Angebote einschließlich der Anpassung des Umfelds der Person.
- Rehabilitation ist ein an individuellen Teilhabezielen orientierter und geplanter, multiprofessioneller und interdisziplinärer Prozess.
- Sie achtet auf das Recht auf Selbstbestimmung.[9]

Der Begriff Rehabilitation bezeichnet einerseits das anzustrebende Ziel und gleichzeitig die Gesamtheit der Leistungen, die diesem Ziel dienen, einschließlich des Verfahrens (Stähler in FL SA 2022: 715).

Rehabilitation hat eine zentrale Stellung, wenn es um selbstbestimmte Teilhabe von Menschen mit Behinderungen geht und die Akteure (siehe Kapitel 2.IV.2) haben eine hohe Verantwortung, die ihnen zur Verfügung stehenden Unterstützungsmöglichkeiten dafür einzusetzen.

Im gegliederten Sozialleistungssystem (siehe Kapitel 2.III.2) haben die Rehabilitationsträger zwar trägerspezifische Ausrichtungen und verfolgen auch trägerspezifische Ziele (siehe Kapitel 2.IV.2). So stehen die vier Sozialversicherungsträger im Rahmen ihrer Aufgaben der Rehabilitation und Teilhabe für Menschen mit Behinderungen für folgende trägerspezifischen Ziele:

- Bundesagentur für Arbeit: Vermittlung auf den ersten Arbeitsmarkt, Erlangung und Erhaltung eines Arbeitsplatzes, Teilhabe am Arbeitsleben.
- Gesetzliche Krankenversicherung: Behinderung und Pflegebedürftigkeit abwenden, beseitigen, mindern, ausgleichen, Verschlimmerung verhindern, ihre Folgen mildern.

---

9 https://www.dvfr.de/rehabilitation-undteilhabe/reha-definition-der-dvfr/ (8.9.2025).

- Gesetzliche Rentenversicherung: Beeinträchtigungen der Erwerbsfähigkeit vermeiden, vorzeitiges Ausscheiden aus dem Erwerbsleben verhindern, dauerhafte Wiedereingliederung/Teilnahme am Erwerbsleben.
- Gesetzliche Unfallversicherung: Nach Eintritt von Arbeitsunfällen oder Berufskrankheiten die Gesundheit und die Leistungsfähigkeit mit allen geeigneten Mitteln wiederherstellen.

Trägerübergreifend sind alle Sozialleistungsträger den gleichen Zielen verpflichtet, wie sie in der UN-BRK verankert und im SGB IX konkretisiert sind:

- Selbstbestimmung und volle wirksame und gleichberechtigte Teilhabe am Leben in der Gesellschaft zu fördern und
- Benachteiligungen zu vermeiden oder ihnen entgegenzuwirken.

2.II.2.2 Vorrang von Rehabilitation

Rehabilitation hat sowohl eine humanitäre, gesellschaftspolitische und volkswirtschaftliche Bedeutung und ist ein wesentliches Element der sozialen Sicherung. Dies bestätigt ihre Einordnung im deutschen Hilfesystem: Rehabilitationsleistungen haben Vorrang

- vor Rentenleistungen (§ 9 SGB VI),
- vor Pflegeleistungen (§ 31 SGB XI),
- vor Leistungen der Arbeitsförderung (§ 22 Abs. 2 SGB III).

Die steigende Bedeutung von Reha- und Teilhabeleistungen basiert auf der gesellschaftlichen Entwicklung und den sich daraus ergebenden Herausforderungen: Durch die steigende Lebenserwartung und die damit zunehmende Alterung unserer Gesellschaft wird die Zahl der Menschen mit gesundheitlichen Beeinträchtigungen und Auswirkungen auf Teilhabe steigen. Bedingt durch gesellschaftliche Entwicklungen wie

- die älter werdende Gesellschaft,
- die Verlängerung der Lebensarbeitszeit,
- die Veränderungen im Krankheitsspektrum, z. B. das Hinzukommen weiterer chronischer Erkrankungen,
- die Erfolge unserer Hochleistungsmedizin

steigen Bedeutung und Anforderungen an Rehabilitation. Der Bedeutungszuwachs lässt sich auch ablesen an den finanziellen Mitteln, die von den verantwortlichen Sozialleistungsträgern für Rehabilitations- und Teilhabeleistungen mit steigender Tendenz verausgabt werden. Im Jahr 2023 beliefen sich die Ausgaben auf 47,4 Milliarden Euro (siehe Kapitel 2.I.1).

2.II.2.3 Mehrwerte und Erfolgsfaktoren

Von erfolgreicher Rehabilitation profitieren alle: Der Mehrwert für den Menschen mit Behinderung ist Teilhabe. Der Mehrwert für den Reha-Träger sind Wirksamkeit und Wirtschaftlichkeit: Leistungen, die ihre Wirkung erzielen sind „gut angelegtes Geld". Mehrwerte für das System und die Gesellschaft sind erreicht, wenn Menschen mit Behinderungen wieder bestmöglich teilhaben können, wenn Menschen z.B. durch Ausbildung, Umschulung ins Arbeitsleben kommen oder zurückkehren und – sofern es eine Rückkehr in den allgemeinen Arbeitsmarkt ist – Beiträge in das System der Sozialversicherung zahlen.

Rehabilitation ist nicht statisch. Um für alle Beteiligten den besten Nutzen zu erzielen, muss sie mit der dynamischen Entwicklung der Gesellschaft mitgehen. Dazu ein aktuelles Beispiel: Adipositas ist eine der Hauptindikationen in der Kinder- und Jugend-Rehabilitation. Dass die Häufigkeit von Adipositas bei Kindern und jungen Erwachsenen in den letzten Jahrzehnten so stark zugenommen hat, ist besorgniserregend. Inzwischen gelten fast 15 Prozent der Kinder und Jugendlichen als übergewichtig, über sechs Prozent als adipös (siehe Kapitel 2.I.3).

Die Bewältigung derartiger Herausforderungen erfordert unter Umständen Anpassung sowohl was die Leistungen der Rehabilitation wie auch die Prozesse und Strukturen oder den Zugang in die Rehabilitation betrifft. Dabei spielen sowohl die Bedürfnisse der Rehabilitandinnen und Rehabilitanden und wie auch der Mitarbeitenden in Reha-Einrichtungen eine Rolle. Ein Schlüssel zur Bewältigung der Herausforderungen sind altersspezifische, bedarfsgerechte Angebote, die die Zielgruppen erreichen. Derartige Anpassungserfordernisse sind im Interesse der Betroffenen, der Rehabilitationsträger selbst und im Interesse der Gesellschaft.

Investition in die Zukunft

Rehabilitation ist nicht nur ein Unterstützungssystem, um Menschen auf individueller Ebene und als individueller Prozess zu helfen. Gesamtgesellschaftlich gesehen ist es eine notwendige und lohnende Investition in die Zukunft, denn Rehabilitation ist auch volkswirtschaftlich sinnvoll.

Ausgaben von mehr als 47 Milliarden Euro für Leistungen zur Reha und Teilhabe im Jahr 2023 sind beeindruckend. Wichtig ist allerdings, nicht nur auf die Kosten der Rehabilitation zu schauen, sondern ihre Wirksamkeit, die mittel-

und langfristige Rentabilität nicht außer Acht zu lassen. Das reine Messen in Zahlen greift dabei zu kurz. Verringerung von Arbeitsunfähigkeitstagen, Wiedereingliederung ins Arbeitsleben und der Erhalt von Arbeitsplätzen sind sicherlich wertvolle Indikatoren für den Erfolg von Rehabilitation. Demgegenüber steht: Selbst wenn man Lebensqualität nicht objektiv messen kann, sind ihr Erhalt oder gar ihre Steigerung mindestens ebenso wichtige Erfolgsparameter für die Rehabilitation und ihren Beitrag zur Teilhabe für Menschen mit Beeinträchtigung.

Es ist also im ureigenen Interesse nicht nur der Menschen mit Behinderungen selbst, sondern auch der Gesellschaft, die Möglichkeiten der Rehabilitation zu nutzen (vgl. Kapitel 2.I.1.3, S.35 ff.).

2.III Rechtliche Grundlagen

Zusammenfassung

In Kapitel 2.III werden die wesentlichen rechtlichen Grundlagen für den Bereich von Teilhabe und Rehabilitation dargestellt. Im Einzelnen geht es um die UN-Behindertenrechtskonvention, das gegliederte Sozialleistungssystem in Deutschland, das Sozialgesetzbuch Neuntes Buch (SGB IX), die einzelnen Bücher des Sozialgesetzbuches sowie untergesetzliche Regelungen, insbesondere die Gemeinsamen Empfehlungen.

Darüber hinaus wird die Internationale Klassifikation der Funktionsfähigkeit, Behinderung und Gesundheit (ICF) erläutert.

Das deutsche Sozialleistungssystem ist komplex – wer es in seinen Grundzügen verstanden hat, wird sich leichter tun, sich darin zu orientieren.

2.III.1 Die UN-Behindertenrechtskonvention

Das Übereinkommen der Vereinten Nationen über die Rechte von Menschen mit Behinderungen, abgekürzt: UN-BRK, wurde 2006 von der Generalversammlung der Vereinten Nationen verabschiedet. In Deutschland ratifiziert wurde die UN-BRK im Jahr 2009 und per Gesetz zu dem Übereinkommen der Vereinten Nationen vom 21.12.2008 (vgl. BGBl. II 2008, S.1419) in Kraft gesetzt.

Die UN-BRK ist der erste universelle Völkerrechtsvertrag, der die allgemein anerkannten Menschenrechte für die Lebenssituation von Menschen mit Behinderungen konkretisiert. Das Ziel ist, dass alle Menschenrechte und Grundfreiheiten voll und gleichberechtigt für alle Menschen mit Behinderungen gelten. Mit der Verabschiedung der UN-BRK haben die Vereinten Nationen die erste verbindliche universelle Menschenrechtsquelle für Menschen mit Behinderungen geschaffen. Zugleich wurden die sie betreffenden Fragestellungen in das gesamte, allgemeingültige Menschenrechtssystem der Vereinten Nationen eingeordnet.

Deutschland hat als einer der ersten Staaten das Übereinkommen am 30.3.2007 unterzeichnet. Das von Deutschland ebenfalls unterzeichnete Fakultativprotokoll zur UN-BRK enthält – ähnlich wie andere Menschenrechtsverträge – ein Individualbeschwerdeverfahren. Damit können sich einzelne Menschen oder Gruppen gegen erlebte Rechtsverletzungen in Bezug auf die Menschenrechte von Menschen mit Behinderungen wehren, indem sie den Ausschuss der Vereinten Nationen für die Rechte von Menschen mit Behinderungen anrufen können. Der menschenrechtsbasierte Ansatz der UN-BRK versteht den Menschen mit Behinderung als Träger und Subjekt von Rechten. Wie bisher in keiner anderen Rechtsform, nimmt er den Staat und ebenso die Zivilgesellschaft in die Pflicht, an einer inklusiven Gesellschaft mitzuwirken.

2.III.1.1 Aufbau und einzelne Bestimmungen

Die UN-BRK gliedert sich in zwei Völkerrechtsverträge: das Übereinkommen mit 50 Artikeln und das Fakultativprotokoll mit 18 Artikeln. In den einzelnen Artikeln findet sich eine Konkretisierung des Teilhabebegriffs bezogen auf die jeweiligen Lebensbereiche.

Allgemeine Bestimmungen sind in den folgenden verankert:

Artikel 1 (Gleichberechtigter Genuss aller Menschenrechte und Grundfreiheiten durch alle Menschen mit Behinderungen)

Artikel 3 (Grundsätze: Achtung der Menschenwürde und individuellen Autonomie, Nichtdiskriminierung, volle Teilhabe in der Gesellschaft, Achtung vor der Unterschiedlichkeit von Menschen mit Behinderungen, Chancengleichheit, Zugänglichkeit, Gleichberechtigung von Mann und Frau, Achtung der Kinder mit Behinderungen)

Artikel 4 (Verpflichtung bei Gesetzgebung, Verwaltungs- und sonstigen Maßnahmen, politischen Konzepten)

Artikel 5 (Gleichberechtigung und Nichtdiskriminierung)

Artikel 6 (Gleichberechtigung für und Förderung von Frauen mit Behinderungen)

Artikel 7 (Gleichberechtigung von Kindern mit Behinderungen),

Artikel 9 (U. a. Zugänglichkeit von Einrichtungen und Diensten, die der Öffentlichkeit offenstehen)

Artikel 10 (Recht auf Leben),

Artikel 12 (Gleiche Anerkennung vor dem Recht)

Artikel 13 (Gleichberechtigter Zugang zur Justiz)

Artikel 17 (Schutz der Unversehrtheit der Person).

Für die Gebiete Teilhabe und Rehabilitation sind vor allem folgende Artikel von Bedeutung:

Artikel 14 (Freiheit und Sicherheit der Person)

Artikel 16 (Freiheit von Ausbeutung, Gewalt und Missbrauch)

Artikel 19 (Unabhängige Lebensführung und Einbeziehung in die Gemeinschaft)

Artikel 20 (Persönliche Mobilität)

Artikel 22 (Achtung der Privatsphäre)

Artikel 25 (Zugang zu geschlechterspezifischer Gesundheitsversorgung und Rehabilitation ohne Diskriminierung)

Artikel 26 (Habilitation und Rehabilitation mit dem Ziel größtmöglicher Unabhängigkeit)

Artikel 27 (Recht auf Arbeit)

Artikel 28 (Angemessener Lebensstandard und sozialer Schutz)

Artikel 30 (Teilhabe am kulturellen Leben sowie an Erholung und Sport).

(vgl. Bredehorst 2015: 162 ff.)

2.III.1.2 Zentrale Begriffe

Behinderung

Im bislang geltenden medizinischen Verständnis von Behinderung wurde die Ursache für eine Teilhabebeeinträchtigung gerade nicht in der Wechselwirkung von Funktionsbeeinträchtigung und gesellschaftlichen Barrieren gesehen, sondern allein in der Funktionsbeeinträchtigung (Banafsche in SWK Behindertenrecht 2018: 178). Eine veränderte Sichtweise auf „Behinderung" bringt die UN-BRK.

Artikel 1 der UN-BRK bestimmt den Personenkreis, auf den sie Anwendung findet: „Zu den Menschen mit Behinderungen zählen Menschen, die langfristige, körperliche, geistige oder Sinnesbeeinträchtigungen haben, welche sie in Wechselwirkung mit verschiedenen Barrieren an der vollen, wirksamen und gleichberechtigten Teilhabe an der Gesellschaft hindern können". Die UN-BRK verzichtet auf eine Definition des Begriffs „Behinderung" und formuliert in der *Präambel, unter Buchstabe e)*, die den Vereinbarungen der Vertragsstaaten zugrunde gelegte Erkenntnis, „[...], dass das Verständnis von Behinderung sich ständig weiterentwickelt und dass Behinderung aus der Wechselwirkung zwischen Menschen mit Beeinträchtigungen und einstellungs- und umweltbedingten Barrieren entsteht, die sie an der vollen, wirksamen und gleichberechtigten Teilhabe an der Gesellschaft hindern, [...]". Damit geht die UN-BRK von einem dynamischen Verständnis von Behinderung aus. Der Begriff „Menschen mit Behinderung" wird nicht als feste technische Definition, Behinderung wird als soziales Konstrukt verstanden (Egen/Gutenbrunner 2021: 32).

In diesem Verständnis von Behinderung verfolgt die UN-BRK das biopsychosoziale Modell (siehe Kapitel 2.III.6): Behinderung wird nicht allein als Defizit einer Person betrachtet, wie dies beim medizinischen Modell der Fall ist; vielmehr verbindet es dieses mit dem sozialen Modell, das Behinderung als gesellschaftlich verursachtes Problem sieht (vgl. Bredehorst 2015: 159).

Inklusion

Ausgehend von diesem Behinderungsbegriff fordert die UN-BRK die soziale Inklusion und einen umfassenden Diskriminierungsschutz für Menschen mit Behinderungen. Als Inklusion wird die von Anfang an gegebene, selbstverständliche, selbstbestimmte und gleichberechtigte Teilhabe von Menschen mit Behinderungen an allen gesellschaftlichen Bereichen „auf Augenhöhe" mit Menschen ohne Behinderungen bezeichnet. Sie unterscheidet sich damit von der Integration. Diese geht davon aus, Menschen − z. B. mit Behinderungen −, die außerhalb von gesellschaftlichen Systemen stehen, (nachträglich) in diese Systeme wie z. B. die Regelschule oder die Arbeitswelt aufzunehmen, zu integrieren.

Inklusion bezeichnet die breite Akzeptanz individueller Vielfalt in einer Gesellschaft, die den Wert jedes einzelnen Menschen mit seinen Fähigkeiten und individuellen Voraussetzungen erkennt und jeden Menschen als gleichberechtigtes Mitglied der Gesellschaft anerkennt.[10]

Partizipation

Von besonderer Bedeutung ist *Artikel 4 Abs. 3*, der die Partizipation besonders stärkt: „Bei der Ausarbeitung und Umsetzung von Rechtsvorschriften und politischen Konzepten zur Durchführung dieses Übereinkommens und bei anderen Entscheidungsprozessen in Fragen, die Menschen mit Behinderungen betreffen, führen die Vertragsstaaten mit den Menschen mit Behinderungen, einschließlich Kindern mit Behinderungen, über die sie vertretenden Organisationen enge Konsultationen und beziehen sie aktiv ein."

Rehabilitation

Mit der Rehabilitation befasst sich *Artikel 26* der UN-BRK. Die Vertragsstaaten verpflichten sich, wirksame und geeignete Maßnahmen zu ergreifen, damit Menschen mit Behinderungen ein Höchstmaß an Unabhängigkeit, umfassende körperliche, geistige, soziale und berufliche Fähigkeiten sowie die volle Teilhabe an allen Aspekten des Lebens erreichen und bewahren können.

Teilhabe am Arbeitsleben

Gerade weil die Teilhabe am Arbeitsleben für eine gleichberechtigte Teilhabe eine zentrale Bedeutung hat, präzisiert die UN-BRK das Recht auf Zugang zur Arbeitswelt als ein wesentliches Recht. *Artikel 27* befasst sich mit Arbeit und Beschäftigung. Die Vertragsstaaten erkennen das Recht von Menschen mit Behinderungen auf Arbeit an. Es beinhaltet das Recht auf die Möglichkeit, den Lebensunterhalt durch eigene Arbeit zu bestreiten. Dies bedingt einen offenen, inklusiven und für Menschen mit Behinderungen zugänglichen Arbeitsmarkt, in dem sie ihr Arbeitsumfeld frei wählen können. Die Vertragsstaaten verpflichten sich, die Verwirklichung des Rechts auf Arbeit für Menschen mit Behinderungen zu sichern und zu fördern, unter anderem durch den Erlass von entsprechenden Rechtsvorschriften.

---

10   vgl. https://www.bih.de (30.9.2025)

2.III.1.3 Leitprinzipien und Grundsätze

Die in Artikel 3 formulierten Prinzipien stellen die Kernaussagen des Übereinkommens dar und stecken den Interpretationsrahmen der einzelnen normativen Bestimmungen ab (vgl. Degener 2009: 34).

Es handelt sich um:

1. Respekt vor der Würde und individuellen Autonomie, einschließlich der Freiheit, selbstbestimmte Entscheidungen zu treffen.
2. Nichtdiskriminierung
3. Volle und effektive Partizipation an der Inklusion in die Gesellschaft
4. Achtung vor der Differenz und Akzeptanz von Menschen mit Behinderungen als Teil der menschlichen Diversität und Humanität
5. Chancengleichheit
6. Barrierefreiheit
7. Gleichheit zwischen Männern und Frauen
8. Respekt vor den sich entwickelnden Fähigkeiten von Kindern mit Behinderungen und Achtung ihres Rechts auf Wahrung der Identität (vgl. ebd.)

Mit diesen Leitprinzipien konkretisiert die Behindertenrechtskonvention die Rechte von Menschen mit Behinderungen. Sie schafft keine neuen (einklagbaren) Spezialrechte oder Ansprüche für Menschen mit Behinderungen. Sie verpflichtet die Vertragsstaaten, unter Ausschöpfung ihrer verfügbaren Mittel, Maßnahmen wie gesetzliche Regelungen oder Förderprogramme zu treffen, um künftig die Verwirklichung der wirtschaftlichen, sozialen, kulturellen und Bildungsrechte von Menschen mit Behinderungen möglichst umfassend zu gewährleisten. Die Leitprinzipien sind bei der Auslegung gesetzlicher Bestimmungen zu beachten. So wurde beispielsweise auch die Reform des SGB IX im Lichte der UN-BRK durchgeführt.

2.III.1.4 Stellung im deutschen Recht

In Deutschland ist die UN-BRK am 26. März 2009 in Kraft getreten. Mit der Ratifikation hat sich die Bundesrepublik Deutschland dazu bekannt, das deutsche Recht grundsätzlich in Abstimmung mit diesem Menschenrechtsübereinkommen weiterzuentwickeln (vgl. BT-Drs.18/9522:188).

Sie ist seither geltendes Recht und eine wichtige Leitlinie für die Behindertenpolitik in Deutschland und Grundlage für die Weiterentwicklung der gleichberechtigten Teilhabe von Menschen mit Behinderungen, wie sie auf Ebene des Bundes, der Länder, der Kommunen sowie der Sozialversicherung und anderer Institutionen stattfindet.

Wie bei allen völkerrechtlichen Verträgen besitzt die UN-BRK den Rang eines einfachen Bundesrechts. Sie muss von allen staatlichen Stellen und den sie vertretenden Organisationen konsequent umgesetzt werden (vgl. Kroworsch in FL SA 2022: 932). Sie dient als Auslegungshilfe für Normen des Grundgesetzes und verdrängt im Kollisionsfalle einfaches Bundesrecht (vgl. Bredehorst 2015: 164).

Von zentraler Bedeutung ist der Paradigmenwechsel, der mit der Abkehr vom vorherrschenden defizitorientierten Verständnis hin zu einer Würdigung von Behinderung als Teil der Vielfalt menschlichen Lebens stattgefunden hat. Im Umgang mit Behinderung geht es um den Perspektivwechsel von der Fürsorge zum Recht auf Selbstbestimmung, vom Objekt- zum Subjektstatus. Menschen mit Behinderungen sind nicht mehr Bittsteller, sondern Träger von eigenen Rechten. Der Staat ist in der Pflicht, ihre Rechte zu achten, zu gewährleisten und zu schützen (vgl. Kroworsch in FL SA 2022: 932).

In Bezug auf die weitere praktische Relevanz und die Durchsetzung der in der Konvention enthaltenen Rechte ist festzustellen, dass nicht alle Normen aufgrund ihres Gehalts und ihrer Bestimmtheit unmittelbar vollziehbar sind. Die UN-BRK schafft keine Sonderrechte, sondern konkretisiert und spezifiziert die universellen Menschenrechte aus der Perspektive von Menschen mit Behinderungen. Auf dem 12. Kölner Sozialrechtstag führte Peter Masuch aus, dass es für Artikel 27 zwar kein Recht auf Arbeit gebe, aber ein gleiches Recht auf Arbeit. Damit sei die Einhegung in Sonderarbeitswelten ebenso wenig vereinbar wie die Forderung nach Werkstattfähigkeit. Gerade Personen mit hohem Unterstützungsbedarf dürften nicht durch Ausgrenzung diskriminiert werden (vgl. Bredehorst 2015: 165).

2.III.2 Das gegliederte Sozialleistungssystem in Deutschland

2.III.2.1 Acht Trägerbereiche für Rehabilitation und Teilhabe

Das deutsche Sozialleistungssystem ist ein über Jahrzehnte gewachsenes System, dessen Wurzeln aus den verschiedenen Bereichen des Sozialrechts stammen: dem Sozialversicherungssystem, der sozialen Entschädigung sowie der sozialen Hilfen und Förderung bzw. der sozialen Fürsorge.

Dieses sogenannte gegliederte Sozialleistungssystem ist unterteilt in:

- Vorsorge gegenüber sozialen Risiken durch Sozialversicherung,
- Versorgungsleistungen als Entschädigung für erlittene Sonderopfer,
- staatliche Hilfen zur Deckung existenzieller Bedarfe und
- staatliche Förderungsleistungen zur Gewährleistung von Chancengleichheit.

Rehabilitation ist als Querschnittsaufgabe über alle Säulen des Sozialleistungssystems hinweg verankert. Es wurde immer wieder weiterentwickelt, ein Grundzug aber ist gleich geblieben: Nicht nur ein einziger Trägerbereich, sondern sieben Trägerbereiche sind für die Leistungen zur Rehabilitation und Teilhabe zuständig; zählt man die Integrationsämter/ Inklusionsämter, die Sozialleistungsträger aber nicht Rehabilitationsträger sind (vgl. Kapitel 2.IV.2) dazu, sind es acht Trägerbereiche.

Die Rehabilitations- und Teilhabeleistungen sind also selbst kein einheitliches Leistungssystem, sondern geprägt durch unterschiedliche institutionelle Zuständigkeiten. Je nach Voraussetzungen des Betroffenen fallen sie in die Zuständigkeit eines der acht Trägerbereiche. Auch mit der Einführung des SGB IX im Jahr 2001 und dessen Überarbeitung zum 1.1.2018 (siehe Kapitel 2.III.3) wurde an dieser Aufteilung festgehalten.

2.III.2.2 Vor- und Nachteile

Das gegliederte System hat Vorteile, aber auch Nachteile. Einerseits gewährleistet das historisch gewachsene gegliederte Sozialleistungssystem in Deutschland eine spezialisierte und professionelle Absicherung der in den einzelnen Bereichen abgedeckten Lebensrisiken. Andererseits folgen das Leben und die im Leben durch Teilhabebeeinträchtigungen ausgelösten Bedürfnisse nicht der Abgrenzung und Logik der einzelnen Bereiche.

Das System bietet den Vorteil einer Spezialisierung. In einer aktuellen Befragung des BMAS wurden als Vorteile hervorgehoben, dass das gebündelte Expertenwissen bei den jeweiligen Rehabilitationsträgern eine situativ fachgerechte und zielgerichtete Unterstützung ermögliche (vgl. BMAS 2024: 13). Jede Gruppe der Rehabilitationsträger könne sich den bei ihr auftauchenden Fragen und Problemen besonders widmen, dabei spezifische Erfahrungen sammeln und daraus wiederum Initiativen entwickeln (vgl. Fuchs 2019: 113).

Es werden aber auch Nachteile formuliert, so z. B. die unterschiedlichen Zuständigkeiten, die im Einzelfall voneinander abzugrenzen seien oder auch „die

Unterschiedlichkeit der Rechtsvorschriften, die zu einer Unterschiedlichkeit der Begriffe und der Leistungen geführt" haben (vgl. ebd.).[11]

Die Studie Teilhabe gemeinsam planen führt aus, dass Zuständigkeiten, Aufgaben, Verfahren und Leistungen der einzelnen Rehabilitationsträger und die jeweils geltenden Regelungen oft schwer zu überblicken seien. Dies führe zu einer hohen Belastung für Betroffene und deren Angehörige, Unklarheiten und Unkenntnis können zu Mehrfachbegutachtungen und langen Bearbeitungszeiten führen (vgl. BMAS 2024: 13).

So erklärt sich, dass das gegliederte Sozialleistungssystem vielfach als komplex, unübersichtlich, kompliziert angesehen und häufig als „versäult" bezeichnet wird. Zuständigkeitswirrwarr und Zuständigkeitsdschungel sind Beschreibungen, die gerade vonseiten der Nutzerinnen und Nutzer eingebracht werden. Das sind zum einen die Betroffenen, die die Hilfen des Systems benötigen, und die je nach Bedarfslage mit nicht nur einem, sondern mit mehreren Trägern zu tun haben. Zum anderen sind es aber auch die Mitarbeitenden bei den Trägern selbst, bei Leistungserbringern, bei Rat gebenden Anlaufstellen, die sich im gesamten Leistungssystem auskennen sollen und wollen und sich genau damit vielfach schwertun.

2.III.2.3 Versuche der Vereinheitlichung

Die Bemühungen, im gegliederten Sozialleistungssystem Vereinheitlichungen und Angleichungen vorzunehmen, gehen lange zurück. Bereits 1974 war es eine der Aufgaben der Reformgesetzgebung, die Sozialleistungen einander anzugleichen. Mit dem Reha-Angleichungsgesetz (RehaAnglG) vom 7.8.1974[12] wurden eine verbesserte Zusammenarbeit der Reha-Träger sowie ein zügiges und nahtlos ablaufendes Reha-Verfahren angestrebt. Das RehaAnglG sollte eine bessere Orientierung des behinderten Menschen im gegliederten System der Rehabilitation ermöglichen. Zentrales Element hierbei ist z. B. der mit dem Gesetz eingeführte „Gesamtplan zur Rehabilitation". Darin kann gewissermaßen der Vorläufer des – später im BTHG gesetzlich verankerten – Teilhabeplans (siehe Kapitel 3.II.1.2) gesehen werden. Das gilt auch für die Gesamtvereinbarung als Vorläufer der – später mit dem SGB IX eingeführten – Gemeinsamen Empfehlungen als Übereinkunft zwischen den Rehabilitationsträgern zur Verbesserung der Kooperation und Koordinierung der Leistungen (vgl. Stähler/Abdelkader 2019: 102).

---

11   zitiert aus: BT-Drs. 7/1237: 50.
12   vgl. BGBl. I 1974 S.1881

Ein weiterer Schritt der Zusammenführung im gegliederten System erfolgte im Jahr 2001 mit dem am 1. Juli 2001 in Kraft getretenen SGB IX (siehe Kapitel 2.III.3). Mit dem SGB IX (Rehabilitation und Teilhabe von Menschen mit Behinderungen) wurde im Jahr 2001 ein Meilenstein gesetzt: Die Sozial- und Jugendhilfeträger werden in den Kreis der Rehabilitationsträger aufgenommen. Und erstmals wurde trägerübergreifend ein Gesetz geschaffen, das für alle Rehabilitationsträger einheitlich geltende Rechtsvorschriften zur Rehabilitation und Teilhabe behinderter Menschen enthält.

Über neu eingeführte Kooperationsvorschriften erfolgt zwar eine weitestgehende Vereinheitlichung des Rehabilitationsrechts, für die Durchführung durch die zuständigen Sozialsysteme sind allerdings noch immer deren originäre Rechtskreise und die dahinterstehenden Regularien maßgeblich. Die Verbindlichkeit dieser Vorschriften war deshalb gering: Soweit die Regeln des für den einzelnen Trägerbereich geltenden Leistungsgesetzes eine für den betreffenden Einzelfall spezielle Regelung enthalten, geht diese der entsprechenden Regelung des SGB IX vor (siehe auch 2.III.4). So verwundert es nicht, dass diese Unverbindlichkeit die Umsetzung der Vorschriften geprägt hat und sich kein Rehabilitationsträger diese vorrangig zum Ziel gesetzt hat.[13]

Und dennoch: Selbst wenn die Rehabilitationsträger ihre Aufgaben nach wie vor selbstständig und eigenverantwortlich wahrnehmen, sollten die Kooperations-, Koordinations- und Konvergenzvorschriften den Tendenzen isolierter Problembetrachtung entgegenwirken und stattdessen den Interessen der Menschen mit Behinderungen Rechnung tragen.

Eine entscheidende Bedeutung hat das SGB IX deshalb für das Verhältnis zwischen dem Bürger und dem Staat. Das SGB IX dreht die Beziehung Bürger–Staat um und verankert die Begegnung auf Augenhöhe statt einer Obrigkeitsbeziehung. Ihren Ausdruck findet dies auch in der Änderung von Begrifflichkeiten, so etwa der Namensänderung: Es geht um „Menschen mit Behinderungen" statt um „Behinderte", es geht um eigenständige Subjekte und nicht um bekümmerungswürdige Objekte, es geht nicht um Fürsorge, sondern um Selbstbestimmung (siehe auch Kapitel 3.I.4). Damit nicht die Betroffenen durch die Aufstellung des Systems belastet werden, sollen trägerübergreifend „Leistungen wie aus einer Hand" erbracht werden.

---

13   Welti 2021: Vortrag vom 10.6.2021 im Rahmen der digitalen Fachveranstaltung der BAR zu 20 Jahre SGB IX.

Für „Leistungen wie aus einer Hand" reichen mehr oder weniger unverbindliche Vorschriften nicht aus. Mehr Verbindlichkeit und „Schärfe" brachte schließlich das BTHG. Es löst den bisher geltenden Vorrang der Leistungsgesetze gegenüber den Verfahrensvorschriften des SGB IX aufund stellt die Koordinierungsregelungen für ein zügiges und abgestimmtes Vorgehen der Träger, für ein nahtloses Ineinandergreifen der gewährten Leistungen nunmehr abweichungsfest (siehe Kapitel 2.III.3).

2.III.2.4 Schnittstellen im gegliederten Sozialleistungssystem

Das Rehabilitationsrecht ist reich an Schnittstellen (vgl. von Boetticher 2019: 48), die sich besonders bei Menschen mit komplexen Problemlagen entsprechend zeigen. Dauerhafte bzw. erhebliche gesundheitliche Einschränkungen, die zu Rehabilitationsbedarf führen, wirken sich aber oft auf verschiedene, von unterschiedlichen Sozialversicherungssystemen abgedeckte Lebensbereiche aus.

Schnittstellen im Reha-System ergeben sich zum einen durch die jeweiligen Zuständigkeiten der Träger. Zum anderen aber auch durch Übergänge zwischen der vorgelagerten Versorgung in die Rehabilitation und nach Abschluss der Rehabilitationsleistung in die nachgelagerte Versorgung; so beispielsweise beim Übergang von medizinischen Akutbehandlungen in die Rehabilitation. Während die Akutbehandlung immer in der Zuständigkeit der Krankenversicherung liegt, sind die möglicherweise anschließenden Rehabilitationsleistungen Aufgabe der jeweiligen Rehabilitationsträger. Allerdings ist bei vielen Leistungsangeboten nicht eindeutig, ob sie als Leistungen der akuten Behandlung oder der Rehabilitation anzusehen sind (vgl. Bogumil/Gräfe 2024: 28).

Wenn im Verlauf eines Rehabilitationsprozesses ein Maßnahme- und Leistungsträgerwechsel erforderlich ist, kann es in der trägerübergreifenden Gestaltung an sogenannten Schnittstellen zu „Reibungsverlusten" kommen. Viele Probleme, die im Umgang mit den Schnittstellen auftreten, sind eine Folge von Kommunikations- und Kooperationsproblemen der verantwortlichen Akteure, von Informationsdefiziten und mangelnder Transparenz aber auch von den verschiedenen Interessen der Institutionen (vgl. Pohontosch et al. 2013: 323).

Angesichts der zahlreichen Schnittstellen wird deutlich, wie wichtig es ist, die verschiedenen Sozialleistungsbereiche und Trägeraktivitäten zu koordinieren und die erforderliche Information und Kommunikation sicherzustellen.

Gerade bei komplexen Sachverhalten ist dies oft eine Voraussetzung für den Reha-Erfolg.

2.III.3 Bundesteilhabegesetz (BTHG)

2.III.3.1 Novellierung des SGB IX

Das Gesetz zur Stärkung der Teilhabe und Selbstbestimmung von Menschen mit Behinderungen wurde im Dezember 2016 mit Zustimmung des Bundesrates vom Deutschen Bundestag und vor dem Hintergrund der UN-BRK beschlossen. Es ist zum 1. Januar 2017 in Kraft getreten. Die amtliche Kurzbezeichnung des Gesetzes lautet BTHG.

Das bis dahin geltende SGB IX wurde damit novelliert: Neben einer umfassenden Reform des Leistungsrechts der Eingliederungshilfe wurden mit dem BTHG die übergreifenden Vorschriften zur Zusammenarbeit der Reha-Träger des SGB IX Teil 1 weiterentwickelt.

Das BTHG ist ein Artikelgesetz, mit dem das bis dahin geltende SGB IX sowie weitere Vorschriften, die Teilhaberechte behinderter Menschen betreffen, geändert wurden. Artikelgesetz bedeutet, dass das BTHG kein neues eigenständiges Gesetz schafft, sondern eine Reihe bestehender Gesetze ändert, insbesondere das SGB IX.

Untergliedert ist das BTHG in 25 Artikel: Die Artikel 1 und 2 stellen die Änderungen des SGB IX dar. Es folgen mehrere Artikel, die die Änderungen anderer Gesetze, insbesondere weiterer Bücher des Sozialgesetzes sowie Änderungen damit verbundener Verordnungen betreffen.

Mit dem BTHG bekommt das SGB IX einen neuen Aufbau:

- Teil 1: (Trägerübergreifende) „Regelungen für Menschen mit Behinderungen und von Behinderung bedrohte Menschen"
- Teil 2: „Leistungen zur selbstbestimmten Lebensführung für Menschen mit Behinderungen (Eingliederungshilferecht)" als Leistungsgesetz der Eingliederungshilfe
- Teil 3: „Besondere Regelungen zur Teilhabe schwerbehinderter Menschen".

Das Inkrafttreten der neuen Regelungen erfolgte in mehreren Stufen: Einige Änderungen, wie die Neuerungen im Schwerbehindertenrecht und erste Änderungen in der Einkommens- und Vermögensanrechnung, traten bereits 2017 in Kraft. Der Großteil der Reformen ist zum 1.1.2018 in Kraft getreten. Innerhalb einer Übergangszeit bis 2020 sind die übrigen Rechtsänderungen im SGB XII und die Überführung der Eingliederungshilfe aus dem SGB XII in das SGB IX erfolgt.

2.III.3.2 Bedeutung des BTHG

Das BTHG ist eine der größten Gesetzesreformen im Recht der Teilhabe von Menschen mit Behinderungen der vergangenen 25 Jahre. Das neue SGB IX umfasst alle gesetzlichen Regelungen zur Rehabilitation und Teilhabe von Menschen mit Behinderung. Es ist verbunden mit einem Paradigmenwechsel: Orientiert an der UN-BRK setzt es statt auf Fürsorge und eher bevormundender Hilfe auf Selbstbestimmung, Chancengleichheit und gleichberechtigte Teilhabe. Insgesamt werden Selbstbestimmung und Teilhabe von Menschen mit Behinderung, mit drohender Behinderung oder chronischen Erkrankungen gestärkt (siehe Kapitel 2.II.1). Auf individueller Ebene und als individueller Prozess geht es darum, Teilhabe auf den einzelnen Menschen bezogen und individuell zu gestalten. Durch die aktive Einbindung des Menschen mit Behinderung sollen dessen Bedürfnisse und Bedarfe, Lebensbezüge sowie der Sozialraum, in dem er lebt, handlungsleitend für den Teilhabeprozess sein. Für dessen Gestaltung wird ein Teilhabeplanverfahren verbindlich vorgeschrieben (siehe Kapitel 3.II.1).

Bereits im SGB IX aus 2001 wurden Verhältnisse neu definiert

- zwischen Verwaltungen untereinander,
- zwischen Bürgerinnen und Bürgern und Staat,
- zwischen Verwaltungen und Bürgerinnen und Bürgern.

Mit dem BTHG erfolgen eine weitere Präzisierung und höhere Verbindlichkeit von Vorschriften sowie die Stärkung von Rechten der Betroffenen selbst. Ihren Ausdruck findet die Neuaufstellung etwa in konkreten Mitwirkungs- und Mitbestimmungsrechten von Menschen mit Behinderungen an ihrem eigenen Rehabilitationsprozess (siehe Kapitel 3.III.3). In diesem Zusammenhang sieht das BTHG auch Veränderungen in Bezug auf das Wunsch- und Wahlrecht vor. Nach § 104 SGB IX muss Wünschen des Leistungsberechtigten entsprochen werden, wenn diese berechtigt und angemessen sind. Wie bereits im alten Recht spielt bei möglichen Alternativen die Frage der Zumutbarkeit eine Rolle. Vom Rehabilitationsträger abgelehnt werden kann der Wunsch nunmehr aber nur, wenn die alternative Leistung zumutbar ist und durch die vom Antragstellenden gewünschte Leistung unverhältnismäßige Mehrkosten entstehen.

Grundlegend reformiert wurde mit dem BTHG das Recht der Eingliederungshilfe als neuer Teil 2 des SGB IX. Der mit dem BTHG verbundene Paradigmenwechsel zeigt sich in den vielfältigen Weiterentwicklungen im Leistungsrecht der Eingliederungshilfe. Zugunsten von Personenzentrierung anstelle von einrichtungsorientierten Leistungen wird die Unterscheidung zwischen ambulanten, teilstationären oder stationären Leistungen aufgehoben (vgl. Kapitel 1.II.2). Gesetzlich verankert werden die Anforderungen an ein personenzentriertes Verfahren zur Ermittlung, Planung, Steuerung, Dokumentation und Wirkungskontrolle von Leistungen der Eingliederungshilfe. Die Durchführung eines standardisierten Gesamtplanverfahrens ist verpflichtend bei allen Leistungen der Eingliederungshilfe; für die Träger der Eingliederungshilfe wird ein Gesamtplanverfahren vorgeschrieben (§§ 117 SGB IX). Sind andere Trägerbereiche in das Verfahren involviert, wird es Gegenstand des Teilhabeplanverfahrens.

2.III.3.3 Modernes Verwaltungsmanagement

Mit dem BTHG hat der Gesetzgeber entschieden, weiter am gegliederten Sozialleistungssystem festzuhalten.Nach wie vor prägen acht Leistungsträger, unterschiedliche Zuständigkeiten, ein für die Träger untereinander definiertes Verhältnis von Vorrangigkeit und Nachrangigkeit sowie zahlreiche Schnittstellenkonstellationen das System (vgl. Kapitel 2.III.2).

Der Gesetzgeber setzt allerdings nunmehr auf die gesetzliche Verankerung eines modernen Verwaltungsmanagements mit einer umfassenden Kooperation und Koordination der verschiedenen Leistungsträger (siehe Kapitel 2.IV.2). Neben vielfältigen Weiterentwicklungen umfasst das SGB IX in seinem Teil 1 übergreifende Vorschriften für eine verbindliche Zusammenarbeit, die nicht mehr ins Belieben der Leistungsträger gestellt ist. Verfahrensregelungen zu Leistungsplanung und Abstimmung sollen „Leistungen wie aus einer Hand" sicherstellen.

Die Vorschriften, die das Zusammenwirken der Träger betreffen, greifen wesentliche Umsetzungsdefizite auf und entwickeln bisher schon geltende zentrale Regelungen zur Zusammenarbeit der Reha-Träger weiter. Entschiedener als bisher fordert der Gesetzgeber mit dem BTHG nun mehr und besseres gemeinsames Planen und Handeln der Träger ein. Dafür sind wesentlich konkretere, vor allem aber verbindlichere Vorschriften als bisher im neuen Gesetz verankert.

Im Einzelnen geht es um folgende Vorschriften:

Kapitel 2: Einleitung der Rehabilitation von Amts wegen

- § 9 Vorrangige Prüfung von Leistungen zur Teilhabe
- § 10 Sicherung der Erwerbsfähigkeit
- § 11 Förderung von Modellvorhaben zur Stärkung der Rehabilitation

Kapitel 3: Erkennung und Ermittlung des Rehabilitationsbedarfs

- § 12 Maßnahmen zur Unterstützung der frühzeitigen Bedarfserkennung
- § 13 Instrumente zur Ermittlung des Rehabilitationsbedarfs

Kapitel 4: Koordinierung der Leistungen

- § 14 Leistender Rehabilitationsträger
- § 15 Leistungsverantwortung bei Mehrheit von Rehabilitationsträgern
- § 16 Erstattungsansprüche zwischen den Rehabilitationsträgern
- § 17 Begutachtung
- § 18 Erstattung selbstbeschaffter Leistungen
- § 19 Teilhabeplan
- § 20 Teilhabeplankonferenz
- § 21 Besondere Anforderungen an das Teilhabeplanverfahren
- § 22 Einbeziehung anderer öffentlicher Stellen
- § 23 Verantwortliche Stelle für den Sozialdatenschutz
- § 24 Vorläufige Leistungen.

Übergeordnete Zielsetzung ist, eine Einheitlichkeit des Verfahrens der Bedarfsermittlung, der Zuständigkeitsklärung und Teilhabeplanung zugunsten der Menschen mit (drohender) Behinderung und Leistungen „wie aus einer Hand" sicherzustellen. Alle Rehabilitationsträger sind verpflichtet, koordiniert zusammenzuarbeiten, die Bedarfe umfassend zu ermitteln und die Leistungen nahtlos festzustellen und zu erbringen. Für die Beteiligten im Verfahren schaffen die rechtlichen Regelungen Rechtssicherheit, da sie im Rahmen der Ermittlung und Koordinierung der Leistungen einen aufwendigen Abgleich mit anderen Leistungsgesetzen entbehrlich machen (vgl. BT-Drs. 18/9522: 229).

Um die Zielerreichung und die Zusammenarbeit der Träger zu forcieren, wurden die Aufgaben der bereits 1969 gegründeten Bundesarbeitsgemeinschaft für Rehabilitation (BAR) in einem eigenen Kapitel 8 des SGB IX gesetzlich festgeschrieben (vgl. Kapitel 2.IV.2 und 4). Um die Einhaltung der Vorschriften, vor allem aber Verbesserungen in der Zusammenarbeit nachzuhalten, führt das BTHG darüber hinaus als Instrument den Teilhabeverfahrensbericht ein (§ 41 SGB IX). Diese Regelung verpflichtet erstmals alle Rehabilitationsträger im Bundesgebiet, zu insgesamt 16 Sachverhalten Daten zu erfassen, so etwa zu Antragszahlen, zur Einhaltung der gesetzlichen Fristen, oder zur Durchführung von Teilhabeplanungen. Die BAR hat den Auftrag, die gelieferten Daten auszuwerten und jährlich einen Teilhabeverfahrensbericht zu erstellen (siehe Kapitel 3.IV.3).

2.III.3.4 Verhältnis SGB IX zu den Leistungsgesetzen

Klarer als bisher klärt das BTHG das Verhältnis zwischen den einzelnen Leistungsgesetzen und dem SGB IX. Unverändert bleibt, dass für die leistungsrechtlichen Bestimmungen die jeweiligen Leistungsgesetze gelten; Anspruchsvoraussetzungen, Zuständigkeiten und Leistungsumfang richten sich nach wie vor nach diesen.

Neu ist: § 7 Abs. 2 SGB IX stellt klar, dass mehrere Kapitel vom bisher geltenden Vorrang der einzelnen Leistungsgesetze explizit ausgenommen sind. Nunmehr gehen die Kapitel 2, 3 und 4 in jedem Fall den jeweiligen Leistungsgesetzen vor. Mit den Neuregelungen bekommt der für alle Träger gültige Teil 1 des SGB IX eine wesentlich höhere Verbindlichkeit und verändert das Verhältnis des SGB IX zu den Leistungsgesetzen. Während es vor dem BTHG immer noch möglich war, dem eigenen Leistungsgesetz Vorrang vor trägerübergreifenden Regelungen zu geben, hat der Gesetzgeber nun zentrale verfahrensrechtliche Regelungen zur trägerübergreifenden Zusammenarbeit für alle Rehabilitationsträger verbindlich ausgestaltet und in § 7 Abs. 2 SGB IX eindeutig geregelt:

- Die Kapitel 2 bis 4 im Teil 1 SGB IX gehen den einzelnen Leistungsgesetzen vor.
- Das Kapitel 4 zur Koordinierung der Leistungen ist doppelt abweichungsfest gestellt. Auch durch Landesrecht kann nicht von den trägerübergreifenden Regelungen zur Koordinierung von Teilhabeleistungen abgewichen werden.

Die Regelungen für das Verfahren der Bedarfsermittlung, für das Teilhabeplanverfahren und für die Zuständigkeitsklärung zwischen den Rehabilitationsträgern gelten bundesweit einheitlich und zwingend (vgl. BT-Drucks. 18/9522: 229).

Dass von den Vorschriften zur Koordinierung von Leistungen auch durch Landesrecht nicht abgewichen werden kann, verpflichtet insbesondere die Träger der Eingliederungshilfe und der Jugendhilfe verbindlicher als bisher auf diese Vorschriften. Damit können keine Regelungen mehr getroffen werden, nach der kommunale Träger, überörtliche Träger oder die Behörden der Länder als Rehabilitationsträger andere Verfahren der Koordinierung, Beschleunigung und Teilhabeplanung zu befolgen hätten (vgl. ebd.).

Für das Verhältnis des SGB IX zu den Leistungsgesetzen der einzelnen Rehabilitationsträger lässt sich festhalten:

1. Leistungsvoraussetzungen und Zuständigkeit ergeben sich ausschließlich aus den Leistungsgesetzen.
2. Der Leistungsinhalt ergibt sich nur aus dem SGB IX, wenn es keine abweichenden Regelungen in den besonderen Leistungsgesetzen gibt.
3. Von den Verfahrensvorschriften der Kapitel 2 bis 4 SGB IX darf nicht abgewichen werden.
4. Die Grundsätze und Teilhabeziele des SGB IX sind bei allen Rehabilitationsträgern zu berücksichtigen (vgl. von Boetticher/Kuhn-Zuber 2022: 42, Rn. 46).

Als Klammer und zentrale trägerübergreifende Vorschrift beinhaltet das novellierte SGB IX auf der einen Seite wesentlich konkretere und in jedem Fall verbindlichere Regeln für das Zusammenwirken als bisher. Es lässt den Akteuren auf der anderen Seite aber immer noch ausreichend Raum, ihr Zusammenwirken selbst zu gestalten – über Gemeinsame Empfehlungen, Vereinbarungen und Abstimmungen (siehe Kapitel 2.III.5).

2.III.4 Das Sozialgesetzbuch

2.III.4.1 Überblick

Das Sozialgesetzbuch (SGB) fasst das Sozialrecht in einem einheitlichen Gesetzeswerk aus 13 eigenständigen Büchern zusammen. Anstelle der Ordnungsziffer XIII trägt das zum 1.1.2024 in Kraft getretene Soziale Entschädigungsrecht die Ordnungsziffer XIV (vgl. Sammler in FL SA: 2022: 833).

Das Sozialrecht umfasst folgende eigenständige Sozialgesetzbücher:

SGB I   Allgemeine Vorschriften zu den Sozialleistungsansprüchen, Regelungen für das Verwaltungsverfahren, vom 11.12.1975

SGB II	Grundsicherung für Arbeitssuchende, vom 24.12.2003
SGB III	Arbeitsförderung, vom 24.3.1997
SGB IV	Gemeinsame Vorschriften für die Sozialversicherung
SGB V	Gesetzliche Krankenversicherung, vom 20.12.1988
SGB VI	Gesetzliche Rentenversicherung, vom 18.12.1989
SGB VII	Gesetzliche Unfallversicherung, vom 7.8.1996
SGB VIII	Kinder- und Jugendhilfe, vom 26.6.1990
SGB IX	Rehabilitation und Teilhabe behinderter Menschen, vom 19.6.2001
SGB X	Sozialverwaltungs- und Verfahrensrecht, vom 18.8.1980
SGB XI	Soziale Pflegeversicherung, vom 26.5.1994
SGB XII	Sozialhilfe, vom 27.12.2003
SGB XIV	Soziale Entschädigung, vom 12.12.2019.

2.III.4.2 Die einzelnen Gesetzbücher

2.III.4.2.1 SGB I (Allgemeiner Teil)

Das Sozialgesetzbuch I bezeichnet die Ziele und Aufgaben, die der Gesetzgeber mit dem Sozialgesetzbuch verfolgt. Sie sind mit dem Sozialstaatsprinzip verbunden, das in Art. 20 Abs. 1 GG verankert ist und den Staat, insbesondere die Gesetzgebung, zur Wahrnehmung von sozialer Sicherheit, sozialer Gerechtigkeit und sozialem Ausgleich verpflichtet.

Das SGB I zählt stichwortartig die wichtigsten, in den einzelnen Gesetzen geregelten Sozialleistungen auf, begründet allerdings selbst keine finanziellen Leistungsansprüche. Es enthält auch Vorschriften über Auskunfts- und Beratungspflichten der Leistungsträger gegenüber Ratsuchenden.

Mit der Teilhabe von Menschen mit Behinderung befasst sich § 10 SGB I. Danach haben Menschen mit körperlicher, geistiger oder seelischer Behinderung oder Menschen, die von einer solchen Behinderung bedroht sind, zur Förderung ihrer Selbstbestimmung und gleichberechtigten Teilhabe ein Recht auf bestimmte erforderliche Hilfen. Die Ziele, die damit verfolgt werden, sind:

- eine Behinderung abzuwenden oder ihre Folgen abzumildern,
- Einschränkungen der Erwerbsfähigkeit zu vermeiden,

- Menschen mit Behinderungen einen ihren Neigungen und Fähigkeiten entsprechenden Platz im Arbeitsleben zu sichern,
- ihnen eine selbstständige Lebensführung zu ermöglichen,
- Benachteiligungen aufgrund der Behinderung entgegenzuwirken.

Die zur Erreichung dieser Ziele zur Verfügung stehenden Leistungen zur Rehabilitation und Teilhabe von Menschen mit Behinderungen zählt § 29 SGB I auf. Im Einzelnen geht es um die Leistungen zur medizinischen Rehabilitation, zur Teilhabe am Arbeitsleben, zur Teilhabe an Bildung, zur sozialen Teilhabe sowie unterhaltssichernde und andere ergänzende Leistungen, besondere Leistungen und sonstige Hilfen zur Teilhabe schwerbehinderter Menschen am Leben in der Gesellschaft, insbesondere am Arbeitsleben.

2.III.4.2.2 SGB II (Grundsicherung für Arbeitsuchende)

Im Sozialgesetzbuch II geht es um eine Grundsicherung, verbunden mit einer intensiven Unterstützung der Leistungsberechtigten bei ihrer Eingliederung in Arbeit (§§ 1, 3, 4 sowie 16 ff. SGB II). Mit dem SGB II hat der Gesetzgeber das bisherige Nebeneinander der Fürsorgesysteme von Sozialhilfe und Arbeitslosenhilfe beendet und mit dem Bürgergeld (künftig: Grundsicherung) eine einheitliche Sozialleistung für erwerbsfähige Hilfebedürftige geschaffen. Von den Leistungsberechtigten fordert das SGB II ausdrücklich, dass diese alle Möglichkeiten zur Beendigung oder Verringerung ihrer Hilfebedürftigkeit ausschöpfen. Sie müssen aktiv an ihrer Eingliederung in Arbeit mitwirken (§ 2 SGB II). Maßgebliches Unterscheidungskriterium zwischen der Grundsicherung nach dem SGB II und der Sozialhilfe nach dem SGB XII ist, ob die Betreffenden erwerbsfähig sind (§ 7 SGB II).

Träger der Leistungen nach dem SGB II sind die Bundesagentur für Arbeit sowie die kreisfreien Städte und Kreise. Letztere sind zuständig für Leistungen wie Unterkunft und Heizung, Kinderbetreuungsleistungen, Leistungen für Bildung und Teilhabe am sozialen und kulturellen Leben für Kinder, Jugendliche und junge Erwachsene Schuldner- und Suchtberatung, Leistungen für besonderen einmaligen Bedarf sowie die psychosoziale Betreuung der Arbeitsuchenden (§§ 6 Absatz 1 Nummer 2, 16a , 28, 29 SGB II). Die Agentur für Arbeit ist für alle übrigen Leistungen zur Eingliederung zuständig (§ 16 SGB II). Dies sind insbesondere Leistungen zur Eingliederung in den allgemeinen Arbeitsmarkt sowie Leistungen zur Sicherstellung des Lebensunterhalts mit Ausnahme der Wohn- und Heizkosten.

Zur einheitlichen Umsetzung der Grundsicherung für Arbeitsuchende bilden die Bundesagentur für Arbeit und die kreisfreien Städte und Kreise im Gebiet jedes kommunalen Trägers eine gemeinsame Einrichtung (§ 44b SGB II). Auf Antrag können kommunale Träger, die die gesamten Aufgaben nach dem Sozialgesetzbuch II – ohne Beteiligung der Agentur für Arbeit – wahrnehmen wollen, vom Bundesministerium für Arbeit und Soziales dafür zugelassen werden. Sie werden als zugelassene kommunale Träger oder Optionskommunen bezeichnet (§ 6a SGB II). Die gemeinsamen Einrichtungen und die zugelassenen kommunalen Träger führen die Bezeichnung *Jobcenter* (§ 6d SGB II).

Mit dem Teilhabestärkungsgesetz vom 2. Juni 2021[14] wurde das bisher geltende Verbot, Leistungen nach §§ 16a ff SGB II an erwerbsfähige SGB II-Leistungsberechtigte mit Behinderungen zu erbringen, aufgehoben. Rehabilitanden in den Jobcentern können nunmehr die gleichen Fördermöglichkeiten wie alle anderen Leistungsberechtigten erhalten. Damit soll die nachhaltige Eingliederung von Rehabilitanden mit multiplen Vermittlungshemmnissen erleichtert und einer Ungleichbehandlung gegenüber erwerbsfähigen Leistungsberechtigten ohne Rehabilitationsbedarf vermieden werden.

Auch künftig sind die Jobcenter keine Rehabilitationsträger. Wie bisher stellt die Bundesagentur für Arbeit Rehabilitationsbedarf fest und berät das Jobcenter, das dann über die Leistungen entscheidet. Der leistende Rehabilitationsträger bezieht das Jobcenter in ein Teilhabeplanverfahren (siehe Kapitel 3.II.3) ein (vgl. DVfR 2021: 4 ff.).

2.III.4.2.3 SGB III (Arbeitsförderung)

Inhalt des Sozialgesetzbuches III sind die Aufgaben der Bundesagentur für Arbeit im Bereich der Arbeitsförderung. Das Ziel ist, dem Entstehen von Arbeitslosigkeit entgegenzuwirken, die Dauer der Arbeitslosigkeit zu verkürzen und den Ausgleich zwischen Angebot und Nachfrage auf dem Arbeitsmarkt zu unterstützen (§ 1 Abs. 1 S.1 SGB III). Um das Wirtschaftswachstum zu befördern sollen ein hoher Beschäftigungsgrad erzielt und die Beschäftigungsstruktur verbessert werden (vgl. Räder in FL SA 2022: 43).

Das SGB III beinhaltet vor allem die leistungsrechtlichen Grundlagen für die Förderung der Arbeitsvermittlung, der Berufsausbildung, der beruflichen Weiterbildung und die Entgeltersatzleistungen, insbesondere das Arbeitslosengeld I (Arbeitslosenversicherung). Das Leistungsspektrum umfasst die Berufs-

---

14 BGBl. I 2021 S.1387.

beratung, die Vermittlung von Arbeits- und Ausbildungsplätzen, Leistungen zur beruflichen Weiterbildung sowie zur Unterstützung der Selbstständigkeit (vgl. ebenda).

Auch die Förderung der beruflichen Eingliederung von Menschen mit Behinderung ist Teil des Sozialgesetzbuches III. Die Förderung richtet sich an Menschen mit Behinderungen, deren Aussichten am Arbeitsleben teilzuhaben oder wieder teilzuhaben aufgrund der Art und Schwere ihrer Behinderung wesentlich gemindert ist und die deshalb Hilfen zur Teilhabe am Arbeitsleben benötigen. Art und Schwere der Behinderung folgt der Definition in § 2 SGB IX. Auch Menschen mit Lernbehinderung können nach dem SGB III gefördert werden (§ 19 SGB III).

Zu den Kriterien, die bei der Auswahl der Leistungen gelten, zählen nicht allein der Unterstützungsbedarf. SGB III bestimmt, dass die Eignung, Neigung, bisherige Tätigkeit sowie die Lage und Entwicklung des Arbeitsmarktes angemessen zu berücksichtigen sind (§ 112 Abs. 2 SGB III).

2.III.4.2.4 SGB IV (Gemeinsame Vorschriften für die Sozialversicherung)

Das Sozialgesetzbuch IV enthält gemeinsame Vorschriften für die gesetzliche Kranken-, Unfall- und Rentenversicherung einschließlich der Alterssicherung der Landwirte sowie Pflegeversicherung. Die Regelungen betreffen z. B. den versicherten Personenkreis, die Leistungen und Beiträge, die Träger der Sozialversicherung sowie die Selbstverwaltung der Träger.

2.III.4.2.5 SGB V (Gesetzliche Krankenversicherung)

Das Sozialgesetzbuch V beinhaltet die rechtlichen Grundlagen der gesetzlichen Krankenversicherung (GKV). Aufgabe der Krankenversicherung ist es, die Gesundheit der Versicherten zu erhalten, wiederherzustellen oder ihren Gesundheitszustand zu verbessern. Dazu sieht das SGB V Leistungen zur Verhütung von Krankheiten, zu ihrer Früherkennung sowie zu ihrer Behandlung vor.

Ein wichtiges Ziel der Krankenversicherung besteht u. a. darin, durch Prävention den Gesundheitszustand zu erhalten bzw. den Eintritt dauerhafter Behinderungen zu vermeiden. Daher haben Versicherte auch Anspruch auf Leistungen zur medizinischen Rehabilitation sowie auf unterhaltssichernde und andere ergänzende Leistungen, die erforderlich sind, um eine Behinderung oder

Pflegebedürftigkeit abzuwenden, zu beseitigen, zu mindern, eine Verschlimmerung zu verhüten oder ihre Folgen abzumildern (§ 11 Abs. 2 SGB V).

Das SGB V enthält auch Vorschriften für die medizinische Beratung und Begutachtung, die dem Medizinischen Dienst der Krankenkassen zugeordnet sind (§ 275 ff. SGB V).

2.III.4.2.6 SGB VI (Gesetzliche Rentenversicherung)

Das Sozialgesetzbuch VI enthält die Regelungen der gesetzlichen Rentenversicherung. Es trat im Wesentlichen am 1. Januar 1992 in Kraft und ersetzte die rentenversicherungsrechtlichen Vorschriften der Reichsversicherungsordnung (RVO), des Angestelltenversicherungsgesetzes (AVG) und des Reichsknappschaftsgesetzes (RKG).

Das SGB VI regelt das Recht der Renten wegen Alters einschließlich der Altersrente für Menschen mit Schwerbehinderung (§ 37 SGB VI) sowie das Recht der Renten wegen Erwerbsminderung (§ 43 SGB VI).

Leistungen zur Teilhabe sind im 2. Kapitel des SGB VI geregelt. Die Leistungen zur Teilhabe umfassen Leistungen zur Prävention, zur medizinischen Rehabilitation, zur Teilhabe am Arbeitsleben, zur Nachsorge sowie ergänzende Leistungen (§ 9 SGB VI). Nach dem Grundsatz „Prävention und Rehabilitation vor Rente" haben die Leistungen zur Prävention Vorrang vor den Leistungen zur Teilhabe und diese wiederum Vorrang vor Rentenleistungen. Ziel ist, dass Menschen möglichst lange erwerbstätig bleiben können.

2.III.4.2.7 SGB VII (Gesetzliche Unfallversicherung)

Im Sozialgesetzbuch VII finden sich die Regelungen zur gesetzlichen Unfallversicherung, hinter der die Berufsgenossenschaften stehen. Sie befasst sich mit der Verhütung und den Folgen von Arbeitsunfällen und Berufskrankheiten, sogenannten Versicherungsfällen.

Geregelt sind im SGB VII die medizinische und berufliche Rehabilitation nach Arbeitsunfällen und bei Berufskrankheiten sowie die Rentenleistungen bei verminderter Erwerbsfähigkeit infolge eines Versicherungsfalles. Die Vorschriften des SGB VII bestimmen als Aufgabe der Unfallversicherung: Sie soll mit allen geeigneten Mitteln Arbeitsunfälle und Berufskrankheiten sowie arbeitsbedingte Gesundheitsgefahren verhüten. Wenn ein Arbeitsunfall oder eine Berufskrankheit eingetreten ist, soll die Gesundheit und die Leistungsfähigkeit der Versicherten ebenso mit allen geeigneten Mitteln wiederhergestellt und sie oder ihre Hinterbliebenen sollen durch Geldleistungen entschädigt werden (§ 1 SGB VII).

2.III.4.2.8 SGB VIII (Kinder- und Jugendhilfe)

Das Sozialgesetzbuch VIII enthält u. a. Regelungen zu den Leistungen der Jugendhilfe wie z. B. Jugendarbeit, Jugendsozialarbeit, erzieherischer Kinder- und Jugendschutz sowie die Förderung der Erziehung in der Familie. Dazu zählen Maßnahmen zum Schutz von Kindern und Jugendlichen (z. B. deren Inobhutnahme) sowie die Bestimmungen über Pflegschaft und Vormundschaft für Kinder und Jugendliche.

Umfasst sind auch Ansprüche auf Eingliederungshilfe für Kinder und Jugendliche mit seelischen Behinderungen (§ 35a SGB VIII). In diesen Fällen agiert der Jugendhilfeträger als Rehabilitationsträger.

2.III.4.2.9 SGB IX (Rehabilitation und Teilhabe von Menschen mit Behinderungen

Das SGB IX umfasst alle gesetzlichen Regelungen zur Rehabilitation und Teilhabe von Menschen mit Behinderung.

Als Klammergesetz enthält das SGB IX in seinem Teil 1 Vorschriften, die für alle Sozialleistungsträger gelten (siehe Kapitel 2.III.3).

Mit der Verabschiedung des BTHG wurde die Eingliederungshilfe aus dem System der Sozialhilfe herausgelöst und als neuer Teil 2 „Besondere Leistungen zur selbstbestimmten Lebensführung für Menschen mit Behinderungen (Eingliederungshilferecht)" in das SGB IX integriert. Das Leitbild einer inklusiven Gesellschaft und die Herausführung aus dem Fürsorgesystem soll damit sichtbar werden (BT-Drs. 18/9522: 196).

Wesentliche Änderungen bestehen u. a.

- im Wechsel von der Einrichtungs- zur Personenzentrierung,
- in der Optimierung der Gesamtplanung,
- in der Neudefinition des leistungsberechtigten Personenkreises (BT-Drs. 18/9522: 197 ff.).

Teil 3 des SGB IX beinhaltet das Schwerbehindertenrecht. Es umfasst die „Besonderen Regelungen zur Teilhabe ‚schwerbehinderter Menschen' am Arbeitsleben" und die Inanspruchnahme von – vor allem beruflichen – Nachteilsausgleichen. In Teil 3 sind auch die Aufgaben der Integrationsämter (§ 185

SGB IX) und die Aufgaben, Rechte und Pflichten der Schwerbehindertenvertretungen (SGB IX, 3. Teil Kapitel 5 SGB IX) sowie Inklusionsbeauftragten der Arbeitgeber (§ 181 SGB IX) geregelt.

2.III.4.2.10 SGB X (Sozialverwaltungsverfahren und Sozialdatenschutz)

Das Sozialgesetzbuch X enthält umfassende und für alle Sozialleistungsträger geltende Regelungen des Verwaltungsverfahrens. Die verfahrensrechtliche Position der Bürgerinnen und Bürger wird z. B. durch den Anspruch auf rechtliches Gehör und Akteneinsicht gestärkt. Das Gesetz begründet aber auch ihre Mitwirkungspflichten gegenüber dem Sozialleistungsträger. Wichtig für die Empfänger von Sozialleistungen ist auch der umfassende, strenge Datenschutz, den das Sozialgesetzbuch X in den §§ 67 ff. gewährleistet.

2.III.4.2.11 SGB XI (Soziale Pflegeversicherung)

Das Sozialgesetzbuch XI enthält als eigenständigen Zweig der Sozialversicherung die Pflegeversicherung zur Absicherung des Risikos der Pflegebedürftigkeit. Das SGB XI bestimmt dabei die Grundsätze, nach denen pflegebedürftige Menschen Hilfe erhalten, die wegen der Schwere der Pflegebedürftigkeit auf solidarische Unterstützung angewiesen sind. Den Vorschriften zufolge hat die häusliche Pflege Vorrang vor der Pflege in stationären Einrichtungen. Ein weiterer Vorrang gilt der Prävention und medizinischen Rehabilitation, um den Eintritt von Pflegebedürftigkeit zu vermeiden (§ 5 SGB XI). Außerdem enthält das SGB XI einen Anspruch auf sogenannte Pflegeberatung (§ 7a SGB XI).

2.III.4.2.12 SGB XII (Sozialhilfe)

Das SGB XII beinhaltet die Regelungen der Sozialhilfe. Es löste in 2005 das Bundessozialhilfegesetz (BSHG) ab.

Aufgabe der Sozialhilfe ist es, den Leistungsberechtigten eine Lebensführung zu ermöglichen, die der Würde des Menschen entspricht (§ 1 SGB XII). Für ausländische Staatsangehörige gilt dies unter Beachtung spezieller Regelungen. Unter sehr restriktiven Voraussetzungen kann in ganz besonderen Fällen auch Sozialhilfe für Deutsche im Ausland gewährt werden.

Die Leistungen der Sozialhilfe soll die Leistungsberechtigten so weit wie möglich befähigen, unabhängig von ihr zu leben. Deshalb erhält Sozialhilfe nicht, wer sich vor allem durch Einsatz seiner Arbeitskraft, seines Einkommens und seines Vermögens selbst helfen kann oder wer die erforderliche Leistung von anderen erhält. Das sind insbesondere Angehörige oder Träger anderer Sozialleistungen (§ 2 Abs.1 SGB XII).

Die Eingliederungshilfe für Menschen mit einer wesentlichen Behinderung war bis zum Jahr 2017 Aufgabe der Sozialhilfe. Mit der Verabschiedung des Bundesteilhabegesetzes wurde sie aus dem System der Sozialhilfe in das SGB IX überführt.

2.III.4.2.13 SGB XIV (Soziales Entschädigungsrecht)

Das soziale Entschädigungsrecht regelt die Fürsorge- und Einstandspflicht des Staates, wenn er den Bürger und die Bürgerin Gefahren aussetzt und ihn/sie dabei nicht ausreichend schützen kann.

Das Gesetz zur Regelung des Sozialen Entschädigungsrechts (SGB XIV) ist das „jüngste" Gesetz unter den Sozialgesetzbüchern. Das Soziale Entschädigungsrecht wurde damit modernisiert und in einem eigenen Buch 14 (XIV) im Sozialgesetzbuch zusammengefasst. Das dazu bereits im Jahr 2019 vom Bundestag mit Zustimmung des Bundesrates beschlossene SGB XIV trat nunmehr am 1. Januar 2024 vollständig in Kraft.[15]

Das neue SGB XIV stellt vor allem auf die Entschädigung ziviler Opfer von Gewalt und Terror ab. Gesetzliche Grundlage für Entschädigungsleistungen für wehrdienstbeschädigte Soldatinnen und Soldaten ist das Soldatenentschädigungsgesetz (SEG), das zum 1. Januar 2025 in Kraft getreten ist. Es regelt u. a. die Versorgung mit Leistungen zur Rehabilitation und Teilhabe durch den Träger der Soldatenentschädigung.

Vor Inkrafttreten des Gesetzes zur Regelung des Sozialen Entschädigungsrechts (SGB XIV) war die Soziale Entschädigung in vielen verschiedenen Gesetzen geregelt, weil die Leistungen über Jahrzehnte immer wieder auf neue Bereiche ausgeweitet wurden.

Durch die Neuordnung des Sozialen Entschädigungsrechtes werden insbesondere

- das Bundesversorgungsgesetz (BVG),
- das Opferentschädigungsgesetz (OEG),

---

15   BGBl. I 2019 S.2652.

- die §§ 60 bis 64 Infektionsschutzgesetz und
- die §§ 47, 47b Zivildienstgesetz (ZDG)

aufgehoben und gehen im SGB XIV auf.

Die bisherige Differenzierung zwischen den Fürsorgeleistungen und den Versorgungsleistungen entfällt.

Das SGB XIV regelt nunmehr die Entschädigung

- von Gewaltopfern (einschließlich Opfern von Terror) (§§ 13 f. SGB XIV),
- von Opfern der beiden Weltkriege im Inland (gilt auch für Schäden durch nicht entdeckte Kampfmittel (§ 21 SGB XIV),
- von Betroffenen durch Ereignisse, die durch oder im Zusammenhang mit dem Zivildienst stehen (§ 23 SGB XIV),
- von Personen, die durch Schutzimpfungen oder sonstige Maßnahmen der spezifischen Prophylaxe nach dem Infektionsschutzgesetz eine gesundheitliche Schädigung erlitten haben (§ 24 SGB XIV).

Die wichtigsten Neuregelungen im Rahmen des SGB XIV sind

- Berücksichtigung von Opfern psychischer Gewalttaten (vgl. § 13 Abs. 1 Nr. 2 SGB XIV),
- Gleichstellung von Kindern als Gewaltopfer (vgl. § 14 Abs. 1 Nr. 5 SGB XIV),
- Gleichstellung von Ausländerinnen und Ausländern, die sich rechtmäßig in Deutschland aufhalten,
- Gewalttat mit einem Fahrzeug (§ 18 SGB XIV),
- Leistungen der schnellen Hilfen (§ 29 ff. SGB XVI).

Berechtigte auf Leistungen im Sinne des SGB XIV können die Geschädigten selbst sein, aber auch deren Angehörige (z. B. Ehegatten und Kinder), die Hinterbliebenen (z. B. Witwen, Witwer und Waisen) und die Nahestehenden (z. B. Geschwister und Partner in einer Lebensgemeinschaft).

2.III.5 Untergesetzliche Regelungen zur Umsetzung des SGB IX

Zusammenfassung

Das Kapitel widmet sich der Ausgestaltung der Zusammenarbeit der Rehabilitationsträger. Die Verfahrensvorschriften im SGB IX bestimmen im Wesentlichen, was zu tun ist. Wie die weitere Umsetzung erfolgen soll, überlässt der Gesetzgeber den Trägern selbst. Ein Instrument zur trägerübergreifenden und gemeinsamen Abstimmung sind die Gemeinsamen Empfehlungen (GE).

Das Kapitel beschreibt die bestehenden GE und erläutert den Erarbeitungsprozess einer GE:

- Wer sind die Beteiligten?
- Wie läuft das Verfahren ab?
- Welche Verbindlichkeit hat eine GE?

Weitere Möglichkeiten für Vereinbarungen der Träger untereinander werden vorgestellt.

2.III.5.1 „Leistungen wie aus einer Hand"

Für die Teilhabe von Menschen mit Behinderungen können eine Vielzahl von Maßnahmen und demgemäß auch zuständige Stellen angesprochen sein. Je komplexer der Unterstützungsbedarf im Einzelfall ist, umso mehr sind Planung und Koordination der Leistungen erforderlich für die Erreichung eines angemessenen Erfolgs. Trotz Beibehaltung des gegliederten Systems mit Zuständigkeiten verschiedener Rehabilitationsträger sollen die Leistungsberechtigten einheitliche und koordinierte Leistungen effektiv und zügig „wie aus einer Hand" erhalten (vgl. BT-Drs. 14/5074: 101). Die Grundlage dafür bilden eine umfassende Kooperation der Leistungsträger und die Koordination der verschiedenen Leistungen (§§ 10-13 SGB IX) und eine schnelle und umfassende Klärung der Zuständigkeit gegenüber den Leistungsberechtigten (§ 14 SGB IX).

Die gesetzlichen Vorschriften im SGB IX definieren auf eher abstrakter Ebene, was zu tun bzw. was zu beachten ist. Gesetzliche Bestimmungen allein reichen aber nicht aus: Gerade wenn es um die Zusammenarbeit der Rehabilitationsträger geht, können gesetzliche Regelungen diese zwar vorschreiben, aber keine allzu detaillierten Vorwegnahmen über das „Wie?" treffen. Für die praktische Zusammenarbeit braucht es eine Konkretisierung der Vorschriften in Form von Vereinbarungen. Sie geben den Sozialleistungsträgern die Möglichkeit, die Umsetzung der gesetzlichen Vorgaben zur Kooperation, Koordination und Konvergenz für ihre Praxis vor Ort auszugestalten (siehe Kapitel 2.IV.5).

Das Ausfüllen dieses „Freiraums" stellt der Gesetzgeber allerdings nicht ins Belieben der Träger, sondern verankert das Instrument der gemeinsamen Empfehlungen als Verpflichtung im Gesetz (§§ 25 Abs. 1 und 26 Abs. 1 SGB IX).

2.III.5.2 Gemeinsame Empfehlungen

Zur Gestaltung und Sicherung der Zusammenarbeit schreibt § 26 Abs. 1 SGB IX den Rehabilitationsträgern vor, Gemeinsame Empfehlungen (GE) über ihre Zusammenarbeit zu vereinbaren. Es handelt sich dabei um ein gesetzlich vorgeschriebenes Instrument, mit dem zentrale Anliegen des Bundesteilhabegesetzes verfolgt werden: die Koordination der Leistungen und die Kooperation der Rehabilitationsträger. Diese Regelung verdeutlicht einerseits, welche Wichtigkeit der Gesetzgeber der koordinierten Zusammenarbeit der Rehabilitationsträger für das Erreichen der Ziele des SGB IX zugunsten der Menschen mit Behinderungen beimisst. Sie zeigt andererseits, dass der Gesetzgeber anstelle weiterer gesetzlicher Details Selbstverwaltungslösungen den Vorzug gibt (BR-Drs. 49/01: 301). Er räumt den beteiligten Trägern ein, eigene detaillierte Lösungen selbst zu treffen und sich untereinander zu verständigen. Die Rehabilitationsträger haben damit nicht nur die Möglichkeit, sondern auch die Verantwortung ihre – unstreitig unverzichtbare – Zusammenarbeit selbst weiter auszugestalten, zu konkretisieren und verbindlich zu strukturieren.

Es geht um die Übersetzung von eher abstrakten Vorschriften in praktisches Verwaltungshandeln und die Erreichung von mehr Handlungssicherheit. Diesem Zweck dienen die Verankerung eines gemeinsamen Grundverständnisses und die Verständigung zwischen den Akteuren, etwa über

- eine gemeinsame Auslegung der Vorschriften,
- die Klärung von Abgrenzungsfragen,
- die Verständigung in Verfahrensfragen,
- die Konkretisierung von Abstimmungsprozessen,
- die Konkretisierung von Verwaltungsabläufen,
- die Abstimmung von Vorgehensweisen.

Die Gemeinsamen Empfehlungen haben weder die Aufgabe noch die Möglichkeit, Voraussetzungen und Inhalte von Leistungen neu zu bestimmen. Sie sollen eine einheitliche und koordinierte Leistungserbringung gewährleisten (vgl. Joussen in LPK-SGB IX 2022: 167, Rn. 9).

2.III.5.2.1 Bestehende Gemeinsame Empfehlungen

Die einzelnen Regelungsgegenstände für Gemeinsame Empfehlungen sind in § 26 Abs. 2 SGB IX festgelegt. Auf dieser Grundlage haben die Rehabilitationsträger folgende Gemeinsame Empfehlungen auf Ebene der Bundesarbeitsgemeinschaft für Rehabilitation (BAR) e. V. erarbeitet (siehe unter Kapitel 2.III.5.2.2) und verabschiedet:

Gemeinsame Empfehlung Begutachtung (November 2023)

Ein relevanter Baustein einer umfassenden Bedarfsermittlung und -feststellung der Rehabilitationsträger ist die Begutachtung i.S.v. § 17 SGB IX. Bei jeder Begutachtung ist es wichtig, die individuellen Ziele, Ressourcen und Barrieren der zu begutachtenden Personen im Rahmen eines partizipativen Vorgehens zu berücksichtigen und adäquat zu erfassen. Leistungen können so individualisierter und passgenauer empfohlen werden. Begutachtungen sollen möglichst nach einheitlichen Grundsätzen durchgeführt werden. Für die beteiligten Rehabilitationsträger wird damit ermöglicht, die gutachterlichen Ergebnisse bzw. Ausführungen im Rahmen der Bedarfsermittlung auch bei der Prüfung der Voraussetzungen anderer Sozialleistungen zu verwenden. Die GE stellt die zu begutachtende Person in den Mittelpunkt und greift ausgehend davon Fragestellungen auf, die für die Begutachtung durch die entsprechende wissenschaftliche Expertise eines geeigneten Sachverständigen beantwortet werden sollen. Das sind z. B. Ärztinnen und Ärzte, Psychologinnen und Psychologen oder Fachkräfte sozialer Arbeit.

Gemeinsame Empfehlung Integrationsfachdienste (August 2022)

Die Gemeinsame Empfehlung Integrationsfachdienste (IFD) regelt, wie die Dienstleistungen der IFD nach einheitlichen Grundsätzen und Qualitätsstandards zu erbringen sind. Ziel ist die Festlegung einheitlicher und verbindlicher Kriterien zur Beauftragung, Verantwortung und Steuerung sowie zur Finanzierung und bedarfsgerechten Ausstattung der IFD. Diese sollen insbesondere trägerübergreifend tätig werden und durch einen niederschwelligen Zugang die Beschäftigungssituation behinderter Menschen durch entsprechende Aktivitäten auch im Rahmen der Prävention nachhaltig verbessern.

Gemeinsame Empfehlung Sozialdienste (Juni 2022)

Die Rehabilitationsträger verstehen die Arbeit der Sozialdienste als wichtiges Element des Rechts behinderter Menschen auf umfassende Teilhabe. Sozialdienste und vergleichbare Stellen sind neben weiteren Auskunfts- und Beratungsstellen der Rehabilitationsträger wichtige Ansprechpartner und Dienstleister. Durch eine intensive Zusammenarbeit verfolgen Rehabilitationsträger und Sozialdienste ein gemeinsames Ziel: die individuellen Teilhabechancen von Menschen mit (drohenden) Behinderungen zu verbessern. In der Gemeinsamen Empfehlung „Sozialdienste" wird die Zusammenarbeit der Rehabilitationsträger mit Sozialdiensten und vergleichbaren Stellen geregelt. Erfahrungen aus der Reha-Praxis werden zur Konkretisierung genutzt.

Gemeinsame Empfehlung Einrichtungen LTA (März 2022)

Die Gemeinsame Empfehlung Einrichtungen für Leistungen zur Teilhabe am Arbeitsleben nach § 51 SGB IX benennt und beschreibt Anforderungen an die Ausführung von Leistungen zur Teilhabe am Arbeitsleben in Einrichtungen nach § 51 SGB IX für Menschen mit Behinderungen, die aufgrund der Art oder Schwere ihrer Behinderung oder zur Sicherung des Rehabilitationserfolges diese Leistungen benötigen. Festgelegt sind auch Strukturmerkmale, die diese Einrichtungen vorzuhalten haben – einschließlich Wohn- und Verpflegungsbereich sowie die Ausstattung mit Fachpersonal auch auf Leistungsebene. Die GE umschreibt Aufgaben und Leistungen, die die Einrichtungen zu erbringen haben – einschließlich der Regelungen zur Durchführung von betrieblichen Phasen der Qualifizierung. Fragen der Kooperation, Transparenz und Überprüfung werden geklärt und es wird auf die Mitgestaltung, Einbindung und Mitwirkung der Teilnehmenden eingegangen. Auch die Qualitätssicherung, Ergebnisqualität und Zufriedenheit der Rehabilitanden sowie der Datenschutz sind aufgegriffen.

Gemeinsame Empfehlung Unterstützte Beschäftigung (Oktober 2021)

Unterstützte Beschäftigung (UB) ist ein wichtiger Baustein, wenn es um die berufliche Teilhabe und die Teilhabe von Menschen mit Behinderungen insgesamt geht. Sie soll noch mehr Menschen mit Behinderung den Zugang zu einem offenen und integrativen Arbeitsmarkt ermöglichen. Die Gemeinsame Empfehlung nimmt bewusst Bezug auf Artikel 27 der UN-Behindertenrechtskonvention und stellt die Person mit ihrem individuellen Bedarf ins Zentrum der dazu notwendigen Verfahren und Leistungen. Die vereinbarten Regelungen nutzen den im SGB IX ermöglichten Spielraum für die Gestaltung des Leistungstatbestandes der UB. Sie konkretisieren praxisnah die Anforderungen an die Qualität dieser Leistung.

Gemeinsame Empfehlung Beteiligung der Bundesagentur für Arbeit (Juni 2020)

Wenn sich im Zusammenhang mit der Erbringung von Leistungen zur Teilhabe am Arbeitsleben die Frage stellt, wie der für den betroffenen Menschen in Betracht kommende Arbeitsmarkt und damit die zu erwartenden Beschäftigungsmöglichkeiten einzuschätzen sind, kann für eine entsprechende gutachterliche Stellungnahme die Bundesagentur für Arbeit angefragt werden. Zur Abgabe der angeforderten Stellungnahmen ist diese verpflichtet; dies gilt auch dann, wenn sich der oder die Leistungsberechtigte in einem Krankenhaus oder einer Einrichtung der medizinischen oder medizinisch-beruflichen Rehabilitation (z. B. Rehabilitationseinrichtung für psychisch kranke und behinderte Menschen – RPK-Einrichtung) befindet. Die Gemeinsame Empfehlung legt fest, wann und wie die BA eingebunden werden muss, um beispielsweise gutachterliche Stellungnahmen zum Arbeitsmarkt einzuholen oder Anträge an zuständige Träger weiterzuleiten.

Gemeinsame Empfehlung Selbsthilfe (Juli 2019)

Mit der Gemeinsamen Empfehlung Selbsthilfe verfolgen die Vereinbarungspartner das Ziel, die Aktivitäten der Selbsthilfe (Selbsthilfegruppen, -organisationen, -kontaktstellen) zur Prävention, Rehabilitation, Früherkennung und Bewältigung von Krankheiten und Behinderungen nachhaltig zu unterstützen und mehr Transparenz in die Förderung zu bringen, zudem gemeinsam mit den Vertretern der Selbsthilfe die inhaltliche Zusammenarbeit als Gemeinschaftsaufgabe weiterzuentwickeln. Abgestimmte Entscheidungsstrukturen für alle Beteiligten sollen das Verfahren erleichtern und zu mehr Planungssicherheit für die Selbsthilfe beitragen.

Gemeinsame Empfehlung Reha-Prozess (Februar 2019)

Die Gemeinsame Empfehlung Reha-Prozess greift Neuregelungen des Bundesteilhabegesetzes auf und konkretisiert das Vorgehen bei einzelnen Elementen des Reha-Prozesses wie z. B. die Zuständigkeitsklärung, die Bedarfsfeststellung oder die Teilhabeplanung. Die GE beinhaltet die Regelungen, die die Rehabilitationsträger gemeinsam erarbeitet und miteinander vereinbart haben, wie sie die Vorschriften des SGB IX und des BTHG auslegen und umsetzen. Die GE wird derzeit auf Ebene der BAR überarbeitet.

Gemeinsame Empfehlung Qualitätssicherung (November 2018)

„Qualitätssicherung" in der Rehabilitation hat erhebliche trägerübergreifende Bedeutung. In der GE verpflichten sich die Rehabilitationsträger zur Entwicklung von Verfahren, die sowohl die Struktur-, Prozess- als auch Ergebnisqualität einbeziehen und Vergleiche ermöglichen, um so einen qualitätsorientierten Wettbewerb anzustoßen. Durch das gezielte Zusammenwirken von vergleichenden Qualitätsanalysen und internem Qualitätsmanagement der Rehabilitationseinrichtungen soll die Ergebnisqualität für Leistungen zur Teilhabe nachweislich verbessert und die Wirksamkeit der Leistungserbringung erhöht werden.

Gemeinsame Empfehlung Prävention (Januar 2018)

Prävention als Grundprinzip der sozialen Sicherung ist eine gesamtgesellschaftliche Aufgabe mit vielen Zuständigen und Verantwortlichen. Prävention nach § 3 SGB IX bildet ein der Rehabilitation vorgelagertes Handlungsfeld. Die Rehabilitationsträger und die Integrationsämter wirken bei Aufklärung, Beratung, Auskunft und Ausführung von Leistungen sowie in Zusammenarbeit mit den Arbeitgebern im Rahmen des Betrieblichen Eingliederungsmanagements darauf hin, dass der Eintritt einer Behinderung einschließlich einer chronischen Krankheit vermieden wird. Ein zielgerichtetes Einwirken in diesem Sinne erfordert sowohl die Zusammenarbeit der Träger untereinander als auch die Zusammenarbeit der unterschiedlichen Fachbereiche innerhalb der Träger

In der GE werden gesundheitliche Risiken und Prävention unter Bezug auf die ICF allgemein definiert und daran anschließend bestimmte Lebensphasen sowie Lebensbereiche konkretisiert. Exemplarisch benannt werden gesundheitliche Risiken bei Erwerbstätigen, die im betrieblichen Kontext manifest werden und zu Behinderungen einschließlich chronischer Erkrankungen führen können. Im Rahmen des betrieblichen Kontextes werden sowohl betriebliche Einflüsse als auch Einflüsse aus dem übrigen Lebenszusammenhang der Beschäftigten berücksichtigt.[16]

2.III.5.2.2 Erarbeitung einer Gemeinsamen Empfehlung

Das Zustandekommen der gemeinsamen Empfehlungen (GE) ist gesetzlich festgelegt. Sie werden auf Ebene der BAR (siehe Kapitel 2.IV.3.4) erarbeitet.

---

16 Die gemeinsamen Empfehlungen sind abrufbar unter: www.bar-frankfurt.de/themen/publikation en/gemeinsame-empfehlungen/ (5.8.2025).

An der Erarbeitung beteiligt sind alle vom Gegenstand der GE betroffenen Sozialleistungsträger. Auch für das Inkrafttreten einer GE gilt ein gesetzlich vorgezeichnetes Beteiligungs-/Benehmens- und Zustimmungsverfahren.

Vereinbarungspartner einer GE sind

- die gesetzlichen Krankenkassen,
- die Bundesagentur für Arbeit,
- die Träger der gesetzlichen Unfallversicherung,
- die Träger der gesetzlichen Rentenversicherung,
- die Sozialversicherung für Landwirtschaft, Forsten und Gartenbau als Träger der Alterssicherung der Landwirte, der landwirtschaftlichen Krankenversicherung und der landwirtschaftlichen Unfallversicherung,
- die Träger der Kriegsopferversorgung und die Träger der Kriegsopferfürsorge im Rahmen des Rechts der sozialen Entschädigung bei Gesundheitsschäden sowie
- die Inklusionsämter/Integrationsämter in Bezug auf Leistungen und sonstige Hilfen für schwerbehinderte Menschen

unter Mitwirkung

- der Bundesarbeitsgemeinschaft der Landesjugendämter,
- der Bundesarbeitsgemeinschaft der örtlichen Träger der Eingliederungshilfe und der Sozialhilfe.

Die Rehabilitationsträger werden vertreten durch ihre jeweiligen Spitzenverbände bzw. Spitzenorganisationen.

Das für die Fachaufsicht zuständige Bundesministerium für Arbeit und Soziales (BMAS) wirkt bei der Erarbeitung mit; mit dem BMAS muss vor Verabschiedung das Benehmen hergestellt werden.

Um die Fachkompetenz von Menschen mit Behinderungen in die gemeinsamen Empfehlungen einfließen zu lassen, ist eine Beteiligung der Verbände behinderter Menschen einschließlich der Verbände der Freien Wohlfahrtspflege, der Selbsthilfegruppen und der Interessenvertretung behinderter Frauen und der der ambulanten und stationären Rehabilitationseinrichtungen vorgesehen (§ 26 Abs. 6 SGB IX). Die Expertise der Rehabilitationseinrichtungen wird über die Spitzenverbände der ambulanten und stationären Rehabilitationseinrichtungen eingebracht (vgl. Joussen in LPK-SGB IX 2022: 171,Rn. 26, 27).

Eine Schlüsselstellung hat die Bundesarbeitsgemeinschaft für Rehabilitation (BAR) e. V.: Als Zusammenschluss der Rehabilitationsträger ist sie die gesetzlich verankerte Plattform für die trägerübergreifende Erarbeitung einer gemeinsamen Empfehlung. Die BAR bildet den organisatorischen Rahmen für die notwendigen Vorbereitungs- und Abstimmungsprozesse der Rehabilitationsträger und den weiteren Beteiligten (siehe Kapitel 2.IV.2.). Im Prozess hat die BAR Initiativ-, Steuerungs- und Berichtsaufgaben (vgl. ebd. 172, Rn. 28). Auf Ebene der BAR erfolgt schließlich die Veröffentlichung der Gemeinsamen Empfehlungen.

Kommt eine gemeinsame Empfehlung nicht zustande, hat der Gesetzgeber die Möglichkeit, eine Verordnung zu erlassen. Dies ist bisher in einem einzigen Fall erfolgt: Eine Gemeinsame Empfehlung zur Früherkennung und Frühförderung behinderter und von Behinderung bedrohter Kinder kam nicht zustande. Der Gesetzgeber hat zum 24. Juni 2003 die Frühförderungsverordnung (FrühV) (vgl. BGBl. I 2003: 998) erlassen, die durch Artikel 23 des Gesetzes zur Stärkung der Teilhabe und Selbstbestimmung von Menschen mit Behinderungen vom 23. Dezember 2016 (vgl. BGBl. I 2016: 3284) geändert worden ist.

2.III.5.2.3 Verfahrensgrundsätze

Im Jahr 2019 haben die Träger, vertreten durch ihre Spitzenorganisationen, auf Ebene der BAR Verfahrensgrundsätze für Gemeinsame Empfehlungen verabschiedet, die den Prozess von der Erarbeitung bis zur Inkraftsetzung einer GE regeln. Die Verfahrensgrundsätze zeigen, dass eine gemeinsame Empfehlung nicht ein Produkt der BAR ist, sondern das Ergebnis der auf der Plattform der BAR beteiligten Partner. Die Mitglieder der im konkreten Fall eingesetzten Fachgruppe sind der jeweiligen GE zu entnehmen.

Erarbeitungs- und Vereinbarungspartner von Gemeinsamen Empfehlungen sind grundsätzlich die Rehabilitationsträger nach § 6 Nr. 1 bis 5 SGB IX. In den gesetzlich benannten Fällen kann der Kreis der Vereinbarungspartner auch andere Stellen umfassen, wie z. B. die Integrationsämter über die BIH. Träger der Eingliederungshilfe (§ 6 Abs. 1 Nr. 7 SGB IX) oder der Jugendhilfe (§ 6 Abs. 1 Nr. 6 SGB IX), die einer Gemeinsamen Empfehlung nach § 26 Abs. 5 S. 2 SGB IX beitreten, werden Vereinbarungspartner der Gemeinsamen Empfehlung.

Beteiligt am GE-Verfahren sind nach § 26 Abs. 5, 6 und 7 SGB IX neben den Vereinbarungspartnern weitere Stellen und Organisationen bzw. Verbände. Dies bezieht sich insbesondere auf die Erarbeitung in der Fachgruppe und das Beteiligungsverfahren. Nach § 26 Abs. 5 SGB IX sind BIH, BAGüS,

BAGLJÄ sowie die kommunalen Spitzenverbände zu beteiligen. Nach § 26 Abs. 6 SGB IX sind Verbände von Menschen mit Behinderungen einschließlich der Verbände der Freien Wohlfahrtspflege, der Selbsthilfegruppen und der Interessenvertretungen von Frauen mit Behinderungen sowie die für die Wahrnehmung der Interessen der ambulanten und stationären Rehabilitationseinrichtungen maßgeblichen Spitzenverbände zu beteiligen. § 26 Abs. 7 SGB IX sieht die Beteiligung des/der Bundesbeauftragten für den Datenschutz und die Informationsfreiheit vor.

Für die Erarbeitung einer Gemeinsamen Empfehlung wird jeweils eine Arbeitsgruppe eingerichtet, die sich zusammensetzt aus:

- zwei Vertreter/-innen aus dem Bereich der gesetzlichen Krankenversicherung (zu benennen von den Verbänden der Krankenkassen auf Bundesebene)
- zwei Vertreter/-innen aus dem Bereich der gesetzlichen Rentenversicherung (zu benennen von der DRV Bund)
- ein/e Vertreter/-in der landwirtschaftlichen Sozialversicherung (zu benennen von der SVLFG)
- zwei Vertreter/-innen aus dem Bereich der gesetzlichen Unfallversicherung (zu benennen von der DGUV)
- ein/e Vertreter/-in aus dem Bereich der Pflegekassen (zu benennen vom GKV-Spitzenverband als Spitzenverband Bund der Pflegekassen)
- zwei Vertreter/-innen der Bundesagentur für Arbeit
- ein/e Vertreter/-in der Landesjugendämter (zu benennen von der BAGLJÄ)
- ein/e Vertreter/-in der überörtlichen Träger der Eingliederungshilfe (zu benennen von der BAGüS)
- je ein/e Vertreter/-in der örtlichen Träger der Eingliederungshilfe und der örtlichen Jugendhilfe (zu benennen von den kommunalen Spitzenverbänden)
- ein/e Vertreter/-in der Integrationsämter und Hauptfürsorgestellen (zu benennen von der BIH)
- ein/e Vertreter/-in aus dem Bereich der Kriegsopferversorgung und der Kriegsopferfürsorge im Rahmen des Rechts der sozialen Entschädigung bei Gesundheitsschäden (zu benennen von den Ländern)
- ein/e Vertreter/-in des Bundesministeriums für Arbeit und Soziales
- zwei Vertreter/-innen aus dem Bereich der Länderministerien (zu benennen von der Geschäftsstelle der Arbeits- und Sozialministerkonferenz)
- bis zu drei Vertreter/-innen der Verbände von Menschen mit Behinderungen einschließlich der Verbände der Freien Wohlfahrtspflege, der Selbsthil-

fegruppen und der Interessenvertretungen von Frauen mit Behinderungen (zu benennen über den Deutschen Behindertenrat)

- bis zu drei Vertreter/-innen der für die Wahrnehmung der Interessen der ambulanten und stationären Rehabilitationseinrichtungen auf Bundesebene maßgeblichen Spitzenverbänden (zu benennen über die Konferenz der Spitzenverbände der Leistungserbringer).

Falls notwendig können ggf. weitere Akteure in die Beratungen einbezogen werden.[17]

2.III.5.3 Weitere untergesetzliche Normen und Vereinbarungen

Eine weitere Form untergesetzlicher Regelungen bilden die sogenannten Rahmenempfehlungen, die in unmittelbarer Verbindung zu den GE zu sehen sind. Rahmenempfehlungen setzen Maßstäbe für inhaltliche Aspekte der medizinischen Rehabilitation. Als aktuelle Beispiele sind zu nennen die Rahmenempfehlung Rehabilitationssport und Funktionstraining, die RPK-Empfehlungsvereinbarung über die Zusammenarbeit der Kranken-, Renten- und Unfallversicherungsträger sowie der Bundesagentur für Arbeit bei der Gewährung von Leistungen zur Teilhabe in Rehabilitationseinrichtungen für Menschen mit psychischen Beeinträchtigungen.[18]

Um eine Auseinanderentwicklung von Gemeinsamen Empfehlungen und Rahmenempfehlungen zu vermeiden (vgl. BT-Drs.14/5074: 102), sind die Rehabilitationsträger nach § 26 Abs. 3 SGB IX verpflichtet, über den Inhalt der Gemeinsamen Empfehlungen mit den Partnern von Rahmenempfehlungen aufgrund gesetzlicher Vorschriften über den gleichen Gegenstand Einvernehmen herzustellen (§ 26 Abs. 3 SGB IX) (vgl. Joussen in LPK-SGB IX 2022: 170, Rn. 23).

Neben den gesetzlich vorgeschriebenen Gemeinsamen Empfehlungen und den Rahmenempfehlungen gibt es außerdem Verfahrens- und Verwaltungsabsprachen zwischen einzelnen Leistungsträgern oder auch trägerübergreifende Vereinbarungen. Ein Beispiel dafür ist die Verwaltungsvereinbarung der Bundesarbeitsgemeinschaft der Integrationsämter und Hauptfürsorgestellen (BIH) mit den Trägern der gesetzlichen Renten- und Unfallversicherung sowie der Bundesagentur für Arbeit zu Leistungen der Begleitenden Hilfe und Leistun-

---

17 Die Verfahrensgrundsätze sind abrufbar unter: https://www.bar-frankfurt.de (5.8.2025).
18 Rahmenempfehlungen sind abrufbar unter: https://www.bar-frankfurt.de /service/ publikationen.html (5.8.2025).

gen zur Teilhabe am Arbeitsleben, bei denen der Gesetzgeber nicht klar geregelt hat, wer die Kosten übernehmen muss. In der Verwaltungsvereinbarung geht es darum, schwierige materiell-rechtliche Abgrenzungsprobleme an der Schnittstelle zwischen Leistungen der Rehabilitationsträger zur Teilhabe am Arbeitsleben (LTA) und den Leistungen der Integrationsämter zu lösen.[19]

Absprachen werden auch zwischen einzelnen Trägern und außerhalb der Plattform der BAR getroffen. Ein Beispiel ist die Verfahrensvereinbarung zwischen der Deutschen Gesetzlichen Unfallversicherung (DGUV), der Sozialversicherung für Landwirtschaft, Forsten und Gartenbau (SVLFG) als Träger der landwirtschaftlichen Berufsgenossenschaft und der Deutschen Rentenversicherung Bund (DRV Bund). Hierin regeln die Träger ihre Zusammenarbeit bei der Umsetzung der §§ 14 ff SGB IX. Ziel ist auch hier, für die betroffenen Menschen zeitnah Leistungen wie aus einer Hand zu erbringen und zeitintensive Zuständigkeitskonflikte und Erstattungsstreitverfahren der Träger untereinander zu vermeiden. Die Verfahrensvereinbarung ergänzt die entsprechenden Regelungen der Gemeinsamen Empfehlung Reha-Prozess und regelt insbesondere jene Fälle, in denen die Ursache der Behinderung unklar ist.[20]

2.III.5.4 Rechtsnatur und Bindungswirkung von gemeinsamen Empfehlungen

Von ihrer Rechtsnatur her handelt es sich bei den Gemeinsamen Empfehlungen um Verwaltungsvereinbarungen. Die Frage nach der Bindungswirkung von Gemeinsamen Empfehlungen reibt sich regelmäßig an der Verwendung des Wortes „Empfehlungen" als eher unverbindlichen Regelungen. Da diese aber auf dem Vereinbarungswege zustande kommen und es sich um Verwaltungsvereinbarungen handelt, spricht vieles dafür, dass von einer Verbindlichkeit für die beteiligten Rehabilitationsträger auszugehen ist. Das bedeutet, dass sich die Gemeinsamen Empfehlungen unmittelbar nur an die Rehabilitationsträger richten (vgl. Joussen in LPK-SGB IX 2022: 169: Rn. 9).

Das Rechtsverhältnis zwischen Antragstellern und Leistungsträgern wird durch die Gemeinsamen Empfehlungen nicht berührt. Für die leistungsberechtigten Menschen haben die GE keine unmittelbare rechtliche Außenwirkung. Allerdings profitieren Antragstellende mittelbar von den getroffenen Absprachen und ihrer Einhaltung, weil eine Selbstbindung der Vereinbarungs-

---

19   Die Verwaltungsvereinbarung ist abrufbar unter: https://www.bih.de (3.11.2025).

20   Die Verfahrensvereinbarung ist abrufbar unter: https://rvrecht.deutsche-rentenversicherung.de/Sh aredDocs/rvRecht/05-Normen_und Verträge/04_Rehabilitation/03_vereinbarungen (11.9.2025).

partner entsteht. So kann sich ein Anspruch der Betroffenen auf gleichmäßige Rechtsanwendung und Ermessensausübung ergeben, der sich auf Art. 3 Abs. 1 GG stützen kann (vgl. Ulrich in SWK Behindertenrecht 2018: 646, Rn. 21).

Eine schwächere Form der Bindung besteht für die Träger der Eingliederungshilfe und der Jugendhilfe. Für sie ist bestimmt, dass sie sich bei der Wahrnehmung ihrer Aufgaben an den Gemeinsamen Empfehlungen orientieren oder diesen beitreten können. Da allerdings mit dem BTHG die Vorschriften der Kapitel 2 bis 4 (siehe Kapitel 2.III.3) abweichungsfest gestellt sind und auch durch Landesvorschriften nicht abgewichen werden kann, stärkt dies wiederum die Bindungswirkung der GE.

In Bezug auf die Einhaltung der Gemeinsamen Empfehlungen wird gelegentlich kritisiert, dass diese nicht die vom Gesetzgeber gewollte Regelungstiefe bringen. Die Gemeinsame Empfehlung hat Bindungswirkung und sie braucht die Zustimmung aller Rehabilitationsträger. Dies kann dazu führen, dass die beteiligten Rehabilitationsträger ein Interesse haben, Formulierungen offen und problematische Regelungen möglichst allgemein zu halten. Es kann aber genauso dazu führen, dass die Regelungstiefe bis in kleinste Details geht. Dies wiederum kann die Anwendung einer GE in der Praxis erschweren (vgl. BMAS 2024: 23 f.)

Für die Anwendung einer GE in der Praxis hilft in beiden Fällen eine Anpassung auf die Bedürfnisse vor Ort durch eine Detaillierung bzw. Reduzierung auf das Wesentliche. So ist es – auch um den unterschiedlichen regionalen Infrastrukturen Rechnung zu tragen – sinnvoll und gesetzlich in § 26 Abs. 9 SGB IX vorgesehen: Gemeinsame Empfehlungen sollen durch regional zuständige Rehabilitationsträger auf die Gegebenheiten vor Ort angepasst werden. Von daher ist die in der Studie des BMAS aufgezeigte Verkürzung von Formularen aus der GE Reha-Prozess (vgl. ebd.: 23) ein konsequenter und richtiger Umgang.

Grundsätzlich gilt für alle Formen untergesetzlicher Regelungen: Die Verbindlichkeit von Gemeinsamen Empfehlungen, Rahmenempfehlungen, Verwaltungsabsprachen, Vereinbarungen ergibt sich aus dem Akteurskreis und dem jeweiligen Kontext, für den sie gelten. Die Vereinbarungspartner sollten sich in die Pflicht genommen fühlen und sich an die Regelungen halten, die sie sich gegeben haben.

2.III.6 Die Internationale Klassifikation der Funktionsfähigkeit, Behinderung und Gesundheit (ICF)

Behinderung ist nicht allein über Diagnosen definiert, sie entsteht aus der Wechselwirkung zwischen Beeinträchtigung und einstellungs- und umweltbedingten Barrieren. Für die Bestimmung dieser Wechselwirkung spielen das Umfeld und die subjektive Wahrnehmung des Menschen mit einer Behinderung eine entscheidende Rolle (vgl. von Boetticher/Kuhn-Zuber 2022: 27, Rn. 16 ff.)

2.III.6.1 Die ICF als Teil der Klassifikationen der WHO

Der grundlegende Paradigmenwechsel im Verständnis von Gesundheit und Behinderung findet seinen Ausdruck auch in der weltweiten Anerkennung der Internationalen Klassifikation der Funktionsfähigkeit, Behinderung und Gesundheit – kurz: ICF – im Jahr 2001 (vgl. Bickenbach/Stucki 2022:42).

Die ICF wurde im Mai 2001 von der WHO verabschiedet und zur Anwendung empfohlen. In Deutschland wurden der Grundgedanke der ICF sowie die Fokussierung auf den Teilhabebegriff (Partizipation) in das im selben Jahr verabschiedete SGB IX aufgenommen. Seit 2005 steht die ICF in deutscher Sprache in gedruckter Form und auf der Internetseite des DIMDI (Deutsches Institut für Medizinische Dokumentation und Information) zur Verfügung.

Die ICF gehört zur Familie der internationalen gesundheitsrelevanten Klassifikationen der WHO. Sie ergänzt die bestehenden Klassifikationen um die Möglichkeit, Auswirkungen eines Gesundheitsproblems auf unterschiedlichen Ebenen zu beschreiben und gehört zu den sogenannten Referenz-Klassifikationen:

- ICD – die internationale Klassifikation der Krankheiten und verwandter Gesundheitsprobleme
- ICF – die internationale Klassifikation der Funktionsfähigkeit, Behinderung und Gesundheit
- ICHI – die internationale Klassifikation der Gesundheitsinterventionen

Während die ICD als international gültige Sprache für Krankheitsphänomene anerkannt ist, kategorisiert die ICF die individuellen Auswirkungen einer Krankheit für einen Menschen in seiner spezifischen Lebenssituation und wird so der Lebenswirklichkeit eines Menschen besser gerecht. (vgl. LVR/LWL 2019: 9)

2.III.6.2 Bedeutung der ICF

Mit dem BTHG wurden die Regelungen für die Ermittlung von umfassenden Teilhabebedarfen in 2018 weiter konkretisiert und sind trägerübergreifend im SGB IX verankert. Grundlage für die Bedarfsermittlung bildet die ICF, die zu einer stärkeren Personenzentrierung in der Bedarfsermittlung beiträgt.

Die ICF-Klassifikation stellt in einheitlicher und standardisierter Form und in einheitlicher Sprache eine von der WHO beschlossene Systematik zur Beschreibung von Gesundheit und mit Gesundheit zusammenhängenden Zuständen zur Verfügung. Erfasst werden können nicht nur die Schädigungen des Körpers und die Beeinträchtigungen der Funktionen. Unter Berücksichtigung des jeweiligen Lebenshintergrundes des Menschen können auch daraus resultierende Auswirkungen auf persönliche Aktivitäten und auf die Teilhabe am gesellschaftlichen Leben beschrieben werden. Die ICF erweitert den Blick auf vorhandene Ressourcen und unterstützt das Erkennen von förderlichen wie auch hinderlichen Faktoren bzw. Barrieren. Die einheitliche Sprache der ICF erleichtert die Kommunikation zwischen verschiedenen Benutzern, wie Fachleuten im Gesundheitswesen, den Betroffenen selbst, den Sozialleistungsträgern, aber auch Wissenschaftlern und Politikern (vgl. DVfR 2024: 4 ff.).

Bei ihrer Verwendung geht es weniger um die ICF als Klassifikation. Im Mittelpunkt steht die Konzeption und hierbei das der ICF zugrunde liegende biopsychosoziale Modell der Wechselwirkungen zwischen den Komponenten der ICF.

2.III.6.3 Grundlagen der ICF

Die Klassifikation der ICF betrachtet den Menschen unter biologischen, psychologischen und sozialen Aspekten. Zwischen diesen bestehen Wechselwirkungen, die sich gegenseitig beeinflussen und voneinander abhängen (vgl. LVR/LWL 2019: 15)

2.III.6.3.1 Schlüsselbegriffe der ICF

Die ICF verwendet Schlüsselbegriffe, die nachfolgend erläutert werden.

Behinderung ist ein Oberbegriff für Schädigungen (Funktionsstörungen, Körperstrukturschäden), Beeinträchtigungen der Aktivität und Beeinträchtigungen der Partizipation (Teilhabe). Sie bezeichnet die negativen Aspekte der Interaktion zwischen einer Person (mit einem Gesundheitsproblem) und ihren Kontextfaktoren (Umwelt- und personenbezogene Faktoren). Erst wenn aus dem Gesundheitsproblem eines Menschen und seinem persönlichen Hintergrund eine Beeinträchtigung der Funktionsfähigkeit resultiert, wird in der ICF von Behinderung gesprochen. Der Behinderungsbegriff der ICF ist somit der Oberbegriff für jede Beeinträchtigung der Funktionsfähigkeit eines Menschen (vgl. ebd.: 9). Damit ist der Behinderungsbegriff der ICF wesentlich weiter gefasst als der des SGB IX. Der englische Begriff „health condition" ist mit dem etwas engeren Begriff „Gesundheitsproblem" übersetzt.

Als **Gesundheitsproblem** werden z. B. bezeichnet: Krankheiten, Gesundheitsstörungen, Verletzungen oder Vergiftungen und andere Umstände wie Schwangerschaft oder Rekonvaleszenz. Wichtig ist, dass ein Mensch trotz eines Gesundheitsproblems all das tut oder tun kann, was von einem gesunden Menschen erwartet wird, und er sich in der Weise und dem Umfang entfalten kann, wie es von einem gesunden Menschen erwartet wird (vgl. ebd.: 10).

Das Gesundheitsproblem wird für viele andere Zwecke typischerweise als Krankheitsdiagnose oder -symptomatik mit der ICD erfasst bzw. klassifiziert. Ein Gesundheitsproblem führt zu einer Veränderung an Körperstrukturen und/oder Körperfunktionen und ist damit Voraussetzung zur Nutzung der ICF.

Aktivität bezeichnet die Durchführung einer Aufgabe oder einer Handlung durch einen Menschen in einer bestimmten Situation. Beeinträchtigungen der Aktivität sind Schwierigkeiten, die ein Mensch bei ihrer Durchführung haben kann, z. B. beim Lernen, Schreiben, Rechnen, Kommunizieren, Gehen, bei der Körperpflege.

Teilhabe (Partizipation) kennzeichnet das Einbezogensein in eine Lebenssituation, beispielsweise Familienleben, Arbeitswelt, Fußballverein. Teilhabebeeinträchtigungen können Probleme in verschiedenen Lebensbereichen sein, beispielsweise beim Einkaufen, Kochen, Wäsche waschen, in Beziehungen, bei der Erziehung von Kindern, bei der Arbeit oder in der Freizeit.

Funktionsfähigkeit bezeichnet alle Körperfunktionen und -strukturen sowie alle menschlichen Verhaltensweisen, Handlungen, Aufgaben und sozialen Rollen. Funktionsfähigkeit umfasst all das, was der menschliche Körper und die Psyche tun, und alle Handlungen, die Menschen in ihren realen Lebenssituationen ausüben (vgl. Bickenbach/Stucki 2022:44).

Sie bezeichnet die positiven Aspekte der Interaktion zwischen einer Person (mit einem Gesundheitsproblem) und ihren Kontextfaktoren (Umwelt- und personenbezogene Faktoren). Funktionsfähigkeit kann so verstanden werden, dass eine Person trotz einer Erkrankung all das tut oder tun kann, was von einem gesunden Menschen erwartet wird und/oder sie sich in der Weise und dem Umfang entfalten kann, wie es von einem gesunden Menschen erwartet wird.

Treten funktionale Probleme auf, so sind diese nicht mehr persönliche Eigenschaften eines Menschen, sondern das negative Ergebnis einer Wechselwirkung zwischen Beeinträchtigung, Aktivität und Partizipation auf der Grundlage des biopsychosozialen Verständnisses der ICF (vgl. von Boetticher/Kuhn-Zuber 2022: 27, Rn. 17).

Körperfunktionen sind die physiologischen Funktionen von Körpersystemen (einschließlich der psychischen Funktionen).

Körperstrukturen sind anatomische Teile des Körpers wie Organe, Gliedmaßen und ihre Bestandteile (siehe auch Schädigungen).

Kontextfaktoren sind alle Gegebenheiten des Lebenshintergrundes einer Person. Sie sind in Umweltfaktoren und personenbezogene Faktoren gegliedert. Kontextfaktoren, die sich positiv auf die Funktionsfähigkeit auswirken, werden als Förderfaktoren bezeichnet. Kontextfaktoren, die sich negativ auf diese auswirken, werden als Barrieren bezeichnet.

Personenbezogene Faktoren sind Kontextfaktoren, die sich auf die betrachtete Person beziehen. Wegen der mit ihnen einhergehenden großen soziokulturellen Unterschiedlichkeit sind sie von der WHO in der ICF bislang nicht systematisch klassifiziert.

Beispielhaft werden aber einige wenige Items von der WHO aufgelistet: Dazu zählen z. B. Geschlecht, Alter, sozioökonomischer Status, ethnische Zugehörigkeit, andere Gesundheitsprobleme, Fitness, Lebensstil, Gewohnheiten, Erziehung, Bewältigungsstile, sozialer Hintergrund, Bildung und Ausbildung, Beruf, Einstellung zur Arbeit sowie vergangene oder gegenwärtige Erfahrungen (vergangene oder gegenwärtige Ereignisse), allgemeine Verhaltensmuster und Charakter, individuelles psychisches Leistungsvermögen und andere Merkmale, die die Person ausmachen.

Umweltfaktoren beziehen sich auf alle Aspekte der externen oder extrinsischen Welt, die den Kontext des Lebens einer Person bilden und als solche einen Einfluss auf die Funktionsfähigkeit der Person haben. Sie bilden die materielle, soziale und einstellungsbezogene Umwelt ab, in der Menschen leben und ihr Dasein entfalten.

2.III.6.3.2 Struktur der ICF und biopsychosoziales Modell

Die ICF besteht aus zwei Teilen mit jeweils zwei Komponenten:

- Teil 1: „Funktionsfähigkeit und Behinderung" beinhaltet die Komponenten „Körperfunktionen und -strukturen" und „Aktivitäten und Partizipation" (Teilhabe).
- Teil 2: „Kontextfaktoren" ist untergliedert in die Komponenten „Umweltfaktoren" und „Personenbezogene Faktoren".

Abbildung 5: Struktur der ICF

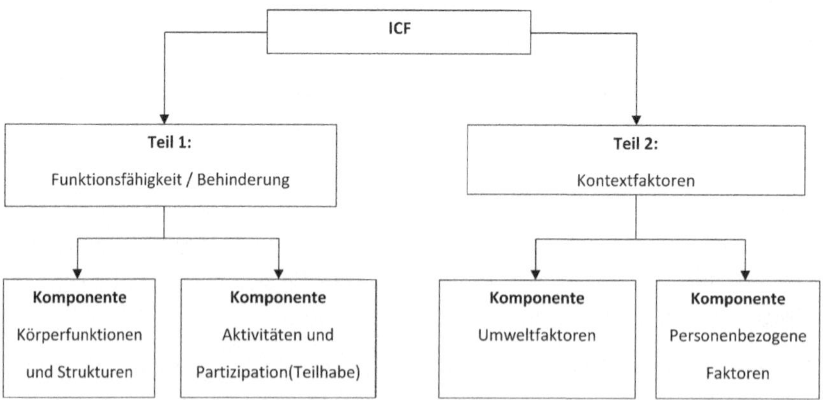

Das biopsychosoziale Modell verknüpft die beiden Teile der ICF mit ihren jeweiligen Komponenten und bildet die Wechselwirkungen der Komponenten ab. Ob und in welchem Umfang ein selbstbestimmtes und „gesundes" Leben (im Sinne der WHO) durch eine funktionale Beeinträchtigung tatsächlich erschwert wird, hängt im Wesentlichen auch von den Kontextfaktoren ab (vgl. LVR/LWL 2019: 14).

Kontextfaktoren sind alle Gegebenheiten des Lebenshintergrundes einer Person. Sie sind in Umweltfaktoren und personenbezogene Faktoren gegliedert.

Abbildung 6: Das biopsychosoziale Modell nach ICF und seine Wechselwirkungen

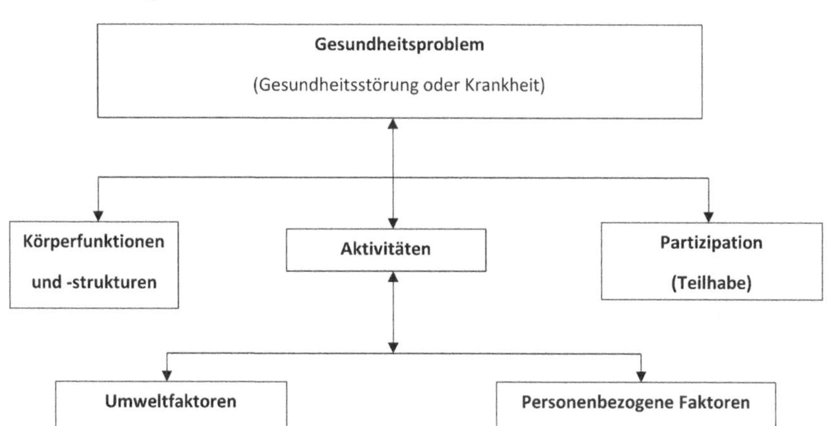

Nach dem biopsychosozialen Modell wird die Behinderung eines Menschen gekennzeichnet als das Ergebnis oder die Folge einer komplexen Beziehung zwischen dem Menschen mit einem Gesundheitsproblem und seinen Umwelt- und personenbezogenen Faktoren (Kontextfaktoren). Nach dieser Konzeption liegt eine Behinderung vor, wenn aus dem Gesundheitsproblem einer Person eine Beeinträchtigung der Funktionsfähigkeit resultiert.

Ob und in welchem Umfang eine funktionale Beeinträchtigung ein selbstbestimmtes Leben erschwert, wird demnach auch von Kontextfaktoren beeinflusst. Beispielsweise kann die Wohnsituation ein entscheidender Faktor dafür sein, in welchem Umfang ein Mensch mit Mobilitätseinschränkungen in soziale Aktivitäten eingebunden ist. Zugleich ist eine barrierefreie Umgebung kein Garant für die selbstbestimmte Teilhabe. Denn diese hängt eben auch von weiteren Faktoren ab, wie denen der Persönlichkeit, von Einstellungen und auch sozialen Kompetenzen.

2.III.6.4 Nutzung der ICF

Eine umfassende Bedarfsermittlung auf Basis des biopsychosozialen Modells stellt sicher, dass neben dem Erkennen und der Behandlung von krankheits- und/oder behinderungsbedingten Auswirkungen auf die Aktivitäten auch die für die drohende oder bereits bestehende Teilhabebeeinträchtigung relevanten Einflussfaktoren aus dem Lebenshintergrund der betroffenen Person betrachtet werden. Dabei geht es um bedeutsame hemmende wie förderliche Einflüsse (Umwelt- und personenbezogene Faktoren).

Zu unterscheiden ist zwischen dem Kontext, der als gesamter Lebenshintergrund einer Person definiert ist, und den Kontextfaktoren, die Einflussfaktoren aus diesem Lebenshintergrund darstellen. Umwelt- und personenbezogene Faktoren können krankheitsbedingte bzw. behinderungsbedingte Auswirkungen auf allen Ebenen der Funktionsfähigkeit (Ebene der Körperfunktionen und -strukturen, der Aktivitäten und der Teilhabe) positiv wie negativ beeinflussen. Bedeutsam für die Bedarfsermittlung im Rehabilitationsprozess ist aber nur die Wirkung eines Kontextfaktors als Förderfaktor oder Barriere für die Aktivitäten und die Teilhabe eines Menschen. Faktoren ohne Relevanz für die Bedarfsermittlung sollen und dürfen nicht erhoben werden.

Gesetzlich verankert ist, dass die Bedarfsermittlung funktionsbezogen, also unter Nutzung des biopsychosozialen Modells zu erfolgen hat (§§ 13, 19 SGB IX). Die Rehabilitationsträger nutzen die ICF und/oder das biopsychosoziale Modell sowohl bei der Bedarfsermittlung wie auch bei der sozialmedizinischen Begutachtung. Verpflichtend vorgeschrieben ist die ICF als Anforderung an die Bedarfsermittlung im Bereich der Eingliederungshilfe für wesentlich behinderte Menschen (vgl. § 118 SGB IX). Die Träger der Eingliederungshilfe sind verpflichtet, Instrumente der Bedarfsermittlung zu entwickeln (siehe Kapitel 3.II.1.1). Unabhängig vom Trägerbereich ist das Ziel einer Bedarfsermittlung auf Basis des biopsychosozialen Modells, einen aussagekräftigen Überblick über die aktuelle Teilhabesituation des Leistungsberechtigten zu bekommen.

Ausgangspunkt für die Nutzung der ICF ist stets ein Gesundheitsproblem. Gesundheit ist für uns von Bedeutung, weil sie uns erlaubt, das zu tun, was wir tun wollen, sodass wir nicht mehr über unsere Gesundheit nachdenken müssen. Gesundheitliche Probleme wie Schmerz, Angst, Schwäche, steife Glieder oder Hautverletzungen beeinflussen das Leben von Betroffenen mitunter massiv. Sie finden es schwierig, Treppen zu steigen, so weit zu gehen, wie sie es gewohnt waren, sich so schnell zu waschen oder anzuziehen, wie sie es müssen, die notwendige Hausarbeit zu erledigen, Erwartungen am Arbeitsplatz zu erfüllen, um nur einige Beispiele zu nennen (vgl. Bickenbach/Stucki 2022: 43).

Ein Gesundheitsproblem führt zu einer Veränderung an Körperstrukturen und/oder Körperfunktionen und ist damit Voraussetzung zur Nutzung der ICF.

Der Ermittlung dient ein strukturiertes Vorgehen in zwei Arbeitsschritten:

1. Erfassung von Gesundheitsproblemen mit Auswirkungen auf die Aktivitäten und Teilhabe.
2. Ermittlung von Auswirkungen der Gesundheitsprobleme auf die Körperfunktionen und -strukturen sowie auf die Aktivitäten und Teilhabe unter Berücksichtigung von Kontextfaktoren (Umwelt, Person) in ihrer Eigenschaft als Förderfaktoren oder Barriere (vgl. BAR 2024: 13).

Es erschließt sich, dass die aktive Beteiligung und Mitwirkung der Leistungsberechtigten eine weitere Voraussetzung darstellt: Nur die Person selbst kann angeben und beschreiben, worin ihre Teilhabebeeinträchtigung besteht, welche Teilhabeziele sie hat, wofür sie Unterstützung braucht. Bedarfsermittlung kann deshalb nur als gemeinsamer Erarbeitungs- und Verständigungsprozess erfolgen.

2.IV Das Sozialleistungssystem

Zusammenfassung

In diesem Kapitel geht es um folgende Inhalte: Vorgestellt werden zunächst die Leistungen der Rehabilitation und Teilhabe mit ihren Inhalten, ihren Zielen, Besonderheiten und den möglichen zuständigen Trägern.

Zu den relevanten Akteuren im System von Teilhabe und Rehabilitation zählen die Menschen mit Behinderungen selbst, die Sozialleistungsträger und die Leistungserbringer. Eingegangen wird auf ihre Rolle, auf die strukturelle und organisatorische Aufstellung der Trägerbereiche sowie auf Besonderheiten.

Im gegliederten System gelten unterschiedliche Zuständigkeiten der Träger für die Leistungen zur Rehabilitation und Teilhabe. Ausgehend von den gesetzlichen Grundlagen im SGB IX und den Leistungsgesetzen werden Kriterien vorgestellt, die für die Ermittlung der Zuständigkeit maßgeblich sind.

Wichtig zu verstehen ist, dass das Kooperieren miteinander, das Koordinieren der erforderlichen Schritte und das Abstimmen der Leistungen zum professionellen Vorgehen der Verantwortlichen im System gehört.

2.IV.1 Leistungen der Rehabilitation und Teilhabe

Das Spektrum an Leistungen der Teilhabe und Rehabilitation umfasst fünf Leistungsgruppen (§ 5 SGB IX):

- Leistungen der medizinischen Rehabilitation,
- Leistungen zur Teilhabe am Arbeitsleben,
- Unterhaltssichernde Leistungen,
- Leistungen zur Teilhabe an Bildung,
- Leistungen zur sozialen Teilhabe.

Während die Leistungen zur medizinischen Rehabilitation in erster Linie der Wiederherstellung der Gesundheit und die Leistungen zur Teilhabe am Arbeitsleben der Sicherung des Erwerbseinkommens auf dem allgemeinen Arbeitsmarkt dienen, sollen die Leistungen zur sozialen Teilhabe und ebenso die Leistungen zur Teilhabe an Bildung die persönliche Entwicklung fördern und Selbstbestimmung ermöglichen.

Leistungen der Rehabilitation und Teilhabe können ambulant, stationär oder auch teilstationär erbracht werden. Eine besondere Form der ambulanten Rehabilitation ist die mobile Rehabilitation. Sie kommt insbesondere für Menschen in Betracht, für die der Verbleib in ihrer vertrauten Umgebung eine wichtige Voraussetzung für den Erfolg der Rehabilitationsmaßnahme ist.

Weder nach den Zielen noch nach den Mitteln sind die Leistungsgruppen trennscharf voneinander abzugrenzen. Im Sinne von Teilhabeorientierung sprechen die vielen Überschneidungen zwischen den Teilhabezielen in § 4 Abs. 1 SGB IX für ein weites Verständnis der Ziele der verschiedenen Leistungsgruppen. Dieses Verständnis bringt auch § 4 Abs. 2 SGB IX zum Ausdruck, wenn die Leistungsträger aufgefordert werden, nach Lage des Einzelfalls die Leistungen vollständig und umfassend zu erbringen.

Wenn der Mensch mit Behinderung Leistungen aus mehreren Leistungsgruppen braucht, dann ist es für den schnellen und nachhaltigen Erfolg und die Effektivität von Rehabilitationsleistungen wichtig, dass die unterschiedlichen Leistungsbereiche miteinander verzahnt werden und die verantwortlichen Träger Hand in Hand arbeiten. Wenn z. B. im Laufe des Reha-Prozesses erkennbar wird, dass bei einem erwerbsfähigen Versicherten medizinische Rehabilitationsleistungen nicht ausreichen, um ins Arbeitsleben zurückzukehren, sondern darüber hinaus Leistungen zur Teilhabe am Arbeitsleben erforderlich sind, dann braucht es ggf. auch die Einbindung anderer Träger und die Koordination für eine rechtzeitige Weichenstellung und einen nahtlosen Übergang (vgl. Luik in LPK-SGB IX 2022: 242, Rn. 34).

Für die Leistungsgruppen können mehrere Sozialleistungsträger zuständig sein.

Abbildung 7: Rehabilitationsträger – Leistungsgruppen – Zuständigkeiten (Quelle: Bundesarbeitsgemeinschaft für Rehabilitation e. V. (BAR), 2024)

Rehabilitations- bzw. Leistungsträger	Leistungen zur medizinischen Rehabilitation	Leistungen zur Teilhabe am Arbeitsleben	Leistungen zur sozialen Teilhabe	Leistungen zur Teilhabe an Bildung	Unterhaltssichernde und andere ergänzende Leistungen
Gesetzliche Krankenversicherung	✓				✓
Gesetzliche Rentenversicherung	✓	✓			✓
Alterssicherung der Landwirte	✓				✓
Gesetzliche Unfallversicherung	✓	✓	✓	✓	✓
Bundesagentur für Arbeit		✓			✓
Träger der öffentlichen Jugendhilfe	✓	✓	✓	✓	
Träger der Eingliederungshilfe	✓	✓	✓	✓	
Träger der Sozialen Entschädigung*	✓	✓	✓	✓	✓
Integrations-/Inklusionsämter**		✓			

Quelle: Bundesarbeitsgemeinschaft für Rehabilitation e.V. (BAR), 2024

* bis Ende 2023: Träger der Kriegsopferversorgung und der Kriegsopferfürsorge i. S. d. § 6 Abs.1 Nr. 5 SGB IX a. F.

** nicht Rehabilitationsträger, aber Sozialleistungsträger

2.IV.1.1 Leistungen der medizinischen Rehabilitation

Leistungen zur medizinischen Rehabilitation sind vor allem medizinische Leistungen, die am Gesundheitszustand ansetzen, und das Ziel haben, Behinderungen einschließlich chronischer Krankheiten oder Pflegebedürftigkeit abzuwenden oder zu mindern.

Die Leistungen der medizinischen Rehabilitation umfassen nach § 42 Abs. 2 SGB IX insbesondere:

- die Behandlung durch Ärzte, Zahnärzte und Angehörige anderer Heilberufe, soweit deren Leistungen unter ärztlicher Aufsicht oder auf ärztliche Anordnung ausgeführt werden, einschließlich der Anleitung, eigene Heilungskräfte zu entwickeln (Nr. 1),

- Früherkennung und Frühförderung für Kinder mit Behinderungen und von Behinderung bedrohte Kinder (Nr. 2),
- Arznei- und Verbandsmittel (Nr. 3),
- Heilmittel einschließlich physikalischer, Sprach- und Beschäftigungstherapie (Nr. 4),
- Psychotherapie als ärztliche und psychotherapeutische Behandlung (Nr. 5),
- Hilfsmittel (Nr. 6),
- digitale Gesundheitsanwendungen (Nr. 6a),
- Belastungserprobung und Arbeitstherapie (Nr. 7).

Dieser offene Leistungskatalog ist nicht abschließend – es können durchaus auch andere und zusätzliche Leistungen infrage kommen (vgl. von Boetticher/ Kuhn-Zuber 2022: 94, Rn. 140).

Je nach Erfordernis müssen diese Leistungen ergänzt werden durch sogenannte psychosoziale Hilfen (vgl. § 42 Abs. 3 SGB IX) wie:

- Hilfen zur Unterstützung bei der Krankheits- und Behinderungsverarbeitung (Nr. 1),
- Hilfen zur Aktivierung von Selbsthilfepotenzialen Nr. 2),
- Vermittlung von Kontakten zu örtlichen Selbsthilfe- und Beratungsmöglichkeiten (Nr. 4),
- Training lebenspraktischer Fähigkeiten (Nr. 6) (vgl. Welti in SWK Behindertenrecht 2018: 788, Rn. 13).

In Betracht kommen die Leistungen der medizinischen Rehabilitation für Menschen mit folgenden Indikationen/Indikationsbereichen:

- Erkrankungen des Bewegungsapparates,
- Erkrankungen des Herz-Kreislauf-Systems,
- neurologische Erkrankungen,
- Suchterkrankungen.
- psychische und psychosomatische Erkrankungen.

Ausgerichtet sind die Ziele darauf, die Gesundheit wiederherzustellen, einer Verschlimmerung des Gesundheitszustandes entgegenzuwirken, Behinderungen, chronische Erkrankungen und Pflegebedürftigkeit vorzubeugen bzw. zu vermeiden, die Erwerbsfähigkeit zu erhalten.

Die Leistungen können sowohl von Menschen mit bereits vorhandenen Behinderungen wie auch von Menschen, bei denen der Eintritt einer Behinderung droht, in Anspruch genommen werden. Auch sind nicht immer Verbesserungen des Gesundheitszustandes das Ziel. Rehabilitative Maßnahmen greifen auch dann, wenn sich damit eine Verschlimmerung der Behinderung, der Erkrankung und eine Verschlechterung der Teilhabeeinschränkungen vermeiden lässt (vgl. von Boetticher/Kuhn-Zuber 2022: 93, Rn. 134).

An die Erforderlichkeit sind bestimmte Voraussetzungen geknüpft: Bei der betreffenden Person müssen Rehabilitationsbedarf und Rehabilitationsfähigkeit gegeben sein. Darüber hinaus muss die Wahrscheinlichkeit bestehen, dass das Rehabilitationsziel auch erreichbar ist. Hierbei geht es um die positive Rehabilitationsprognose eines Arztes/ einer Ärztin. Eine zentrale Voraussetzung ist auch die Mitwirkungsbereitschaft der betroffenen Person – sie muss mobil, belastbar und motivierbar sein (vgl. ebd.: 93, Rn. 136). Dass die medizinische Rehabilitation immer noch häufig mit „Kuren" in „Rehabilitationseinrichtungen" identifiziert wird, entspricht weder dem Gesetz noch wird es dem Inhalt der Leistungen und dem was sie bewirken sollen gerecht (vgl. Welti in SWK Behindertenrecht 2018: 789, Rn. 18).

Die primär auf Behinderung bezogene medizinische Rehabilitation hat einen erheblichen Überschneidungsbereich mit der akuten Krankenbehandlung (vgl. ebd.: 788, Rn.13). Während die Krankenbehandlung auf Heilung, Beseitigung oder Vermeidung von Verschlimmerung einer Erkrankung ausgerichtet ist, zielen Leistungen der medizinischen Rehabilitation darauf ab, den möglichen Folgen von Krankheit entgegenzuwirken. Die medizinische Rehabilitation schließt oft unmittelbar an eine Krankenbehandlung an, wenn diese nicht ausreicht, um Fähigkeitsstörungen und Beeinträchtigungen, die als Folgen der Krankheit auftreten können, anzugehen. Das ist regelmäßig der Fall nach einer schweren Erkrankung oder einem Unfall (vgl. BAR 2018: 443).

Bei den Leistungen der medizinischen Rehabilitation und Leistungen zur Teilhabe am Arbeitsleben kann es Überschneidungen geben. Die medizinische Rehabilitation kann dazu beitragen, die Teilhabe am Arbeitsleben zu sichern und wiederherzustellen. Einige Leistungen sind als Leistungen der medizinischen Rehabilitation verankert, für die Teilhabe am Arbeitsleben aber besonders bedeutsam. So können z. B. die Belastungserprobung und die Arbeitstherapie (§ 42 Abs. 2 SGB IX) oder auch eine stufenweise Wiedereingliederung (§ 44 SGB IX) dazu beitragen, die Betroffenen schrittweise an die berufliche Tätigkeit heranzuführen, ihre Arbeitsfähigkeit wiederherzustellen, Erwerbsfähigkeit zu erhalten und Arbeitslosigkeit zu vermeiden (vgl. Welti in SWK Behindertenrecht 2018: 793, Rn. 38).

2.IV.1.1.1 Besondere Formen der medizinischen Rehabilitation

Früherkennung und Frühförderung

Eine spezielle Leistung der medizinischen Rehabilitation ist die Früherkennung und Frühförderung bei Kindern (§§ 42 Abs. 2 Nr. 2, 46 SGB IX i.V.m. der Frühförderungsverordnung (FrühV)). Hier geht es darum, Entwicklungsstörungen von Kindern möglichst frühzeitig zu erkennen und ihnen entgegenzuwirken (vgl. von Boetticher/Kuhn-Zuber 2022: 94, Rn. 141).

Früherkennung und Frühförderung sind interdisziplinäre Teilhabeleistungen, die sich vor allem an noch nicht eingeschulte Kinder mit Behinderungen und von Behinderung bedrohte Kinder richten. Ziel ist es, eine drohende oder bereits eingetretene Behinderung zum frühestmöglichen Zeitpunkt zu erkennen und abzuwenden oder die eingetretene Behinderung durch gezielte Förder- und Behandlungsmaßnahmen auszugleichen oder zu mildern.

Es handelt sich um eine ganzheitliche Komplexleistung, die sich aus verschiedenen Leistungen bzw. Leistungsgruppen zusammensetzt:

- Leistungen zur medizinischen Rehabilitation
  (z. B. ärztliche Behandlung, Physiotherapie, Sprachtherapie, Ergotherapie, sozialpädiatrische oder psychosoziale Leistungen unter ärztlicher Verantwortung);
- Heilpädagogische Leistungen
  (z. B. alle Maßnahmen, die die Entwicklung des Kindes und die Entfaltung seiner Persönlichkeit mit pädagogischen Mitteln anregen, einschließlich der jeweils erforderlichen sozial- und sonderpädagogischen, psychologischen und psychosozialen Hilfen);
- weitere Leistungen wie z. B. Beratung und Unterstützung der Erziehungsberechtigten.

Frühförderung wird in der Regel von interdisziplinären Frühförderstellen oder sozialpädiatrischen Zentren oder vergleichbaren zugelassenen Einrichtungen in ambulanter Form erbracht.

Kinder- und Jugendrehabilitation

Rehabilitation ist keine Frage des Alters. Auch Kinder und Jugendliche können gesundheitliche Einschränkungen haben. Kinder sind keine kleinen Erwachsenen (vgl. BAR 2018: 136). Sie haben eigene Bedürfnisse, die sich von denen

Erwachsener deutlich unterscheiden. Deshalb ist die Rehabilitation für Kinder und Jugendliche nicht dasselbe wie Rehabilitation für Erwachsene.

Leistungen zur medizinischen Rehabilitation für Kinder und Jugendliche sind speziell auf diese Zielgruppe ausgerichtet und dienen der Herstellung bzw. Wiederherstellung einer entwicklungsentsprechenden Teilhabe an allen Lebensbereichen. ADHS, Asthma, Neurodermitis, Adipositas sind nur einige Beispiele für Erkrankungen, die im Kindes- und Jugendalter eine besondere Bedeutung haben (siehe Kapitel 2.I.3). Die Behandlung erfordert eine mehrdimensionale Betrachtungsweise und spezifische Rehabilitationskonzepte. Für die Planung der Rehabilitation muss geklärt werden, welche Bedürfnisse des Kindes bzw. des Jugendlichen und welche Ziele zur Teilhabe verfolgt werden. Ein besonderes Gewicht kann z. B. die Entwicklung von Selbstständigkeit, das Entdecken und Erforschen der Umwelt, die Entwicklung eigener Fähigkeiten und Stärken haben. Zu berücksichtigen ist auch der familiäre und soziale Lebenskontext, der manchmal für den Entschluss zur stationären Leistung anstatt der Nutzung ambulanter Möglichkeiten ausschlaggebend sein kann. Wenn ungünstige psychosomatische und psychosoziale Prozesse im familiären und ambulanten Rahmen vorliegen oder wenn die familiären Verhältnisse dem rehabilitativen Prozess entgegenstehen, kann gerade das Herauslösen des Kindes oder des Jugendlichen aus dem sozialen Umfeld zielführend sein (vgl. BAR 2018:136).

Bei der medizinischen Rehabilitation für Kinder und Jugendliche stehen die jungen Menschen im Mittelpunkt. Vor allem in der Gesetzlichen Rentenversicherung werden die Leistungen auch als „Kinderreha" bezeichnet. Die Eltern und Bezugspersonen werden von Anfang an miteinbezogen, z. B. wenn individuelle Ziele für die Rehabilitation vereinbart werden. Auch ist eine Begleitung des jungen Menschen durch einen Elternteil möglich.

Grundsätzlich kommen die Leistungen für Personen bis zur Vollendung des 18. Lebensjahres – also bis einschließlich 17 Jahre – in Betracht. Unter bestimmten Voraussetzungen auch für junge Erwachsene bis zur Vollendung des 27. Lebensjahres.

Erbracht wird diese Rehabilitationsleistung regelmäßig von Leistungserbringern (z. B. „Reha-Kliniken"), die sich auf chronische Erkrankungen und Gesundheitsprobleme von Kindern und Jugendlichen bzw. von jungen Erwachsenen spezialisiert haben.

Geriatrische Rehabilitation

Rehabilitation greift auch in höherem Lebensalter. Die geriatrische Rehabilitation richtet sich an ältere Menschen, die aufgrund von Erkrankungen oder Verletzungen Unterstützung benötigen, um ihre körperliche und geistige Leistungsfähigkeit zu verbessern. Geriatrische Rehabilitation ist eine zielgruppenspezifische, indikationsübergreifende Form der medizinischen Rehabilitation, die sich an Menschen ab ca. 70 Jahren mit mindestens zwei altersbedingten Erkrankungen richtet, z. B. Herz-Kreislauf-Erkrankungen, Atemwegserkrankungen, Gelenkverschleiß oder Parkinson. Der Bedarf kann auch durch eine akute Erkrankung wie etwa einen Herzinfarkt ausgelöst werden. Zudem müssen alltagsrelevante Beeinträchtigungen bestehen, z. B. bei der Selbstversorgung, der Fortbewegung oder der Kommunikation.

Ziel der geriatrischen Rehabilitation ist es, die Selbstständigkeit so lange wie möglich zu erhalten und Pflegebedürftigkeit zu vermeiden (Reha vor Pflege). Bei einer geriatrischen Reha werden die Rehabilitandinnen und Rehabilitanden umfassend betreut, geschult und mit dem Ziel trainiert, im Alltag selbstständiger zu werden und zu Hause mit möglichst wenig Pflege leben zu können. Wie bei der medizinischen Rehabilitation für Kinder, Jugendliche und Erwachsene gibt es auch bei der geriatrischen Rehabilitation ambulante, mobile und stationäre Rehabilitationsangebote.

Rehabilitationssport und Funktionstraining

Rehabilitationssport und Funktionstraining gehören zwar zu den ergänzenden Leistungen (§ 64 Abs. 1 SGB IX) (siehe Kapitel 1.5), dass es sich um Leistungen der medizinischen Rehabilitation handelt, zeigt das Erfordernis einer ärztlichen Verordnung (vgl. Welti in SWK Behindertenrecht 2018: 793, Rn. 39)

2.IV.1.1.2 Zuständige Träger

Medizinische Rehabilitationsleistungen erbringen:

Die Träger der gesetzlichen Unfallversicherung: Falls ein Arbeitsunfall oder eine Berufskrankheit ursächlich für die Rehabilitationsbedürftigkeit bzw. die Behinderung des Versicherten ist.

Die Träger des sozialen Entschädigungsrechts: Wenn die Rehabilitationsbedürftigkeit oder die Behinderung Folge eines Sonderopfers ist.

Die Träger der gesetzlichen Rentenversicherung und der Alterssicherung für Landwirte: Wenn die Erwerbsfähigkeit des Versicherten erheblich gefährdet oder gemindert ist, ausreichende Vorversicherungszeiten vorliegen sowie persönliche und versicherungsrechtliche Voraussetzungen erfüllt sind.

Die gesetzlichen Krankenkassen: Nachrangig und im Rahmen der Krankenbehandlung, wenn zum Zeitpunkt der Inanspruchnahme der Leistungen die Versicherteneigenschaft vorliegt.

Die Träger der öffentlichen Jugendhilfe: Erbringen medizinische Rehabilitationsleistungen lediglich im Rahmen der Eingliederungshilfe für seelisch behinderte Kinder und Jugendliche.

Die Träger der Eingliederungshilfe: Wenn kein anderer Träger vorrangig zuständig ist (vgl. Luik in LPK-SGB IX 2022: 226 ff).

Für die geriatrische Rehabilitation ist vor allem die Krankenversicherung zuständig.

2.IV.1.2 Leistungen zur Teilhabe am Arbeitsleben

Wenn die Erwerbsfähigkeit und die Erwerbstätigkeit bedroht sind, dann sind es Leistungen zur Teilhabe am Arbeitsleben, die zur Erlangung bzw. Erhaltung der vollen Erwerbsfähigkeit und einer dadurch möglichst dauerhaften Sicherung der Teilhabe am Arbeitsleben von Menschen mit (drohender) Behinderung beitragen können. Zentrale Vorschrift für LTA ist § 49 SGB IX; er enthält einen entsprechend umfassenden Katalog möglicher Leistungen.

Zur Zielerreichung werden vor allem berufsbezogene oder arbeitsplatzbezogene Leistungen eingesetzt. Es geht hierbei um Leistungen, die wesentlich durch das Erlernen beruflicher Erkenntnisse und Fertigkeiten geprägt sind.
Dazu gehören gemäß § 49 Abs. 3, 6 SGB IX z. B.

- Hilfen zur Erlangung oder Erhaltung eines Arbeitsplatzes, z. B. Beratung und Unterstützung, Hilfsmittel/technische Arbeitshilfen, Kfz-Hilfe,
- Berufsvorbereitung,
- Berufliche Anpassung, Aus- und Weiterbildung,
- Förderung der Aufnahme einer selbstständigen Tätigkeit.

Wenn erforderlich, umfassen diese Leistungen auch psychosoziale Hilfen, z. B.:

- Hilfen zur Unterstützung bei der Krankheits- und Behinderungsverarbeitung,
- Hilfen zur Aktivierung von Selbsthilfepotenzialen,
- Hilfen zur seelischen Stabilisierung und zur Förderung der sozialen Kompetenz,
- Vermittlung von Kontakten zu örtlichen Selbsthilfe- und Beratungsmöglichkeiten,
- Training lebenspraktischer und motorischer Fähigkeiten.
- Ausgangspunkt für die Wahl der passenden Leistungen ist die Leistungsfähigkeit, die persönliche Neigung und der bisherige Beruf.

Teilhabe am Arbeitsleben, d. h. am allgemeinen Arbeitsmarkt, kann nur gelingen, wenn Arbeitgeber bereit sind, Menschen mit Behinderungen zu beschäftigen. Das Besondere an der Gruppe der Leistungen zur Teilhabe am Arbeitsleben ist deshalb, dass sie auch Leistungen umfasst, die unmittelbar an Arbeitgebende erbracht werden, wie

- Ausbildungszuschüsse,
- Eingliederungszuschüsse,
- Zuschüsse zu Arbeitshilfen im Betrieb,
- teilweise oder volle Kostenerstattung für eine befristete Probebeschäftigung (§ 50 SGB IX).

2.IV.1.2.1 Einzelne Leistungen

Arbeitsassistenz ist eine Leistung für schwerbehinderte Menschen, die bei der Ausübung ihres Berufs persönliche Hilfe in Form einer regelmäßig wiederkehrenden, kontinuierlichen Unterstützung durch eine Arbeitskraft benötigen, die sie in der Regel selbst beauftragen (§ 49 Abs. 8 Nr. 3 SGB IX). Als Arbeitsassistenz sind Tätigkeiten denkbar wie Hilfstätigkeiten durch Vorlesekräfte, der Einsatz von Gebärdensprach- oder Schriftdolmetschenden oder körperliche Unterstützungstätigkeiten wie das Anreichen von Akten, Kopieren, Headsets aufsetzen. Entscheidend ist, dass die geforderte Arbeitsleistung vom Menschen mit Behinderung selbst erbracht wird und die Assistenzleistung lediglich eine Handreichung dazu darstellt.

Unterstützte Beschäftigung soll Menschen mit Behinderungen dabei unterstützen, eine angemessene, geeignete und sozialversicherungspflichtige Beschäftigung zu erlangen und zu erhalten. Die Leistung richtet sich an Menschen, für die eine Beschäftigung auf dem allgemeinen Arbeitsmarkt infrage kommen kann, die dafür aber einer besonderen Unterstützung bedürfen. Die Leistung umfasst eine individuelle betriebliche Qualifizierung und ggf. eine Berufsbegleitung unmittelbar am Arbeitsplatz (§ 55 SGB IX). Die Leistung kommt z. B. in Betracht für Schulabgänger mit einem Leistungsvermögen im Grenzbereich der Anforderungen des allgemeinen Arbeitsmarktes, für lernbehinderte Menschen im Grenzbereich zwischen Lernbehinderung und geistiger Behinderung, für Erwachsene mit Berufserfahrung, die z. B. psychisch erkrankt sind und deren Leistungsvermögen infolge dessen im Grenzbereich der Anforderungen des allgemeinen Arbeitsmarktes liegt, für Beschäftigte einer WfbM, die damit den Übergang auf den allgemeinen Arbeitsmarkt schaffen können.

Das *Budget für Ausbildung* unterstützt Menschen mit Behinderungen dabei, eine berufliche Ausbildung auf dem allgemeinen Arbeitsmarkt zu absolvieren und bietet damit eine Alternative zu Leistungen in einer WfbM. Die Leistung richtet sich vor allem an Menschen, die ansonsten Anspruch auf Leistungen in einer WfbM haben (vgl. §§ 57 f., 61a, 219 Abs. 1 SGB IX). Die Leistung umfasst insbesondere eine Erstattung der angemessenen Ausbildungsvergütung sowie Aufwendungen für die Anleitung und Begleitung am Ausbildungsplatz und in der Berufsschule und erforderliche Fahrtkosten. Dadurch sollen Arbeitgeber motiviert werden, trotz behinderungsbedingter Einschränkungen einen regulären Ausbildungsvertrag abzuschließen.

Das *Budget für Arbeit* soll Menschen mit Behinderungen eine Alternative zur Beschäftigung im Arbeitsbereich einer WfbM bieten und ihnen die Möglichkeit geben, ein sozialversicherungspflichtiges Arbeitsverhältnis auf dem allgemeinen Arbeitsmarkt einzugehen. Die Leistung erhalten vor allem Menschen mit Behinderungen, die wegen der Art und Schwere ihrer Behinderung (noch) nicht auf dem allgemeinen Arbeitsmarkt tätig sein können und deshalb Anspruch auf Leistungen im Arbeitsbereich einer WfbM haben (vgl. §§ 58, 219 Abs. 1 SGB IX), für die aber mithilfe des Budgets eine Tätigkeit in einem sozialversicherungspflichtigen Arbeitsverhältnis möglich ist. Die Leistung umfasst einen Lohnkostenzuschuss und Aufwendungen für die Anleitung und Begleitung am Arbeitsplatz. Arbeitgeber sollen motiviert werden, trotz behinderungsbedingter Leistungsminderungen einen Arbeitsvertrag abzuschließen.

2.IV.1.2.2 Weitere Leistungen

Zu den Leistungen zur Teilhabe am Arbeitsleben zählen auch die Leistungen der Begleitenden Hilfe im Arbeitsleben 2.IV.1.6, die von den Integrationsämtern/Inklusionsämtern (siehe Kapitel 2.IV.2.3.8) erbracht werden und für Menschen mit Schwerbehinderung und deren Arbeitgeber zur Verfügung stehen

Auch Leistungen in einer Werkstatt für behinderte Menschen (WfbM) zählen zu den Leistungen zur Teilhabe am Arbeitsleben (vgl. §§ 56 ff. und 219 ff. SGB IX). Sie richten sich insbesondere an Menschen, die wegen der Art oder Schwere der Behinderung nicht/noch nicht wieder auf dem allgemeinen Arbeitsmarkt tätig sein können und voraussichtlich in der Lage sind, zumindest ein Mindestmaß wirtschaftlich verwertbarer Arbeitsleistung zu erbringen. Die WfbM fördert den Übergang geeigneter Personen auf den allgemeinen Arbeitsmarkt.

Ziele der Leistungen sind insbesondere

- die Leistungs- oder Erwerbsfähigkeit der Menschen mit Behinderungen zu erhalten, zu entwickeln, zu verbessern oder wiederherzustellen,
- die Persönlichkeit dieser Menschen weiterzuentwickeln und
- den Menschen eine Beschäftigung zu ermöglichen oder zu sichern,
- den Übergang in eine Beschäftigung auf dem allgemeinen Arbeitsmarkt zu fördern .

Die Leistungen können auch bei einem anderen Leistungsanbieter, der die fachlichen Anforderungen erfüllt, in Anspruch genommen werden (§ 60 SGB IX).

2.IV.1.2.3 Zuständige Träger

Leistungen zur Teilhabe am Arbeitsleben werden erbracht durch die Träger der gesetzlichen Rentenversicherung, die Bundesagentur für Arbeit (nachrangig), die Träger der gesetzlichen Unfallversicherung, die Träger des Sozialen Entschädigungsrechts, die Träger der Jugendhilfe und die Träger der Eingliederungshilfe.

2.IV.1.3 Leistungen zur Sozialen Teilhabe

Leistungen zur sozialen Teilhabe sollen Leistungsberechtigte unterstützen, ein möglichst selbstbestimmtes und eigenverantwortliches Leben im eigenen

Wohnraum und auch in der Freizeit in ihrem Sozialraum zu führen (§ 76 Abs. 1 SGB IX).

Zur Zielerreichung können folgende Leistungen eingesetzt werden:

- Leistungen für Wohnraum, z. B. zum Beschaffen von Wohnraum,
- Assistenzleistungen, z. B. zur Haushaltsführung, Gestaltung sozialer Beziehungen, zur persönlichen Lebensplanung, zur Teilhabe am gemeinschaftlichen und kulturellen Leben,
- heilpädagogische Leistungen,
- Leistungen zum Erwerb und Erhalt praktischer Kenntnisse und Fähigkeiten, z. B. zum Erlernen hauswirtschaftlicher Tätigkeiten und sonstiger praktischer Handlungen,
- Leistungen zur Förderung der Verständigung, z. B. Gebärdensprachdolmetscher,
- Leistungen zur Mobilität (z. B. Beförderungsdienst oder Fahrzeug),
- Hilfsmittel zur sozialen Teilhabe (§76 Abs. 2 SGB IX).

2.IV.1.3.1 Besonderheiten

Die Leistungen werden nur dann gewährt, wenn der bestehende Bedarf nicht oder nicht ausreichend durch Leistungen der anderen Leistungsgruppen gedeckt werden kann.

2.IV.1.3.2 Zuständige Träger

Für Leistungen zur sozialen Teilhabe können die Träger der gesetzlichen Unfallversicherung, die Träger der öffentlichen Jugendhilfe, die Träger der Eingliederungshilfe und die Träger des Sozialen Entschädigungsrechts zuständig sein.

2.IV.1.4 Leistungen zur Teilhabe an Bildung

Mit Inkrafttreten des BTHG wurden Leistungen zur Teilhabe an Bildung als neue Leistungsgruppe in das Gesetz aufgenommen.

Die Leistungen umfassen z. B.

- Hilfen zur Schulbildung im Rahmen der Schulpflicht und auch der Vorbereitung hierzu,
- Hilfen zur schulischen Berufsausbildung,
- Hilfen zur Hochschulausbildung,

■ Hilfen zur schulischen und hochschulischen beruflichen Weiterbildung (§ 75 Abs. 2 SGB IX).

Zu den Hilfen können z. B. Hilfsmittel oder Assistenzleistungen zur Begleitung auf dem Weg in die Schule oder zur Unterstützung in der Schule gehören.

Der offene Leistungskatalog umfasst keine speziellen Bildungsangebote. Es geht um unterstützende Leistungen, die die Wahrnehmung von allgemein- oder berufsbildenden Schulangeboten sowie Hochschulangeboten einschließlich entsprechender beruflicher Weiterbildungsangebote ermöglichen. Das können kommunikative, technische oder andere Hilfsmittel sowie Hilfen zum Aufsuchen des Lernortes und/oder der Teilnahme am jeweiligen Unterricht sein. Typisches Beispiel für eine solche Leistung ist die sogenannte Schulbegleitung bzw. die Integrations- oder Inklusionshilfe. Dies sind Assistenzkräfte, die Menschen mit Behinderungen in der Bildungsveranstaltung begleiten und sie bei der Teilnahme und an der Aufnahme der Bildungsinhalte unterstützen (vgl. von Boetticher/Kuhn-Zuber 2022: 125, Rn. 216).

Ziel der Leistungen ist es, Menschen mit Behinderungen Zugang zum allgemeinen Bildungssystem zu ermöglichen. Der Umsetzung inklusiver Bildung und damit den Leistungen kommt ein besonderer Stellenwert zu: Gleichberechtigt mit anderen sollen Menschen mit Behinderungen einen gleichberechtigten Zugang zum Schulunterricht, zur allgemeinen Hochschul- und Berufsausbildung, zur Erwachsenenbildung und lebenslangem Lernen haben (vgl. BT-Drs. 18/9522: 259). Damit wird einem zentralen Ziel der UN-BRK, eine inklusive Bildung durch gemeinsames Lernen von Menschen mit und ohne Behinderungen zu ermöglichen, Rechnung getragen.

2.IV.1.4.1 Besonderheiten

Für die Nutzung dieser Leistungen kommt es auf die gleichberechtigte Wahrnehmung eines Bildungsangebotes als vorrangiges Eingliederungsziel an. Wenn hingegen z. B. der Erwerb einer konkreten beruflichen Qualifikation zur Ausübung eines bestimmten Berufs als solcher im Vordergrund steht (z. B. bei einer Berufsausbildung), stehen eher Leistungen zur Teilhabe am Arbeitsleben im Vordergrund.

Ergänzend kommt es auf den Schwerpunkt der benötigten Unterstützung bzw. der Leistungen in einer bestimmten Lebenssituation an. Werden z. B. im Schwerpunkt medizinische Leistungen benötigt, wird es sich häufig um eine medizinische Rehabilitation handeln.

2.IV.1.4.2 Zuständige Träger

Als zuständige Träger für Leistungen zur Teilhabe an Bildung kommen die gesetzliche Unfallversicherung, die Träger der Jugendhilfe, die Träger der Eingliederungshilfe und die Träger des Sozialen Entschädigungsrechts in Betracht.

2.IV.1.5 Unterhaltssichernde und andere ergänzende Leistungen

Unterhaltssichernde und andere ergänzende Leistungen (§§ 64, 65 SGB IX) dienen in erster Linie der finanziellen Absicherung und familiären Versorgung während des Bezugs von Leistungen zur medizinischen Rehabilitation oder von Leistungen zur Teilhabe am Arbeitsleben. Sie können zusätzlich erbracht werden und ergänzen damit die „Hauptleistung".

Zu den Leistungen gehören z. B.

- Krankengeld, Übergangsgeld, Verletztengeld, Versorgungskrankengeld,
- Reisekosten, Haushaltshilfe, Kinderbetreuungskosten,
- Betriebshilfe (im Bereich der Alterssicherung für Landwirte),
- Rehabilitationssport und Funktionstraining.

Rehabilitationssport und Funktionstraining können Reha- und Teilhabeleistungen ergänzen, um das angestrebte Teilhabeziel zu erreichen oder zu sichern (vgl. § 64 Abs. 1 Nr. 3 und 4 SGB IX). Mit Rehabilitationssport und Funktionstraining soll die Verantwortlichkeit für die eigene Gesundheit gestärkt werden, um langfristig selbstständig und eigenverantwortlich Bewegungstraining durchführen zu können. Zum Einsatz kommen bewegungstherapeutische Inhalte und Übungen, die in der Gruppe unter fachkundiger Leitung bzw. Anleitung durchgeführt werden.

Ziele beim Rehabilitationssport sind insbesondere,

- die allgemeine gesundheitsbezogene Fitness (Kraft, Ausdauer, Koordination und Beweglichkeit) zu stärken,
- das Selbstbewusstsein von behinderten oder von Behinderung bedrohten Menschen zu stärken und Hilfe zur Selbsthilfe zu bieten.

Ziele beim Funktionstraining sind insbesondere

- der Erhalt und die Verbesserung von Funktionen des Stütz- und Bewegungsapparates,
- die Schmerzlinderung,

- die Bewegungsverbesserung,
- die Unterstützung bei der Krankheitsbewältigung und die Hilfe zur Selbsthilfe.

2.IV.1.5.1 Zuständige Träger

Ergänzende Leistungen werden erbracht durch die gesetzlichen Krankenkassen, die Bundesagentur für Arbeit, die Träger der gesetzlichen Unfallversicherung, die Träger der gesetzlichen Rentenversicherung, die Träger des Sozialen Entschädigungsrechts. Die Zuständigkeit liegt in der Regel bei dem Rehabilitationsträger, der auch für die „Hauptleistung" (medizinische Rehabilitation oder Leistungen zur Teilhabe am Arbeitsleben) zuständig ist.

2.IV.1.6 Begleitende Hilfe im Arbeitsleben

Neben und zusätzlich zu den Leistungen der Rehabilitationsträger kommen auch Leistungen der begleitenden Hilfe im Arbeitsleben durch die Integrations- bzw. Inklusionsämter in Betracht (siehe Kapitel 2.IV.2). Ihre Leistungen richten sich an Menschen mit anerkannter Schwerbehinderung bzw. ihnen gleichgestellte Menschen (vgl. Kapitel 2.I.2).

Zu den Leistungen der begleitenden Hilfe im Arbeitsleben gehören u. a. (vgl. § 185 Abs. 3 SGB IX i.V.m. § 17 Schwerbehindertenausgleichsabgabeverordnung (SchwbAV)):

- Technische Arbeitshilfen,
- Hilfen zum Erreichen des Arbeitsplatzes,
- Behinderungsgerechte Einrichtung von Arbeits- und Ausbildungsplätzen,
- Prämien und Zuschüsse zu den Kosten der Berufsausbildung.

Die Hilfen werden erbracht als:

- Finanzielle Leistungen,
- Technische Beratung bei der Arbeitsplatzgestaltung,
- Psychosoziale Beratung und Betreuung durch Integrationsfachdienste (IFD).

Die Leistungen richten sich an berufstätige schwerbehinderte und ihnen gleichgestellte Menschen und an ihre Arbeitgeber.

Von ihren Zielen, sollen Leistungen der Begleitenden Hilfe im Arbeitsleben dahin wirken, dass die schwerbehinderten Menschen

- in ihrer sozialen Stellung nicht absinken,
- auf Arbeitsplätzen beschäftigt werden, auf denen sie ihre Fähigkeiten und Kenntnisse voll verwerten und weiterentwickeln können,
- durch Leistungen der Rehabilitationsträger und Maßnahmen der Arbeitgeber befähigt werden, sich am Arbeitsplatz und im Wettbewerb mit nichtbehinderten Menschen zu behaupten (§ 185 Abs. 2 SGB IX).

2.IV.1.6.1 Besonderheiten

Zuständig für die Begleitende Hilfe ist das Integrationsamt/Inklusionsamt, das die Leistungen zum Teil selbst erbringt oder bei Bedarf aber auch externe Dienste einschaltet, z. B. den Integrationsfachdienst, wenn es um psychosoziale Betreuung geht.

Leistungen der Begleitenden Hilfe im Arbeitsleben können eigenständig oder auch ergänzend zu Leistungen der Rehabilitationsträger erbracht werden. Von den versichertenzentrierten Leistungen zur Teilhabe am Arbeitsleben hebt sich die Begleitende Hilfe ab: Sie umfasst breitgefächerte Maßnahmen und Leistungen von behinderungsspezifischer Beratung, technischer Beratung, finanziellen Leistungen bis hin zu Schulungen innerbetrieblicher Funktionsträger wie der Schwerbehindertenvertretung. Zum anderen unterscheiden sich die Leistungen auch dadurch, dass sie keiner Befristung unterliegen und als laufende Leistungen auch dauerhaft erbracht werden können. Hierzu zählen z. B. Lohnkostenzuschüsse oder auch die langfristige psychosoziale Betreuung durch einen Integrationsfachdienst.

Einige Leistungen stehen sowohl im Katalog der Rehabilitationsträger als auch der Inklusionsämter. Für eine Abgrenzung der Zuständigkeit gilt: Wenn die Leistungen wegen einer gesundheitsbedingten Gefährdung des Arbeitsplatzes erforderlich sind, wird der Rehabilitationsträger zuständig sein. Für arbeitsplatzbezogene oder betriebsbedingte Maßnahmen zum Erhalt oder der Verbesserung der Beschäftigungsbedingungen wird eher das Inklusionsamt zuständig sein.

2.IV.2 Akteure im Reha-Geschehen

Zusammenfassung
In diesem Kapitel geht es um folgende Fragen: Welches sind die maßgeblichen Akteure im Reha-Geschehen?

Wer sind die Leistungsträger? Welche Anbieter gibt es für die Erbringung der Leistungen?

Wie sind die Akteure aufgestellt? Was sind ihre Besonderheiten? Wie sind ihre Aufgaben und Rollen im System? Wie sind ihre Verbindungen zueinander?

2.IV.2.1 Menschen mit Behinderungen

Wenn es für das Recht der Rehabilitation und Teilhabe heißt: „Der Mensch im Mittelpunkt" (BT-Drs. 18/9522: 191), dann ist dies nur folgerichtig:

1. Ohne Menschen mit Unterstützungsbedarf gäbe es kein System für Rehabilitation und Teilhabe.
2. Bestmögliche Teilhabe kann nur vom Individuum ausgehen. Ausgangspunkt für die Nutzung der Leistungen ist stets der Mensch selbst und seine ganz persönliche Bedarfslage.
3. Der Mensch mit Behinderung ist das Kontinuum im Reha-Prozess.

Die Anforderung, den Menschen mit Behinderung in den Mittelpunkt zu stellen, ist nicht nur Programmsatz, sondern spiegelt sich in den Vorschriften des SGB IX wieder. Personenzentrierung, Partizipation, Beteiligungs-, Mitwirkungs- und Mitbestimmungsrechte stärken die Rolle der Menschen mit Behinderungen und machen sie zu Akteuren im Reha-Geschehen. Diese aktive Rolle umfasst Ansprüche und Rechte, fordert aber auch eine aktive Mitwirkung und damit die Übernahme von Verantwortung.

Allerdings ist es auch Aufgabe der Rehabilitationsträger, Menschen mit Behinderung darin zu bestärken und zu unterstützen, Partizipation zu leben und sich am Prozess zu beteiligen und mitzuwirken (siehe Kapitel 3.III.3).

2.IV.2.2 Sozialleistungsträger

2.IV.2.2.1 Überblick

Rehabilitationsträger sind die in § 6 Abs. 1 SGB IX genannten Sozialleistungsträger, die für Leistungen zur Teilhabe von Menschen mit Behinderungen in der Gesellschaft zuständig sind:

- die gesetzlichen Krankenkassen (GKV),
- die Bundesagentur für Arbeit (BA),
- die Träger der gesetzlichen Unfallversicherung (UV),

- die Träger der gesetzlichen Rentenversicherung (DRV), der Träger der Alterssicherung der Landwirte ,
- die Träger des Sozialen Entschädigungsrechts (SER).
- die Träger der öffentlichen Jugendhilfe (JH),
- die Träger der Eingliederungshilfe (EGH).

Daneben gibt es Sozialleistungsträger, die nicht Rehabilitationsträger sind, aber unter bestimmten Bedingungen in das Reha-Geschehen einbezogen werden:

- die Inklusionsämter/Integrationsämter oder die Jobcenter (§ 22 Abs. 3 SGB IX)
- die Pflegekassen (§ 22 Abs. 2 SGB IX)

Die Sozialleistungsträger unterscheiden sich nicht nur über ihre Aufgaben, sondern auch über die Quellen, aus denen sie ihre Leistungen finanzieren:

- Bundesagentur für Arbeit, Rentenversicherung, Krankenkassen, Unfallversicherung bilden die Gruppe der Sozialversicherungsträger. Ihre Finanzierung erfolgt im Wesentlichen über die Sozialversicherungsbeiträge der Arbeitnehmerinnen und Arbeitnehmer und der Arbeitgeber.
- Die Träger Eingliederungshilfe, des Sozialen Entschädigungsrechts und der Jugendhilfe sind steuerfinanziert, d. h. die von ihnen erbrachten Leistungen der Rehabilitation werden aus Steuermitteln finanziert.
- Die Inklusionsämter bzw. Integrationsämter finanzieren ihre Leistungen aus der sogenannten Ausgleichsabgabe.[21]

Die Sozialversicherungsträger sind einerseits Teil der öffentlichen Verwaltung (vgl. Buschmann-Steinhage 2022:95), andererseits sind sie vom Staat getrennt und sowohl finanziell wie organisatorisch selbstständig. Ihre Organisation und Steuerung basiert auf dem Prinzip der Selbstverwaltung und erfolgt durch die Arbeitgeber und die Versicherten (vgl. Kapitel 2.IV.3).

Rehabilitationsträger aus dem steuerfinanzierten Bereich sind staatlich verantwortet. In der Regel sind diese Träger auf Ebene der Bundesländer über die jeweils zuständige oberste Landesbehörde oder in Kommunalverbänden höherer Ordnung als überörtliche Träger organisiert. In manchen Bundesländern erfolgt eine zusätzliche Aufteilung nach örtlicher Trägerschaft. Näheres re-

---

21 Die Ausgleichsabgabe basiert auf der Pflicht aller Arbeitgeber mit mindestens 20 Arbeitsplätzen, auf 5 Prozent ihrer Arbeitsplätze Menschen mit einer Schwerbehinderung zu beschäftigen. Arbeitgeber, die diese Beschäftigungspflicht nicht erfüllen, müssen eine Ausgleichsabgabe zahlen, aus denen die Inklusionsämter Leistungen der Begleitenden Hilfe im Arbeitsleben erbringen.

geln die jeweiligen Landesausführungsgesetze (vgl. Teilhabeverfahrensbericht 2024: 209).

Die Anzahl der Rehabilitationsträger ist innerhalb der Trägerbereiche, aber auch von Bundesland zu Bundesland sehr heterogen verteilt. Sie ist dynamisch und kann sich jährlich ändern.

Stand 2023 gibt es in Deutschland 1.267 Rehabilitationsträger:

- 96 Träger der Gesetzlichen Krankenversicherung (GKV)
- 1 Träger der Bundesagentur für Arbeit (BA)
- 34 Träger der Gesetzlichen Unfallversicherung (UV)
- 17 Träger der Gesetzlichen Rentenversicherung (RV)
- 258 Träger des Sozialen Entschädigungsrechts (SER) (ab 1.1.2024: 94 Träger).
- 552 Träger der öffentlichen Jugendhilfe (JH)
- 309 Träger der Eingliederungshilfe (EGH).

An der Anzahl gemessen bilden die 552 Rehabilitationsträger der öffentlichen Jugendhilfe den größten Trägerbereich, gefolgt vom Trägerbereich der Eingliederungshilfe mit 309 Rehabilitationsträgern. Die Sozialversicherungsträger machen zusammen anteilig 12 Prozent aller Rehabilitationsträger aus. Aufgrund der unterschiedlichen Zuständigkeitsverortungen und Landesausführungsgesetze variiert die Anzahl der steuerfinanzierten Träger von Bundesland zu Bundesland.

Die Änderungen sind durch Strukturänderungen oder durch gesetzliche Vorgaben bedingt. So zeichnen sich durch die Einführung des SGB XIV sowie des Kinder- und Jugendstärkungsgesetzes zwei Gesetzesvorhaben ab, die unmittelbare Auswirkungen haben auf die Anzahl der Rehabilitationsträger insgesamt und die Verteilung ihrer Anteile in den jeweiligen Trägerbereichen (vgl. von Boetticher/Kuhn-Zuber 2022: 51, Rn. 64). Mit Inkrafttreten des SGB XIV zum 1.1.2024 reduziert sich die Zahl der Träger der Sozialen Entschädigung von 256 auf 94 (vgl. Czedik et al. 2025: 6).

Alle Rehabilitationsträger haben die Aufgabe, Leistungen der Rehabilitation und Teilhabe zu finanzieren, also die Kosten zu tragen. Sie nur als Kostenträger zu betrachten, wäre verkürzt – die Bezeichnung Leistungsträger wird ihren Aufgaben gerecht. Denn neben der Finanzierungsverantwortung haben die Rehabilitationsträger auch eine Strukturverantwortung (vgl. Buschmann-Steinhage 2022, 94). Sie haben das Recht, die Art und Weise der Rehabilitation im Einzelfall zu bestimmen und müssen dafür Sorge tragen, dass die fachlich

Abbildung 8: Bin ich Reha-Träger – und wenn ja: wie viele? (Quelle: Bundesarbeitsgemeinschaft für Rehabilitation e.V. (BAR) 2024: 37)

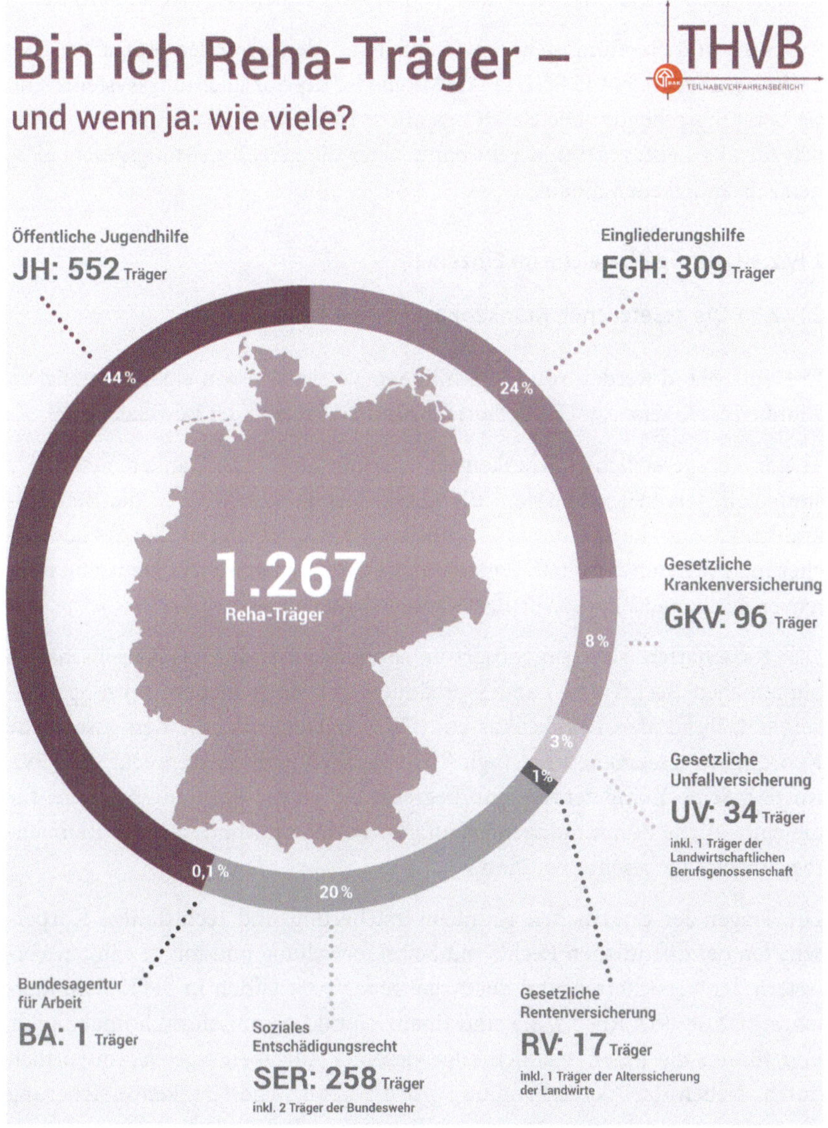

und regional erforderlichen Rehabilitationsdienste und Rehabilitationseinrichtungen (siehe Kapitel 2.4) zur Verfügung stehen. Diese Verantwortung umfasst sowohl deren Anzahl wie auch die Qualität ihrer Arbeit (§ 36 Abs. 1 SGB IX).

Auskunft und Beratung gehören ebenfalls zu den zentralen Aufgaben aller Leistungsträger (§§ 14,15 SGB I). Als Mitglieder des Sozialleistungssystems sind sie beratungspflichtig. Die Beratungspflicht ist umfassend; sie gilt grundsätzlich für alle Leistungen und geht damit über die gemäß Leistungsgesetz eigenen Zuständigkeiten hinaus.

2.IV.2.3 Die Trägerbereiche im Einzelnen

2.IV.2.3.1 Die gesetzlichen Krankenkassen

In Deutschland werden rund 75 Millionen Versicherte von einer gesetzlichen Krankenkasse versorgt. Das entspricht rund 90 Prozent der Bevölkerung.[22]

Träger der gesetzlichen Krankenversicherung sind die Krankenkassen. Sie sind gegliedert in Kassenarten: die Ortskrankenkassen (AOK), die Betriebskrankenkassen, die Innungskrankenkassen, die Ersatzkassen, die Sozialversicherung für Landwirtschaft, Forsten und Gartenbau sowie die Deutsche Rentenversicherung Knappschaft-Bahn-See als Krankenkasse.

Die Kassenarten sind organisiert in Bundesverbänden als Gesellschaften bürgerlichen Rechts und Landesverbänden und diese wiederum im Spitzenverband Bund der Krankenkassen (GKV-Spitzenverband), der gesetzliche Koordinierungsaufgaben hat (vgl. Welti in SWK Behindertenrecht 2018:797, Rn. 65). Seine Kompetenzen sind begrenzt auf solche Regelungsbereiche, für die einheitliche Bestimmungen - häufig in Form von Mindest- oder Rahmenregelungen - vorgeschrieben sind.

Die Träger der gesetzlichen Krankenversicherung sind rechtsfähige Körperschaften des öffentlichen Rechts mit Selbstverwaltung und mit gewählten Vertretern der Versicherten und der Arbeitgeber (vgl. Ulrich in SWK Behindertenrecht 2018: 917, Rn. 2). Sie sind finanziell und organisatorisch unabhängig und führen die ihnen staatlich zugewiesenen Aufgaben eigenverantwortlich durch. Neben der Akutbehandlung hat die gesetzliche Krankenversicherung die Aufgabe, mit Leistungen der medizinischen Rehabilitation Behinderung und Pflegebedürftigkeit zu vermeiden, zu mildern oder zu beseitigen.

---

22   www.gkv-spitzenverband.de (12.8.2025).

Unter den Krankenkassen gilt das Wettbewerbsprinzip: Mit der wettbewerblichen Ausrichtung des Krankenversicherungssystems verfolgt der Gesetzgeber das Ziel, die Krankenkassen in ein Konkurrenzverhältnis untereinander zu stellen, um Innovationen im Gesundheitswesen und Serviceorientierung gegenüber den Versicherten zu fördern. Dies führt zwangsläufig zu einem gewissen Spannungsverhältnis zwischen dem öffentlich-rechtlichen Verwaltungsauftrag und kassenindividuellen Wettbewerbsstrategien um neue Mitglieder.[23]

Die Anzahl der Krankenkassen hat sich im Laufe der Jahre ständig reduziert – von 1.815 Krankenkassen 1970 auf 1.147 im Jahr 1990. Im Jahr 2000 waren es noch 420. Zum 1. Januar 2024 liegt die Zahl der Kassen bei 95.[24]

Weitere Informationen: GKV-Spitzenverband: www.gkv-spitzenverband.de und auf den Webseiten der einzelnen Krankenkassen.

2.IV.2.3.2 Die Bundesagentur für Arbeit

Die Bundesagentur für Arbeit (BA) ist Trägerin der Arbeitsförderung und Arbeitslosenversicherung und der Grundsicherung für Arbeitssuchende. Sie ist auch Rehabilitationsträger für Leistungen zur Teilhabe am Arbeitsleben sowie unterhaltssichernde und andere ergänzende Leistungen.

Die BA ist eine rechtsfähige bundesunmittelbare Körperschaft des öffentlichen Rechts mit Selbstverwaltung (vgl. Ulrich in SWK Behindertenrecht 2018: 917, Rn. 3). Im Vergleich zu den anderen Rehabilitationsträgern ist die BA aufgrund ihrer Organisationsstruktur keinem Trägerbereich zugeordnet, sie agiert als solitärer Rehabilitationsträger (Teilhabeverfahrensbericht 2024: 194).

Vorstand und Verwaltungsrat legen die Strategie der BA fest. Obere Verwaltungsebene ist die Zentrale der Bundesagentur für Arbeit mit Sitz in Nürnberg. Die Zentrale entwickelt Produkte und Programme und führt die Regionaldirektionen. Die mittlere Verwaltungsebene besteht aus zehn Regionaldirektionen. Sie führen die Agenturen für Arbeit und sind für den Erfolg der regionalen Arbeitsmarktpolitik verantwortlich. Bundesweit ist die BA mit 150 Agenturen für Arbeit (AA) und etwa 600 Geschäftsstellen präsent. Gemeinsam mit den Landkreisen oder kreisfreien Städten sind die AA für 300 Jobcenter in gemeinsamer Einrichtung verantwortlich (vgl. ebd.).

---

23 https://www.bundesamtsozialesicherung.de(12.8.2025)
24 www.gkv-spitzenverband (12.8.2025)

Mit der Verabschiedung des Teilhabestärkungsgesetzes (BGBl. I 2021) erfolgt die Einbindung der Jobcenter in die Rehabilitation: Das Leistungsangebot der Jobcenter für Rehabilitanden wird um SGB II-spezifische Eingliederungsleistungen erweitert und die Jobcenter können ihre Vermittlungstätigkeit durch vermittlungsunterstützende Leistungen flankieren (vgl. Tabbara 2021: 668). Die Jobcenter sind zwar nicht selbst Rehabilitationsträger, wirken aber gemäß § 6 Abs. 3 SGB IX mit an der Entscheidung über Leistungen zur Teilhabe am Arbeitsleben für erwerbsfähige Leistungsberechtigte mit Behinderungen. Zuständig für die Leistungen zur Teilhabe am Arbeitsleben gemäß SGB II bleibt nach wie vor die Bundesagentur für Arbeit, die einen entsprechenden Eingliederungsvorschlag über LTA-Leistungen macht, über den dann das Jobcenter abschließend entscheidet.

Jobcenter und Rehabilitationsträger sollen Eingliederungs- und Rehabilitationsleistungen aufeinander abstimmen, verzahnen und Informationen über bereits bewilligte Rehabilitationsleistungen abgleichen (vgl. ebd.: 669). Im Teilhabeplanverfahren haben die Jobcenter Mitwirkungs- und Steuerungsmöglichkeiten.

Als Rehabilitationsträger hat die BA die Aufgabe, die dauerhafte Integration in den Ausbildungs- und Arbeitsmarkt von Menschen mit Behinderungen und von Behinderung bedrohten Menschen zu fördern. Dafür erbringt sie Leistungen zur Teilhabe am Arbeitsleben, z. B. finanzielle Leistungen für die Teilnahme an beruflichen Bildungsmaßnahmen, einen Gründungszuschuss bei Aufnahme einer selbstständigen Tätigkeit, die Erstattung von Bewerbungs- und Reisekosten etc. Im Verhältnis zu anderen Trägern, die ebenfalls LTA erbringen, ist die BA *nachrangig* zuständig.

Jede AA verfügt über ein Rehabilitationsteam mit speziell qualifizierten Mitarbeiterinnen und Mitarbeitern. Aufgabe der Beratungs- und Vermittlungsfachkräfte in den operativen Bereichen der AA sowie den gemeinsamen Einrichtungen (Jobcenter) ist die proaktive Identifizierung möglicher Rehabilitationsbedarfe. Zahlenmäßig bildet die berufliche Ersteingliederung junger Menschen am Übergang von der Schule in den Beruf einen Schwerpunkt. Dabei liegt die Verantwortung für die Identifikation und Bedarfserkennung bei allen Mitarbeitern der BA. Die berufliche Orientierung und Beratung von Schülerinnen und Schülern setzen deshalb schon sehr frühzeitig ein. Bei erwachsenen Rehabilitanden handelt es sich im Wesentlichen um erwerbslose Menschen, bei denen die Wiedereingliederung in den ersten Arbeitsmarkt unterstützt wird.

Grundlage der Arbeit der Reha-Beratungsfachkräfte sind die bei der BA geltenden Fachlichen Weisungen SGB IX und SGB III sowie SGB II.[25]

2.IV.2.3.3 Die Träger der gesetzlichen Unfallversicherung

Träger der gesetzlichen Unfallversicherung sind die gewerblichen Berufsgenossenschaften (BG), die Gemeindeunfallversicherungsverbände, die Unfallkassen des Bundes, der Länder und im kommunalen Bereich als Ausführungsbehörden für die Unfallversicherung, die Feuerwehrunfallkassen, die Unfallversicherung Bund und Bahn (UVB), die Berufsgenossenschaft Verkehrswirtschaft Post-Logistik Telekommunikation (BG Verkehr).

Die neun gewerblichen Berufsgenossenschaften sind nach Branchen orientiert:

- Berufsgenossenschaft Rohstoffe und chemische Industrie (BG RCI)
- Berufsgenossenschaft Holz und Metall (BG HM)
- Berufsgenossenschaft Energie Textil Elektro Medienerzeugnisse (BG ETEM)
- Berufsgenossenschaft Nahrungsmittel und Gastgewerbe (BGN)
- Berufsgenossenschaft der Bauwirtschaft – BG BAU
- Berufsgenossenschaft Handel und Warenlogistik (BGHW)
- Verwaltungs-Berufsgenossenschaft (VBG)
- Berufsgenossenschaft Verkehrswirtschaft Post-Logistik Telekommunikation (BG Verkehr)
- Berufsgenossenschaft für Gesundheitsdienst und Wohlfahrtspflege (BGW).

Die Unfallversicherungsträger sind Körperschaften des öffentlichen Rechts mit Selbstverwaltung der Unternehmer und der Versicherten.

Im Gegensatz zu den anderen Sozialversicherungsträgern werden die Beiträge an die Unfallversicherung ausschließlich von der Arbeitgeberseite erbracht.

Neben Beschäftigten und Auszubildenden sind auch geringfügig Beschäftigte, Hilfeleistende, ehrenamtlich Tätige versichert; Landwirte und Landwirtinnen über die Sozialversicherung für Landwirtschaft, Forsten und Gartenbau (SVLFG) versichert. In einigen Branchen sind auch Unternehmerinnen und Unternehmer, Selbstständige, Freiberuflerinnen und Freiberufler kraft Gesetzes oder Satzung des Unfallversicherungsträgers versichert. Darüber

---

25 Die Fachlichen Weisungen zum SGB IX sind abrufbar unter https://www.arbeitsagentur.de/ueber-uns/veroeffentlichungen/gesetze-und-weisungen/sgbix-rehabilitation

hinaus besteht die Möglichkeit einer freiwilligen Unternehmerversicherung. Außerdem erbringt die Unfallversicherung Leistungen im Eingangs-, Berufsbildungs- und Arbeitsbereich einer WfbM. Die Leistungen in der WfbM, insbesondere im Arbeitsbereich werden in der Regel bis zum Eintritt in die Altersrente erbracht.

Der Verband „Deutsche Gesetzliche Unfallversicherung" (DGUV) ist der Spitzenverband der gesetzlichen Unfallversicherungsträger. Er nimmt die gemeinsamen Interessen seiner Mitglieder wahr und fördert deren Aufgaben und vertritt die gesetzliche Unfallversicherung gegenüber Politik, Bundes-, Landes-, europäischen und sonstigen nationalen und internationalen Institutionen sowie Sozialpartnern.

Als Rehabilitationsträger ist sind die gesetzlichen Unfallversicherungsträger zuständig für alle Leistungsgruppen (siehe Kapitel 2.IV.1). Sie erbringen alle medizinischen und außermedizinischen Leistungen zur Rehabilitation einschließlich der Leistungen zur Teilhabe am Arbeitsleben und am Leben in der Gemeinschaft sowie ergänzende Leistungen aus einer Hand.

Voraussetzungen für die Leistungspflicht ist das Vorliegen eines Arbeitsunfalls oder einer Berufskrankheit als Versicherungsfall. Ein Arbeitsunfall ist ein Unfall, den ein Beschäftigter bei der Ausübung seiner beruflichen Tätigkeit innerhalb und außerhalb der Arbeitsstätte, z. B. auch im Straßenverkehr, erleidet. Ein Wegeunfall ist ein Unfall, den ein Beschäftigter auf dem Weg zwischen seiner Wohnung und dem Ort seiner beruflichen Tätigkeit erleidet. Weiter wichtig ist, dass der Körperschaden durch den Versicherungsfall verursacht worden ist und die versicherte Tätigkeit wesentlich für dessen Eintritt kausal gewesen ist.

In der gesetzlichen Unfallversicherung werden Leistungen zur Rehabilitation und Teilhabe im Allgemeinen von Amts wegen erbracht (§ 19 Satz 2 SGB IV), d. h., es bedarf keines Antrags der Versicherten oder ihrer Angehörigen.

Um die Versicherten zu entschädigen, erbringt die gesetzliche Unfallversicherung Leistungen „mit allen geeigneten Mitteln" (§ 26 Abs. 2 SGB VII). Dieses Grundprinzip bedeutet nicht, dass das geltende Wirtschaftlichkeitsgebot (§ 69 SGB IV) keine Anwendung findet. Allerdings ermöglicht das Prinzip eine im Vergleich zu anderen Rehabilitationsträgern größere Bandbreite von Leistungen.

2.IV.2.3.4 Die Träger der gesetzlichen Rentenversicherung

Träger der gesetzlichen Rentenversicherung sind die Deutsche Rentenversicherung Bund, die Deutsche Rentenversicherung Knappschaft-Bahn-See sowie die 16 Regionalträger der Deutschen Rentenversicherung. Für die Alterssicherung für Landwirte ist die Sozialversicherung für Landwirtschaft, Forsten und Gartenbau (SVFLG) zuständig.

Die Rentenversicherung gewährt vor allem Renten wegen Alters, Renten wegen Erwerbsminderung und Renten wegen Todes.

Finanziert wird die Rentenversicherung vor allem durch Beiträge, die hälftig von Arbeitgebern und Arbeitnehmerinnen und Arbeitnehmern gezahlt werden. Daneben wird die Rentenversicherung aus Zuschüssen aus dem Bundeshaushalt finanziert. Sie sollen die Kosten für die der Rentenversicherung übertragenen gesamtgesellschaftlichen Aufgaben abdecken (vgl. Rahn in FL SA 2022: 728)

Die rechtlich selbstständigen Rentenversicherungsträger treten unter dem gemeinsamen Dach „Deutsche Rentenversicherung Bund" (DRV Bund) auf. Sie nimmt mit ihren Grundsatz- und Querschnittsaufgaben übergeordnete Aufgaben für alle Träger der Rentenversicherung wahr; dazu zählen gemeinsame Angelegenheiten aller Rentenversicherungsträger, Öffentlichkeitsarbeit, Statistik und Forschung. Gleichzeitig ist die DRV Bund Rehabilitationsträger.

Als Rehabilitationsträger sind die Träger der gesetzlichen Rentenversicherung für Leistungen der medizinischen Rehabilitation, Leistungen zur Teilhabe am Arbeitsleben, Übergangsgeld als unterhaltssichernde Leistung und ergänzende Leistungen (siehe Kapitel 2.IV.1) zuständig. Sie erfüllen diese Aufgaben jeweils eigenständig. Grundsätzliche Fach- und Rechtsfragen der Rehabilitation und Sozialmedizin werden als Grundsatz- und Querschnittsangelegenheiten durch die DRV Bund unter Beteiligung der anderen Träger geklärt.

Ein wichtiger Aufgabenbereich der Deutschen Rentenversicherung ist die Kinder- und Jugendrehabilitation: Es gibt viele Erkrankungen, die Kinder und Jugendliche so stark beeinträchtigen, dass sie nicht regelmäßig in die Schule gehen können, und die sie – ohne eine entsprechende Intervention - auch im späteren Erwerbsleben einschränken werden. Reha-Leistungen können helfen, Gesundheit und Leistungsfähigkeit wiederherzustellen, damit Kinder und Jugendliche wieder voll am Leben teilhaben können.

Gemessen an den Fallzahlen ist die Deutsche Rentenversicherung mit 1,76 Millionen Gesamtanträgen der größte Rehabilitationsträger (Teilhabeverfahrensbericht 2024: 53).

Für die Gewährung von Leistungen zur Teilhabe gilt als versicherungsrechtliche Voraussetzung die Erfüllung von 15 Versicherungsjahren. Für Leistungen zur medizinischen Rehabilitation sind die versicherungsrechtlichen Voraussetzungen auch erfüllt, wenn der Versicherte in den letzten zwei Jahren vor Antragstellung sechs Monate Pflichtbeiträge geleistet hat oder er vermindert erwerbsfähig ist. Es gelten auch persönliche Voraussetzungen, z. B. dass die Erwerbsfähigkeit des Versicherten wegen Krankheit oder Behinderung erheblich gefährdet oder eingeschränkt ist, und dass durch die Leistungen zur Teilhabe die Erwerbsfähigkeit erhalten, wesentlich gebessert oder wiederhergestellt und der Arbeitsplatz gesichert werden kann (vgl. BAR 2018: 415).

Die gesetzlichen Rentenversicherungsträger handeln nach dem Grundsatz „Prävention vor Rehabilitation vor Rente": Durch Leistungen zur Teilhabe soll ein vorzeitiges Ausscheiden aus dem Erwerbsleben verhindert sowie dauerhafte berufliche Wiedereingliederung ermöglicht werden.

Alle Träger verfügen über speziell geschulte Fachkräfte, die für die Rehabilitationsberatung im Einzelfall zuständig sind.

2.IV.2.3.5 Die Träger der Sozialen Entschädigung

Seit dem 1. Januar 2024 ersetzen die Träger der Sozialen Entschädigung die bisherigen Träger der Kriegsopferfürsorge (KOF) und die Träger der Kriegsopferversorgung (KOV). Grundlage ist das Gesetz zur Regelung des Sozialen Entschädigungsrechts vom 12.12.2019 (BGBl. I 2652). Nach dem SGB XIV sind die Träger der Sozialen Entschädigung die Länder; sie bestimmen nach Landesrecht sowohl die sachliche wie auch die örtliche Zuständigkeit. In den Bundesländern sind die Träger der Sozialen Entschädigung kommunal oder staatlich organisiert.

Das Inkrafttreten des SGB XIV zum 1.1.2024 (vgl. Kapitel 2.III.4) hat erhebliche Auswirkungen: Die Zahl der Träger sinkt von 256 auf 94. In den meisten Bundesländern gibt es nur noch einen SER-Träger. In Bayern gibt es seit dem 1.1.2024 noch sieben SER-Träger; zuständig sind die sieben regionalen Zentren Bayern Familie und Soziales (ZBFS). In Mecklenburg hat sich die Anzahl der Träger von zehn auf einen und in Schleswig-Holstein von acht auf einen SER-Träger reduziert. In diesen Bundesländern sind die kommunalen Fürsorgestellen in Bezirken, Landkreisen oder Städten aufgelöst; die Zuständigkeit liegt nunmehr bei den Landesämtern. In Hamburg und Bremen liegt die Zuständigkeit bei dem jeweiligen Versorgungsamt. In Nordrhein-Westfalen nehmen der Landschaftsverband Rheinland (LVR) und der Landschaftsverband Westfalen-Lippe (LWL) die Durchführung des SER wahr. In Baden-Württemberg sind es – bei auch hier Reduzierung der Anzahl – weiterhin die Verwaltungsämter der Landkreise und kreisfreien Städte (vgl. Czedik et al. 2025: 6 ff.)

Die Träger der Sozialen Entschädigung sind in der Bundesarbeitsgemeinschaft der Integrationsämter und Träger der Sozialen Entschädigung (BIH) zusammengeschlossen.

Die Träger der Sozialen Entschädigung haben den spezifischen Auftrag, Menschen, die eine gesundheitliche Schädigung erlitten haben, für die die staatliche Gemeinschaft eine besondere Verantwortung trägt, bei der Bewältigung der dadurch entstandenen Folgen zu unterstützen.

Für Ansprüche von Personen, die in Ausübung ihres Wehrdienstes eine gesundheitliche Schädigung erlitten haben, oder deren Hinterbliebene gilt seit dem 1. Januar 2025 das neue Soldatenentschädigungsgesetz. Die alleinige örtliche und sachliche Zuständigkeit liegt bei der Bundeswehrverwaltung.

Die Träger des Sozialen Entschädigungsrechts sind – bei Vorliegen der Voraussetzungen – als Rehabilitationsträger grundsätzlich für alle Gruppen von Teilhabeleistungen *vorrangig* zuständig.

Nach dem SGB XIV besteht ein Anspruch auf Leistungen zur Teilhabe, wenn der Bedarf durch ein schädigendes Ereignis entstanden ist, d. h., wenn die Teilhabebeeinträchtigung ursächlich auf die Schädigung zurückzuführen ist. Die Bewilligung von Teilhabeleistungen ist – im Gegensatz zum vorherigen Recht – nicht vom Bezug von sonstigen Entschädigungsleistungen abhängig und erfolgt ohne den Einsatz von Einkommen und Vermögen.

2.IV.2.3.6 Die Träger der öffentlichen Jugendhilfe

Überörtliche Träger der Kindes- und Jugendhilfe sind nach Landesrecht entweder staatliche Behörden oder höhere Kommunalverbände. Örtliche Träger sind die Jugendämter bei den Kreisen und kreisfreien Städten der Länder, soweit nicht nach Landesrecht anderes bestimmt ist.

Die Städte, Landkreise und kreisangehörigen Gemeinden sind als örtliche Träger der öffentlichen Kinder- und Jugendhilfe zuständig für umfangreiche

Leistungen der Jugendhilfe, insbesondere der Kindertagesbetreuung, der Hilfe zur Erziehung, der Hilfe für junge Volljährige und der Jugendarbeit. Dazu zählen auch die Leistungen der Eingliederungshilfe für Kinder und Jugendliche mit einer (drohenden) seelischen Behinderung nach § 35 a SGB VIII. Für diese Leistungen sind die Jugendhilfeträger zugleich Rehabilitationsträger.

Die Eingliederungshilfe nach § 35 a SGB VIII hat einen offenen Leistungskatalog für zielgenaue Hilfen und kann sowohl ambulant als auch stationär erbracht werden. Die Leistungen umfassen Beratungs- und Therapieangebote, aber auch Schulbegleitungen und Integrationsassistenz. Die letztgenannten haben im Schulalltag erheblich an Bedeutung gewonnen. Gründe für die Leistungsgewährung sind häufig seelische Probleme oder Entwicklungsauffälligkeiten und schulische oder berufliche Probleme.

Die Kommunen verzeichnen seit Jahren steigende Fallzahlen in der Eingliederungshilfe nach § 35 a SGB VIII. Sie gewähren fast 159.000 Eingliederungshilfen für Kinder und Jugendliche mit einer seelischen Behinderung (Stand 2023); im Jahr 2011 waren es noch rund 45.000 (vgl. Teilhabeverfahrensbericht 2024: 196).

Die örtliche Zuständigkeit für die Leistungen bestimmt sich nach dem gewöhnlichen Aufenthalt der Eltern, bei jungen Volljährigen nach deren gewöhnlichem Aufenthalt (vgl. Welti in SWK Behindertenrecht 2018: 801)

Seit dem 1. Januar 2024 besteht die Verpflichtung der Jugendämter, das Angebot der Verfahrenslotsen gemäß § 10b SGB VIII vorzuhalten. Damit sollen einerseits junge Menschen und ihr Umfeld eine Beratung, Begleitung und Unterstützung im Antragsverfahren der Eingliederungshilfe durch die Verfahrenslotsen erhalten und andererseits soll eine Unterstützung der Verwaltung für die Zusammenlegung der Eingliederungshilfen auf kommunaler Ebene geboten werden (vgl. BAR Reha-Info 5/2024: 6).

2.IV.2.3.7 Die Träger der Eingliederungshilfe

Durch das Bundesteilhabegesetz wurde die Eingliederungshilfe massiv umstrukturiert und verändert (siehe Kapitel 2.III.3). Sie ist ab dem 1.1.2020 nicht mehr Teil der Sozialhilfe, sondern wird von eigenständigen Trägern der Eingliederungshilfe geleistet.

Die jeweiligen Träger der Eingliederungshilfe erbringen nur noch die reinen Fachleistungen (Leistungen zur Rehabilitation und Teilhabe), während die sogenannten existenzsichernden Leistungen (Kosten der Unterbringung und

Verpflegung) durch die Träger der Sozialhilfe nach SGB XII erbracht werden. Die Fachleistungen der Eingliederungshilfe wurden um die Leistungsgruppen Teilhabe an Bildung und Soziale Teilhabe ergänzt.

Träger der Eingliederungshilfe sind örtliche und überörtliche Träger. Welche Behörden dies sind, und ob und inwieweit der örtliche oder überörtliche Träger für Reha- und Teilhabeleistungen zuständig ist, bestimmen die Bundesländer. Soweit nicht nach Landesrecht etwas anderes bestimmt ist, sind überörtliche Träger entweder staatliche Behörden oder höhere Kommunalverbände, örtliche Träger sind die Kreise, kreisfreien Städte.

Da die Bestimmung der für die Leistungen zuständigen Träger der Eingliederungshilfe durch die Bundesländer erfolgt, sind in den Ländern unterschiedliche Behörden für die Eingliederungshilfe zuständig. In den Flächenländern liegt die Zuständigkeit entweder bei den Landkreisen und kreisfreien Städten (so in Baden-Württemberg, Brandenburg, Mecklenburg-Vorpommern, Schleswig-Holstein und Thüringen) oder beim Land bzw. einem höheren Kommunalverband (so in Bayern, Saarland und Sachsen-Anhalt) oder die Zuständigkeit wurde zwischen örtlicher und überörtlicher Ebene geteilt (so in Hessen, Niedersachsen, Nordrhein-Westfalen, Rheinland-Pfalz und Sachsen). Die Zahl der Träger der Eingliederungshilfe ist dementsprechend hoch.

Die Leistungen der Eingliederungshilfe für Menschen mit Behinderungen umfassen Leistungen aus vier Leistungsgruppen: Leistungen zur medizinischen Rehabilitation, Leistungen zur Beschäftigung, Leistungen zur Teilhabe an Bildung, Leistungen zur Sozialen Teilhabe. Das Leistungsspektrum reicht von der vorschulischen und schulischen Unterstützung, Betreuung und (Früh-)Förderung für Kinder mit (drohender) Behinderung über die Unterstützung erwachsener Menschen mit Behinderung bei der Teilhabe am Arbeitsleben in Werkstätten für behinderte Menschen und im Budget für Arbeit bis hin zu verschiedenen Maßnahmen der sozialen Teilhabe einschließlich der Assistenz beim Wohnen in der eigenen Wohnung oder in besonderen Wohnformen.

Die Eingliederungshilfe ist keine Versicherungsleistung, sondern eine steuerfinanzierte Leistung der öffentlichen Fürsorge. Anders als bei den meisten anderen Rehabilitationsträgern werden die Leistungen nicht nur punktuell für einen bestimmten Bedarf und nur vorübergehend, sondern vollumfänglich für alle Lebensbereiche der betroffenen Menschen und in der Regel ihr Leben lang gewährt.

Gemessen an den Ausgaben ist die Eingliederungshilfe mit Leistungen im Umfang von 26 Milliarden Euro (2023) der größte Reha-Träger (vgl. Tabelle 1, Kapitel 2.I.1).

Die überörtlichen Träger der Sozialhilfe (SGB XII) und der Eingliederungshilfe (SGB IX) sind zusammengeschlossen in der Bundesarbeitsgemeinschaft der überörtlichen Sozialhilfeträger und der Träger der Eingliederungshilfe (BAGüS).[26]

2.IV.2.3.8 Integrationsamt/Inklusionsamt

Integrationsämter sind keine Rehabilitationsträger nach § 6 SGB IX, aber Leistungsträger im Sinne des Sozialgesetzbuches. Wichtige Verfahrensvorschriften des SGB IX gelten auch für die Integrationsämter. Die Aufgaben sind im SGB IX Teil 3, Schwerbehindertenrecht geregelt (§§ 151 ff. SGB IX). Mit dem Bundesteilhabegesetz haben sich einige Integrationsämter umbenannt in Inklusionsamt.

Wie die steuerfinanzierten Träger sind auch die Integrationsämter je nach Bundesland kommunal oder staatlich organisiert: Kommunal organisiert sind die Inklusionsämter/Integrationsämter in Baden-Württemberg, Hessen, Niedersachsen, Nordrhein-Westfalen und Sachsen. In den anderen Bundesländern sind sie beim zuständigen Landesministerium, in Bayern bei den Bezirksregierungen angesiedelt.

Die Integrationsämter und Hauptfürsorgestellen[27] haben sich in der Bundesarbeitsgemeinschaft der Integrationsämter und Hauptfürsorgestellen (BIH) zusammengeschlossen.[28]

Die Aufgaben der Integrationsämter umfassen nach § 185 SGB IX insbesondere:

- Erhebung und Verwendung der Ausgleichsabgabe,
- (Besonderer) Kündigungsschutz,
- Begleitende Hilfe im Arbeitsleben.

Ziel ist die Schaffung bzw. Erhaltung von sozialversicherungspflichtigen Arbeitsplätzen und Ausbildungsplätzen für Menschen mit Behinderungen auf

---

26 Weitere Informationen: Bundesarbeitsgemeinschaft der überörtlichen Sozialhilfeträger und Eingliederungshilfe: www.bagues.de
27 Seit 1.1.2024 heißen die Hauptfürsorgestellen Träger der Sozialen Entschädigung.
28 Weitere Informationen: (www.bih.de).

dem allgemeinen Arbeitsmarkt. Für Leistungen des Integrationsamtes muss eine anerkannte Schwerbehinderung oder Gleichstellung vorliegen. Zuständig ist das Integrationsamt vor Ort.

Eine Besonderheit ist die Finanzierung der Leistungen aus der Ausgleichsabgabe, die jene Arbeitgeber mit 20 und mehr Beschäftigten entrichten müssen, die ihre Pflicht zur Beschäftigung schwerbehinderter Menschen nicht oder nicht vollständig erfüllen. Die Einnahmen sind konjunkturabhängig: Je mehr Arbeitgeber ihrer Pflicht nicht nachkommen, desto höher sind die Einnahmen, desto mehr muss aber auch getan werden, um die Beschäftigung zu verbessern.

Personal- und Sachkosten dürfen nicht aus der Ausgleichsabgabe finanziert werden.

2.IV.2.3.9 Pflegeversicherung

Die Pflegeversicherung ist die „fünfte Säule" im deutschen Sozialversicherungssystem.

Träger der Pflegeversicherung sind die gesetzlichen Pflegekassen. Diese sind unter dem Dach der Gesetzlichen Krankenkassen eingerichtet. Die Versicherungspflicht richtet sich nach der Versicherungspflicht der gesetzlichen Krankenversicherung. Um Leistungen der Pflegeversicherung zu erhalten, muss eine Vorversicherungszeit von zwei Jahren innerhalb der letzten zehn Jahre vorliegen. Bei Kindern muss ein Elternteil diese Vorversicherungszeit erfüllen. Um Leistungen der Pflegeversicherung zu erhalten, muss ein Antrag bei der zuständigen Pflegekasse gestellt werden.

Die Träger sind keine Rehabilitationsträger nach § 6 SGB IX. Vielmehr soll die Pflegekasse bei den zuständigen Leistungsträgern darauf hinwirken, dass zur Verhinderung von Pflegebedürftigkeit Leistungen zur Prävention, zur Krankenbehandlung und zur medizinischen Rehabilitation eingeleitet werden (§ 5 Abs. 1 SGB XI). Wegen dieser Überschneidungen ist die Pflegeversicherung eingebunden in die Krankenversicherung.[29]

---

29 Weitere Informationen: GKV-Spitzenverband: www.gkv-spitzenverband.de und auf den Webseiten der einzelnen Krankenkassen.

2.IV.2.4 Leistungserbringer

Damit Rehabilitation als Sozialleistung überhaupt erbracht werden kann, muss es eine soziale Infrastruktur von Diensten, Einrichtungen und Professionsangehörigen der Rehabilitation geben, die die Ansprüche erfüllen kann (vgl. Schmidt-Ohlemann 2022: 165).

Der Begriff „Leistungserbringer" bezeichnet die Dienstleister, welche die Leistungen durchführen, die von den Leistungsträgern bewilligt werden. Dazu zählen z. B. Rehabilitationseinrichtungen und -dienste wie Kliniken oder Bildungseinrichtungen.

Leistungen der medizinischen Rehabilitation können in einer Rehabilitationseinrichtung stationär oder teilstationär wie auch ambulant erbracht werden. Die ambulante Rehabilitation findet bis zu ganztägig in erreichbarer Nähe zum Wohnort statt. Eine stationäre medizinische Rehabilitation findet in einer Rehabilitationsklinik statt, die z. B. auf orthopädische, neurologische oder psychosomatische Erkrankungen spezialisiert ist. Darüber hinaus gibt es zum Teil auch Reha-Abteilungen in Akutkrankenhäusern (z. B. Geriatrie, Neurologie). Die mobile Rehabilitation wird von Rehabilitationsdiensten bei der Rehabilitandin/dem Rehabilitanden zu Hause oder in Pflegeheimen oder Kurzzeitpflegeeinrichtungen durchgeführt.

Leistungen zur Teilhabe am Arbeitsleben werden durch Einrichtungen der beruflichen Rehabilitation oder freie Bildungsträger erbracht. Zu den Einrichtungen der beruflichen Rehabilitation gehören u. a. Berufsbildungswerke, Berufsförderungswerke und vergleichbare Einrichtungen (§ 51 Abs. 1 SGB IX). Diese Einrichtungen stellen besondere Hilfen wie medizinische, psychologische oder soziale Fachdienste für Menschen mit Behinderungen zur Verfügung, um den Erfolg der beruflichen Rehabilitation zu sichern

2.IV.2.4.1 Leistungserbringer im Einzelnen

In *Berufsbildungswerken (BBW)* werden Jugendliche mit Behinderungen ausgebildet, die auf besondere Hilfen angewiesen sind. Angestrebt wird ein Ausbildungsabschluss im Sinne des Berufsbildungsgesetzes (BBiG, Berufsausbildung). Es werden auch Maßnahmen zur Abklärung der beruflichen Eignung (Arbeitserprobung) und der berufsvorbereitenden Förderung (Berufsvorbereitung) durchgeführt.

In *Berufsförderungswerken (BFW)* werden Erwachsene mit Behinderungen, die bereits berufstätig waren, weitergebildet. Neben Weiterbildungen und Umschulungen mit staatlich anerkannten Berufsabschlüssen werden auch Kurse angeboten, die auf eine Weiterbildung oder Umschulung vorbereiten sowie Assessments.

In *Beruflichen Trainingszentren (BTZ)* werden Menschen mit psychischen Beeinträchtigungen bei der Stabilisierung, Erarbeitung beruflicher Perspektiven und Wiedereingliederung in das Erwerbsleben unterstützt. Dabei stehen Trainingsplätze mit betrieblichen Anforderungen zur Verfügung, in denen fachliche und soziale Kompetenzen entsprechend dem individuellen Bedarf trainiert werden. Nach einer Phase der Stabilisierung und des Trainings im BTZ schließen sich Praktika in Unternehmen an.

Einrichtungen der Rehabilitation psychisch kranker Menschen (RPK) leisten medizinisch-berufliche Rehabilitation für Menschen mit psychischen Beeinträchtigungen. Auf Grundlage der RPK-Empfehlungsvereinbarung[30] werden medizinische, psychosoziale und berufliche Rehabilitationsangebote individuell, realitätsnah und wohnortnah gestaltet.

Integrationsfachdienste (IFD) beraten und unterstützen Menschen mit Behinderungen und Arbeitgeber bei Fragen und Schwierigkeiten am Arbeitsplatz (§§ 192 ff. SGB IX). Sie informieren z. B. Arbeitgeber über Leistungen und unterstützen bei der Antragstellung, sie begleiten Menschen mit Behinderungen am Arbeitsplatz mit Trainings der berufspraktischen Fertigkeiten, informieren das Kollegium über die Art und Auswirkung der Behinderung und stehen bei einer Krisenintervention oder zur psychosozialen Betreuung zur Verfügung. Darüber hinaus unterstützen sie bei der Arbeitsvermittlung und anschließenden Berufsbegleitung.

Eine spezielle Leistungsform mit übergreifendem Charakter ist die Frühförderung, die vor allem durch *Interdisziplinäre Frühförderstellen oder sozialpädiatrische Zentren* erbracht wird. Interdisziplinäre Frühförderstellen (IFF) sind familien- und wohnortnahe, ambulant oder mobil arbeitende Dienste und Einrichtungen, die der Früherkennung von Behinderungen sowie der Behandlung und Förderung von Kindern dienen. Ziel ist, in interdisziplinärer Zusammenarbeit von qualifizierten medizinisch-therapeutischen und pädagogischen Fachkräften eine drohende oder bereits eingetretene Behinderung zum frühestmöglichen Zeitpunkt zu erkennen und sie durch gezielte Förderungs- und Behandlungsmaßnahmen auszugleichen oder zu mildern.

---

30 Die RPK-Empfehlungsvereinbarung ist abrufbar unter https://www.bar-frankfurt.de

Bei *Sozialpädiatrischen Zentren (SPZ)* handelt es sich um ärztlich geleitete Einrichtungen, deren Leistungen darauf abzielen, Schädigungen oder Störungen bei Kindern durch frühe Diagnostik, frühe Therapie und frühe soziale Eingliederung zu erkennen, zu verhindern, zu heilen oder in ihren Auswirkungen zu mindern. Mit Frühförderstellen und niedergelassenen Ärztinnen und Ärzten arbeiten SPZs regelmäßig eng zusammen.

Die Angebote der *Phase-II-Einrichtungen (medizinisch-berufliche Rehabilitation)* sind spezialisiert auf schwerwiegende oder komplexe Erkrankungen. Die Phase II liegt zwischen der akutmedizinischen Behandlung und Leistungen zur Teilhabe am Arbeitsleben. Neben medizinischen und therapeutischen Leistungen werden Belastungserprobungen, Arbeitstherapie oder Berufsvorbereitung durchgeführt. Kennzeichnend für solche Einrichtungen ist die berufliche Ausrichtung der dort erbrachten Leistungen. Nach der Phase II können Leistungen zur Teilhabe am Arbeitsleben, wie Weiterbildungen oder Umschulungen, erforderlich sein.

Werkstätten für behinderte Menschen (WfbM) bieten denjenigen behinderten Menschen, die wegen Art oder Schwere der Behinderung nicht, noch nicht oder noch nicht wieder auf dem allgemeinen Arbeitsmarkt tätig sein können, einen Arbeitsplatz oder Gelegenheit zur Ausübung einer geeigneten Tätigkeit. Eine Alternative für Menschen mit Behinderungen, die Anspruch auf Leistungen im Eingangsverfahren oder im Berufsbildungsbereich bzw. im Arbeitsbereich einer WfbM haben, sind andere Leistungsanbieter (§ 60 Abs. 1 SGB IX). Damit werden das Leistungsspektrum der Teilhabe am Arbeitsleben für diesen Personenkreis erweitert und mehr Wahlmöglichkeiten geschaffen.

Leistungen zur Teilhabe an Bildung werden in Kindergärten, Schulen, Hochschulen und Einrichtungen der Erwachsenenbildung durchgeführt. Es gibt Kindergärten und Kindertageseinrichtungen, die auf Kinder mit Behinderungen spezialisiert sind. Diese haben in den Bundesländern unterschiedliche Namen, z. B. „Heilpädagogischer Kindergarten", „Tageseinrichtung", „Schulkindergarten" oder „Schulvorbereitende Einrichtung".

Darüber hinaus gibt es inklusive oder integrative Kindergärten, in denen Kinder mit und ohne Behinderung gemeinsam gefördert werden. Auch inklusive Gruppen in Regelkindergärten oder die Einzelintegration eines Kindes mit Behinderung in einen Regelkindergarten sind möglich.

In jedem Bundesland gibt es *Regelschulen und spezielle Förderschulen* für Kinder mit Behinderungen. Um Kindern mit Behinderungen eine Schulbildung in der Regelschule zu ermöglichen, gibt es verschiedene Hilfen, z. B. die Begleitung auf dem Schulweg und die Begleitung sowie Unterstützung in der Schule durch Schulbegleitung, Integrationshilfe oder Assistenz. In speziellen Förderschulen können Kinder mit Behinderungen oder besonderem Förderbedarf unterrichtet werden. Die Förderschulen haben verschiedene Förderschwerpunkte, wie z. B. „geistige Entwicklung", „körperliche Entwicklung", „Lernen", „Sehen" oder „Sprache". Der Unterricht wird speziell auf die Beeinträchtigungen und den Förderbedarf zugeschnitten.

Für Studierende mit Behinderungen gibt es verschiedene Hilfen und Förderungen sowie Beratungsangebote. Es gibt aber keine speziellen Hochschulen für Menschen mit Behinderungen.

Eine wichtige Leistung zur Sozialen Teilhabe ist die Assistenz (§ 78 SGB IX). *Assistentinnen und Assistenten* unterstützen Menschen mit Behinderungen bei der Arbeit, im Studium, in der Freizeit und im Alltag. Assistenz kann über Dienstleister wie z. B. Pflegedienste, die Träger der freien Wohlfahrtspflege oder andere Dienstleister beauftragt werden.

Weitere Leistungen zur Sozialen Teilhabe, wie die Verbesserung lebenspraktischer Fähigkeiten, werden u. a. in *Tagesförderstätten* erbracht. Diese sind häufig an die Werkstätten für behinderte Menschen (WfbM) angegliedert. Tagesförderstätten richten sich an Menschen mit Behinderungen, die (noch) nicht oder nicht mehr einer Tätigkeit in einer WfbM nachgehen können.

Leistungen zur Förderung der Verständigung (§ 82 SGB IX) für Menschen mit Hörbehinderungen werden von *Gebärdensprachdolmetschenden* erbracht, um die Verständigung z. B. bei Behörden, Elternabenden oder Arztterminen zu ermöglichen oder zu erleichtern. In vielen Bundesländern gibt es Vermittlungsstellen, die qualifizierte Gebärdensprachdolmetschende für die jeweilige Region vermitteln. Man findet sie z. B. bei Beratungsstellen für Hörgeschädigte oder bei den Landesverbänden der Gehörlosen.

2.IV.2.5 Selbsthilfeorganisationen

Die Selbsthilfe ist ein wichtiger und unentbehrlicher Bestandteil in allen Phasen des Reha-Prozesses. Selbsthilfegruppen und -verbände helfen den Rehabilitandinnen und Rehabilitanden bei der Bewältigung ihrer Krankheiten und unterstützen die dauerhafte Sicherung des Rehabilitationserfolgs.

Selbsthilfegruppen sind freiwillige Zusammenschlüsse von Menschen mit dem Ziel, Krankheiten, Behinderungen, psychische oder soziale Probleme gemeinsam zu bewältigen. In Selbsthilfegruppen steht der Erfahrungsaustausch im Mittelpunkt. Kennzeichnend ist ihre Selbstkompetenz, die Akzeptanz bei den Adressaten schafft und niedrigschwellige Beratungs- und Hilfestrukturen ermöglicht.

Selbsthilfegruppen gibt es in fast allen Regionen zu unterschiedlichen Themen. Auf Landes- bzw. Bundesebene haben sich Selbsthilfegruppen, die vergleichbare Themen bearbeiten, in Selbsthilfeorganisationen und -verbänden zusammengeschlossen. Diese sind meist als eingetragener Verein organisiert und verfügen häufig über hauptamtliches Personal.

Selbsthilfeorganisationen vertreten die Interessen von Menschen mit Behinderungen im gesundheits- und sozialpolitischen Bereich.

Die Rehabilitationsträger fördern Selbsthilfegruppen, Selbsthilfeorganisationen und Selbsthilfekontaktstellen, die sich die Prävention, Rehabilitation, Früherkennung, Beratung, Behandlung und Bewältigung von Krankheiten und Behinderungen zum Ziel gesetzt haben.

2.IV.3 Selbstverwaltung im Kontext von Rehabilitation und Teilhabe

2.IV.3.1 Selbstverwaltung als Gestaltungsprinzip der Sozialversicherung

Ein zentrales Gestaltungsprinzip der deutschen Sozialversicherung ist die Selbstverwaltung in den Trägerorganisationen. Es ist ein seit 1953 praktiziertes Modell des Interessenausgleichs und wird in den einzelnen Sozialversicherungszweigen von Arbeitgebern und Versicherten ausgeübt (vgl. Gerlinger 2015: 747).

Zum Hintergrund: Die Finanzierung der Sozialversicherung erfolgt im Wesentlichen über die Sozialversicherungsbeiträge der Arbeitnehmer und Arbeitgeber. Der Gesetzgeber hat im SGB IV (§ 29 ff. SGB IV) festgelegt, dass die Sozialversicherungsträger in Deutschland eine dem Staat gegenüber eigenständige Verwaltung aufbauen. Darin sollen diejenigen selbst mitwirken, die die Sozialversicherung durch ihre Beiträge finanzieren.

> „Die soziale Selbstverwaltung stellt eine besondere Form des Verwaltungshandelns in der Bundesrepublik Deutschland dar. Sie bezieht nämlich die Kenntnisse derer, die vom Verwaltungshandeln betroffen sind, in die Entscheidungsfindung mit ein. Einerseits wird per Gesetz der Handlungsrahmen der Selbstverwaltung festgelegt, zum anderen wird Expertenwissen der Unternehmer und Versicherten eingebunden. [...] Dem liegt zugrunde, dass die Selbstverwaltung sachgerechtere Entscheidungen treffen kann, weil sie näher an den konkreten Sachfragen und

Bedürfnissen der Menschen und in besonderem Maße vertraut mit deren Lebenswirklichkeit ist" (ebd.: 800).

Die in der Selbstverwaltung tätigen Vertreterinnen und Vertreter der Arbeitgeber und der Gewerkschaften bringen unterschiedliche Lebens- und Berufserfahrungen mit und ermöglichen dadurch, dass soziale und wirtschaftliche Gesichtspunkte bei der Erarbeitung von Sachlösungen gleichermaßen berücksichtigt werden. Zwar trägt der Staat letztlich die politische Verantwortung für die Gestaltung der sozialen Sicherung und der Gesundheitsversorgung. Er überlässt es aber den Betroffenen, ihre Angelegenheiten in eigener Verantwortung zu regeln. In diesem Sinne bedeutet das Selbstverwaltungsmodell auch eine Entlastung für den Staat.

2.IV.3.2 Organe der Selbstverwaltung

Die soziale Selbstverwaltung nimmt die ihr übertragenen Aufgaben eigenverantwortlich durch eigene Organe wahr. Die Sozialversicherungsträger – als Körperschaften öffentlichen Rechts – und mit ihnen die Selbstverwaltung unterliegen dabei der staatlichen Rechtsaufsicht. Somit sind die Sozialversicherungsträger und ihre Selbstverwaltung Teil der öffentlichen Verwaltung, allerdings – anders als Bundes- und Landesbehörden – gegenüber dem Staat organisatorisch und finanziell selbstständig. In der Sozialversicherung agieren Vertreterversammlung, Vorstand und Geschäftsführung als deren Selbstverwaltungsorgane. Während der Geschäftsführer/die Geschäftsführerin die laufenden Verwaltungsgeschäfte führt, vertritt der Vorstand den Versicherungsträger nach außen. Oberstes Beschlussorgan und für alle grundsätzlichen Angelegenheiten zuständig ist die Vertreterversammlung (vgl. Reit 2015: 770).

Die Organe der Selbstverwaltung in den einzelnen Trägerbereichen sind unterschiedlich. Die Gremien der Krankenkassen bestehen aus dem ehrenamtlichen Verwaltungsrat und einem hauptamtlichen Vorstand. In der Rentenversicherung besteht die Selbstverwaltung aus der Bundesvertreterversammlung und dem Bundesvorstand. Die Bundesvertreterversammlung repräsentiert alle Rentenversicherungsträger. Im Bereich der gesetzlichen Unfallversicherung sind die Gremien der Berufsgenossenschaften und der Unfallkassen die ehrenamtliche Vertreterversammlung und der ehrenamtliche Vorstand. Zentrales Selbstverwaltungsorgan der Bundesagentur für Arbeit ist der Verwaltungsrat, der sich drittelparitätisch aus ehrenamtlichen Vertretungen der Arbeitnehmer, der Arbeitgeber und der öffentlichen Körperschaften zusammensetzt. Im Gegensatz zu den übrigen Sozialversicherungszweigen werden die Vertreter der

Selbstverwaltung bei der Agentur für Arbeit nicht in Sozialwahlen gewählt, sondern ernannt (vgl. Gerlinger 2015: 752 ff).

In der Innenwahrnehmung wird differenziert zwischen Verwaltung (Hauptamt) und Selbstverwaltung. Letztere wird auf die ehrenamtliche Mitwirkung in den Selbstverwaltungsorganen bezogen. Sie bedient sich zur Umsetzung der gesetzlichen Aufträge und der eigenen strategischen Vorgaben einer hauptamtlichen Geschäftsführung, die die laufenden Geschäfte der Verwaltung in eigener Zuständigkeit wahrnimmt. Nach außen vertritt der Vorstand den Sozialversicherungsträger. Die Aufgabenteilung erfordert eine enge Zusammenarbeit zwischen hauptamtlicher Verwaltung und ehrenamtlicher Selbstverwaltung.

Die soziale Selbstverwaltung wird durch die Versicherten und die Arbeitgeber paritätisch ausgeübt (§ 29 Abs. 2 SGB IV). Bei den Sozialwahlen 2023 wurden 3.860 Vertreterinnen und Vertreter der Versicherten und der Arbeitgeber neu bzw. wiedergewählt. Sie sind ehrenamtlich tätig und bilden in den 144 selbstständigen Sozialversicherungsträgern in Gestalt der Vertreterversammlungen, Verwaltungsräten, Vorständen, Mitgliederversammlungen, Beiräten, Ausschüssen oder Versichertenältesten die soziale Selbstverwaltung.[31]

2.IV.3.3 Aufgaben der Selbstverwaltung

Die Aufgabe der Selbstverwaltung besteht darin, für eine bestmögliche Ausführung der Leistungen zu sorgen und den Vollzug der sozialen Sicherung mitzugestalten. „Selbstverwaltung ist dann hilfreich, um Gesetze lebensnah zu konkretisieren und um die Verwaltung effektiver zu kontrollieren als eine externe Aufsicht vermöchte" (Welti 2019: 48).

Eigenverantwortung zeichnet das Handeln von Selbstverwaltungsträgern aus. Wesentliche Merkmale dieser Eigenverantwortung sind das Bestehen von Selbstverwaltungsspielräumen bei gleichzeitiger staatlicher Aufsicht sowie ein eigener Haushalt. Zu den Kernaufgaben gehören die Organisation der innerbetrieblichen Verwaltungsabläufe und das Finanzwesen.

Gerade weil es im Bereich von Teilhabe und Rehabilitation ein hohes Maß an Gestaltungsspielraum gibt (vgl. ebd.: 47), trägt die soziale Selbstverwaltung hier auch eine hohe Verantwortung. Die Vertreterinnen und Vertreter treffen Entscheidungen darüber, wie die Sozialversicherungsträger als Rehabilitati-

---

31 Der Schlussbericht zu den Sozialwahlen 2023 ist abrufbar unter www.sozialversicherungswah len.de (3.11.2025).

onsträger Sozialrecht ausführen und wachen darüber, ob sie es dem Willen des Gesetzgebers folgend tun.

Die Arbeit der Selbstverwaltung unterliegt einem ständigen Wandel. Feststellbar ist, dass die fortschreitende Ausweitung staatlicher Regulierung zu einer zunehmenden Einschränkung ihrer Handlungsspielräume führt. In der Praxis führen die immer engeren und komplexeren Vorgaben zu einem gewissen Spannungsverhältnis zwischen hauptamtlichen und ehrenamtlichen Funktionsträgern. In ihrem Vorschlagspapier vom Mai 2025 schlägt die Bundesvereinigung der deutschen Arbeitgeberverbände (BDA) u. a. vor, die Selbstverwaltung dadurch zu stärken, dass ihre Entscheidungsbefugnisse bei der Benennung des hauptamtlichen Vorstands bzw. der Geschäftsführung ausgeweitet werden. Schulungs-, Weiterbildungs- und Wissensmanagementangebote für ehrenamtliche Organe sollen ausgebaut werden.[32]

2.IV.3.4 Bundesarbeitsgemeinschaft für Rehabilitation e.V. (BAR)

Sozialversicherungsträger gelten als Einrichtungen der mittelbaren Staatsverwaltung, womit eine gewisse Dezentralisierung der Aufgabenerfüllung einhergeht. Gleichwohl ist die Sozialversicherung eine staatliche Veranstaltung. Da es sich bei der Sozialversicherung um ein Gesamtsystem und eine funktionale Einheit handelt, ist eine einheitliche Verwaltungspraxis von hoher Bedeutung. Ein vorrangiger Zweck der Staatsaufsicht ist deshalb in deren Gewährleistung zu sehen (vgl. Beschorner 2015: 778).

In der Praxis ergeben sich für den Gesichtspunkt der Einheit der Verwaltung gewisse Zielkonflikte. Der Vorstellung von einer einheitlichen Verwaltungspraxis stehen die föderale Struktur der Bundesrepublik, die speziell auf dem Gebiet der Sozialversicherung auf verschiedene Gebietskörperschaften verteilten Zuständigkeiten legislativer und administrativer Art, die Gewährleistung der Selbstverwaltung mit der Einräumung gewisser eigenständiger Handlungsspielräume (auch bei der Anwendung des materiellen Rechts), die Ermöglichung einer Vielfalt der Zielsetzungen und Lösungswege bei den Staatsaufgaben entgegen (vgl. ebd.).

Im Bereich von Rehabilitation und Teilhabe war es die Selbstverwaltung, die zur Förderung von Einheitlichkeit in der Verwaltungspraxis und zur Gestaltung der Zusammenarbeit der Rehabilitationsträger entscheidende Wei-

---

32 BDA 2025: Sozialversicherungsträger effizient organisieren und Soziale Selbstverwaltung stärken. Vorschläge für eine effiziente Verwaltung der Sozialversicherungsträger. Mai 2025, https://arbeitge ber.de (27.7.2025)

chen gestellt hat. Bereits 1969 und damit lange vor dem Inkrafttreten des SGB IX wurde die Bundesarbeitsgemeinschaft für Rehabilitation (BAR) unter maßgeblicher Beteiligung der Gewerkschaften und der Arbeitgeberverbände gegründet. Als Zusammenschluss der Rehabilitationsträger, vertreten über ihre Spitzenverbände bzw. obersten Landesbehörden, stellt die BAR seit ihrer Gründung die Plattform für die trägerübergreifende Gestaltung und Umsetzung des Reha-Rechts, die Verständigung der Träger auf gemeinsame Vorgaben und ein abgestimmtes Vorgehen im Bereich von Teilhabe und Rehabilitation dar (vgl. Kapitel 2.III.3 und 2.IV.5). Die BAR ist selbstverwaltet. Arbeitgeberverbände und Gewerkschaften stellen alternierend den Vorsitz der Mitgliederversammlung und des Vorstandes und üben ihren Gestaltungsauftrag trägerübergreifend aus.

2.IV.4 Zuständigkeiten der Rehabilitationsträger

2.IV.4.1 Bedeutung von Zuständigkeit

Im gegliederten Sozialleistungssystem ist die Zuständigkeit von besonderer Bedeutung.

Für keine der fünf Leistungsgruppen gibt es nur einen einzigen zuständigen Rehabilitationsträger (siehe Kapitel 2.IV.1). Wenn z. B. für Leistungen zur Teilhabe am Arbeitsleben sieben Sozialleistungsträger zuständig sein können (siehe Kapitel 2.IV.1 und 2), dann braucht es weitere Kriterien, um festzustellen, wer im Einzelfall für die Leistung aufkommt.

Art und Umfang der einzelnen Leistungen zur Teilhabe sind im SGB IX sowie in dem für den jeweiligen Rehabilitationsträger maßgeblichen Sozialgesetzbuch verankert. Das SGB IX regelt, welche Rehabilitationsträger für welche Teilhabeleistungen grundsätzlich in Betracht kommen. Weiter bestimmt es, dass sich die Zuständigkeit und die Voraussetzungen für die Leistungen zur Teilhabe nach den für den jeweiligen Rehabilitationsträger geltenden Leistungsgesetzen richten (§ 7 Abs. 1 S. 3 SGB IX).

Diese Regelungskomplexität von Sozialleistungen und Abgrenzungsfragen zwischen den Trägerbereichen sollen nicht zulasten der Menschen mit Beeinträchtigungen gehen, die Hilfe benötigen. Die Anforderung Leistungen wie aus einer Hand zu erbringen, verlagert die Klärung auf die Ebene zwischen den Behörden. Es geht um die Frage, welcher Träger, welche Art von Behörde fachlich, inhaltlich, institutionell zuständig ist. Die Zuständigkeit regelt die exklusive Verantwortlichkeit einer Behörde für eine Aufgabe, einen Anspruch, eine Leistung, einen Fall. Die gesetzlichen Regelungen zur Zuständigkeit sollen Einheitlichkeit herstellen und Doppelleistungen vermeiden (vgl. Rabe in FL SA 2022: 1022).

Ob ein Rehabilitationsträger im konkreten Einzelfall tatsächlich zuständig ist und welche Leistungsvoraussetzungen vorliegen müssen, ergibt sich also allein aus den jeweiligen Leistungsgesetzen (vgl. von Boetticher/Kuhn-Zuber 2022: 42, Rn. 45). Die Sozialgesetzbücher enthalten detaillierte und zum Teil komplizierte Leistungsvoraussetzungen, nach denen sich im konkreten Einzelfall bestimmt, ob und ggf. wer für welche Leistung zur Teilhabe zuständig ist (vgl. Buschmann-Steinhage 2022: 96).

Als Grundregel kann gelten: Für die Zuständigkeit der Rehabilitationsträger ist zum einen die Art der Leistungen zur Teilhabe, also der Leistungsgruppe (Kapitel 2.IV.1), und zum anderen der Personenkreis maßgeblich (vgl. ebd.). Wenn die Voraussetzungen erfüllt sind, übernimmt der Rehabilitationsträger die Kosten für die notwendigen Maßnahmen zur Teilhabe, für die er zuständig ist.

Doch so einfach ist es nicht: Ein unklarer Sachverhalt, Überschneidungen, fehlende Eindeutigkeiten können durchaus zu Zuständigkeitsstreitigkeiten zwischen den Rehabilitationsträgern führen. Welcher Rehabilitationsträger im Einzelfall zuständig ist, hängt von verschiedenen Faktoren ab und muss jeweils individuell ermittelt und untereinander geklärt werden. Ulrich merkt dazu kritisch an:

> „Die sich teilweise überschneidenden Zuständigkeiten bergen Konfliktpotential. Die Kehrseite des gegliederten Systems nebst dem Bestreben nach Reduzierung eigener Ausgaben, das nicht selten mit Unkenntnis bzw. Desinteresse an den Leistungsgesetzen anderer Träger vergesellschaftet ist, besteht für den Antragsteller maW [mit anderen Worten] darin, dass er der Komplexität dieser Strukturen relativ allein gegenüber steht" (Ulrich in SWK Stichwortkommentar 2022: 1255, Rn. 2).

Vor den Nachteilen des gegliederten Sozialleistungssystems sollen Hilfesuchende geschützt werden. Es gilt, Verfahrensverzögerungen durch Streit über die Zuständigkeit zwischen den Trägern szu vermeiden, Zuständigkeitsstreitigkeiten zügig und abschließend zu klären und nicht (mehr) zulasten des Antragsstellers auszutragen (vgl. BSG 26.6.2007 – B 1 KR 34/06 R. BSGE 98, 267).

Diesem Zweck dient die gesetzlich verankerte Zuständigkeitsklärung: § 14 SGB IX verpflichtet den Rehabilitationsträger, wenn ein Antrag bei ihm eingeht oder er Kenntnis von Rehabilitationsbedarf erhält und er der Erstange-gangene ist, diesen innerhalb von zwei Wochen hinsichtlich seiner Zuständig-keit umfassend zu prüfen und bei Nichtzuständigkeit weiterzuleiten (vgl. Rabe in FL SA 2022: 1022).

Als Grundgedanke sollte für die Klärung der Zuständigkeit gelten: „Du sollst deine Zuständigkeit prüfen, nicht deine Unzuständigkeit" (Schmachtenberg 2019: 30).

2.IV.4.2 Kriterien und Anhaltspunkte für die Bestimmung der Zuständigkeit

Neben den Regelungen in den einzelnen Leistungsgesetzen gibt es für die Feststellung der Zuständigkeit bestimmte Kriterien.

Ausgangspunkt ist zunächst, dass der Rehabilitationsträger für die Leistungs-gruppe überhaupt zuständig sein kann. Wenn das der Fall ist, greifen weitere Anhaltspunkte, die sich aus dem System sowie aus den Voraussetzungen des Leistungsberechtigten ableiten.

2.IV.4.2.1 Vorrang – Nachrangprinzip

Ein Steuerungsinstrument im Binnenverhältnis der Rehabilitationsträger ist das Vorrang-Nachrang-Prinzip: Der einzelne Rehabilitationsträger ist zustän-dig für die Erbringung der erforderlichen Leistungen, sofern kein anderer Träger vorrangig zuständig ist.

Die Krankenkassen sind immer dann für die Rehabilitation zuständig, wenn nicht die Rentenversicherung (bei den meisten erwerbsfähigen Personen), die Unfallversicherung (bei Arbeitsunfällen und Berufskrankheiten) oder der Träger des Sozialen Entschädigungsrechts eintreten muss. Für die beiden Letztgenannten ist die Ursache der (drohenden) Behinderung maßgebliches Kriterium für deren vorrangige Leistungsverpflichtung: Für die Träger der ge-setzlichen Unfallversicherung ist dies ein Arbeitsunfall bzw. eine Berufskrank-heit, für die Träger des Sozialen Entschädigungsrechts ist es die Folge eines Schadens, der während eines Kriegs-, Wehr- oder Zivildienstes eingetreten ist oder der auf einem gesetzlich geregelten Tatbestand eines „Sonderopfers" beruht (vgl. von Boetticher/Kuhn-Zuber 2022: 38, Rn. 36).

Für die steuerfinanzierten Leistungen der Eingliederungshilfe wird grund-sätzlich das Nachrangigkeitsprinzip festgehalten. Danach können Leistungen nicht gewährt werden, wenn die leistungsberechtigte Person die erforderliche Leistung von anderen, z. B. den Eltern oder von Trägern anderer Sozialleistungen erhält. Als nachrangiger Leistungsträger ist die Eingliederungshilfe erst dann zuständig, wenn kein Sozialversicherungsträger aufgrund der Voraussetzungen des Einzelfalls vorrangig leistungsverpflichtet ist. Hier kommen die Sozialversicherungsträger als vorrangig leistungsverpflichtete Träger in Betracht.

Dem Prinzip von Vorrang bzw. Nachrang liegt die Prüfung einer Reihenfolge zugrunde.

Beispiel Medizinische Rehabilitationsleistungen:

„Zuständig können für medizinische Rehabilitationsleistungen nach § 6 Abs. 1 Nr. 1 und 3 bis 7 SGB IX sein:

- die Träger der Unfallversicherung,
- die Träger des Sozialen Entschädigungsrechts,
- die Träger der gesetzlichen Rentenversicherung,
- der Träger der Altersversicherung der Landwirte,
- die gesetzlichen Krankenkassen,
- die Träger der öffentlichen Jugendhilfe,
- die Träger der Eingliederungshilfe" (Luik in LPK-SGB IX 2022: 225 ff., Rn. 5).

Die Zuständigkeit ist sinnvollerweise in dieser Reihenfolge zu prüfen, da die Träger der Unfallversicherung vorrangig zuständig sind, soweit es um die Folgen eines Arbeitsunfalls oder einer Berufskrankheit geht und die Träger der Rentenversicherung vor den Krankenkassen zuständig sind, soweit die besonderen persönlichen und versicherungsrechtlichen Voraussetzungen der §§ 10 ff. SGB VI vorliegen (vgl. ebd.).

Das Vorrang-Nachrang-Prinzip besteht auch zwischen den Leistungsgruppen: Leistungen zur Sozialen Teilhabe werden nachrangig gegenüber den anderen vier Leistungsgruppen erbracht. Sie werden auch nur dann erbracht, wenn der bestehende Bedarf nicht oder nicht ausreichend durch Leistungen der anderen Leistungsgruppen gedeckt wird. Ist eine Leistung ihrem Zweck nach sowohl der Sozialen Teilhabe als auch einer der anderen Leistungsgruppen zuzuordnen, richten sich die Zuständigkeit und die Rahmenbedingungen der Leistungen aufgrund des Nachrangs der Sozialen Teilhabe nach den Regelungen der anderen Leistungsgruppe (vgl. von Boetticher/Kuhn-Zuber 2022: 131 f., Rn. 228.

2.IV.4.2.2 Persönliche und versicherungsrechtliche Voraussetzungen

Zielgruppen für Leistungen der Rehabilitation sind Menschen mit Behinderungen, von Behinderung bedrohte Menschen sowie chronisch kranke Menschen (§1 SGB IX). Weitere Grundlagen für die Ermittlung des im Einzelfall zuständigen Rehabilitationsträgers sind zum einen persönliche Voraussetzungen und zum anderen – für den Bereich der Sozialversicherung – versicherungsrechtliche Voraussetzungen.

Gesetzliche Rentenversicherung

Als persönliche Voraussetzung für die Zuständigkeit der gesetzlichen Rentenversicherung (RV) gilt, dass die Erwerbsfähigkeit des Versicherten wegen Krankheit oder Behinderung erheblich gefährdet oder eingeschränkt ist. Darüber hinaus ist wichtig, dass durch die Leistungen zur Teilhabe die Erwerbsfähigkeit erhalten, wesentlich gebessert oder wiederhergestellt werden kann. Bleibt die Erwerbsminderung ganz oder teilweise bestehen, muss mit den Leistungen der Arbeitsplatz gesichert werden können.

Die versicherungsrechtlichen Voraussetzungen sind erfüllt, wenn der Versicherte die Wartezeit von 15 Versicherungsjahren erreicht hat oder eine Rente wegen Erwerbsminderung bezieht. Für Leistungen der medizinischen Rehabilitation sind die Voraussetzungen auch erfüllt, wenn z. B. der Versicherte in den letzten zwei Jahren vor Antragstellung mindestens sechs Monate lang Pflichtbeiträge geleistet hat oder er vermindert erwerbsfähig ist.

Zuständig ist die gesetzliche Rentenversicherung auch für Kinder von Rentenversicherten und Krebskranken jenseits des Erwerbsalters.

Bundesagentur für Arbeit

Für die Inanspruchnahme der Leistungen der BA gelten folgende persönlichen Voraussetzungen:

- Der betroffene Mensch ist behindert oder schwerbehindert oder von einer Behinderung bedroht und
- aufgrund der Behinderung kann die bisherige Tätigkeit nicht mehr ausgeübt werden oder
- der Einstieg in den Beruf ist ohne Unterstützung nicht möglich.

Als versicherungsrechtliche Voraussetzung gilt: Liegen keine 15 Versicherungsjahre vor und sind damit die versicherungsrechtlichen Voraussetzungen der Rentenversicherung nicht erfüllt, so ist für Leistungen zur Teilhabe am Arbeitsleben die BA zuständig.

Gesetzliche Unfallversicherung

Zur Zielgruppe der Unfallversicherung zählen alle Personen, die sich in einem Arbeits-, Dienst- oder Ausbildungsverhältnis befinden. Die Zuständigkeit der Unfallversicherung ergibt sich dann, wenn ein Arbeitsunfall oder eine Berufskrankheit ursächlich für die Behinderung bzw. die Rehabilitationsbedürftigkeit des Versicherten ist. Die Klärung der Ursache erfolgt häufig über Sachverständigengutachten. Der für die Erstellung erforderliche Zeitaufwand überschreitet in der Regel die Fristen des § 14 SGB IX. Deshalb ist auch eine vorläufige Leistungserbringung und nachträgliche Kostenerstattung der Träger untereinander denkbar und möglich (vgl. Luik in LPK-SGB IX 2022: 229, Rn. 15).

Gesetzliche Krankenversicherung

Die Gesetzliche Krankenversicherung finanziert Leistungen, die erforderlich sind, um eine Krankheit zu heilen, zu bessern oder Beschwerden zu lindern. Maßgeblich für die Zuständigkeit ist zunächst, bei welcher Krankenkasse der Versicherte versichert ist und ob nicht ein anderer Träger vorrangig zuständig ist.

Soziale Entschädigung

Leistungen der Rehabilitation durch die Träger der Sozialen Entschädigung werden erbracht, wenn Menschen durch ein schädigendes Ereignis, für das die staatliche Gemeinschaft eine besondere Verantwortung trägt, unmittelbar eine Behinderung erleiden. Schädigende Ereignisse sind Gewalttaten, Kriegsauswirkungen, Ereignisse im Zusammenhang mit der Ableistung des Zivildienstes sowie Schutzimpfungen oder andere Maßnahmen der spezifischen Prophylaxe (§ 1 SGB XIV). Auch Hinterbliebene haben Anspruch auf Soziale Entschädigung.

Entscheidende Voraussetzung ist, dass zwischen schädigendem Ereignis und Behinderung Kausalität bestehen muss (vgl. von Boetticher/Kuhn-Zuber 2022: 38, Rn. 38 ff).

Träger der Eingliederungshilfe

Die Leistungen Eingliederungshilfe (§ 99 SGB IX) richten sich an Menschen mit wesentlichen körperlichen, geistigen und seelischen Behinderungen. „Wesentlich bedeutet, dass die Fähigkeit zur Teilhabe am Leben in der Gesellschaft in erheblichem Umfang eingeschränkt ist" (Bickenbach et al. 2022: 68).

Entscheidend ist, dass zum einen die betroffene Person sich durch Einsatz ihrer Arbeitskraft, ihres Einkommens und ihres Vermögens nicht selbst helfen kann und sie zum anderen die erforderliche Leistung nicht von Angehörigen oder einem vorrangig zuständigen Sozialleistungsträger erhält.

Träger der öffentlichen Jugendhilfe

Für die Leistungen der Eingliederungshilfe für seelisch behinderte Kinder und Jugendliche sind die Jugendämter sowie die Landesjugendämter zuständig.

Integrationsamt/Inklusionsamt

Zu den Leistungsberechtigten der Begleitenden Hilfe im Arbeitsleben zählen alle schwerbehinderten Menschen im erwerbsfähigen Alter zwischen i.d.R. 15 und 65 Jahren unabhängig von der Art und Schwere ihrer Behinderung(en) bei entsprechendem Unterstützungsbedarf. Zur Zielgruppe zählen auch Arbeitgebende selbst, die es braucht, um Arbeitsplätze für schwerbehinderte Menschen zu schaffen und dauerhaft zu sichern.

Zwischen den Integrationsämtern und den Rehabilitationsträgern besteht grundsätzlich kein Vorrang-Nachrang-Verhältnis. Leistungen der Begleitenden Hilfe können ergänzend erbracht werden (siehe Kapitel 2.IV.1 und 2.IV.2). Zur besseren Klärung von Zuständigkeiten bei sich überschneidenden Leistungen haben die Integrationsämter und die Rehabilitationsträger eine Verfahrensabsprache getroffen (siehe Kapitel 2.III.5).

2.IV.4.2.3 Örtliche Zuständigkeit

Steht im konkreten Einzelfall die sachliche Zuständigkeit eines Trägers fest, geht es auch um die Frage des direkten Ansprechpartners bzw. der direkten Ansprechpartnerin beim jeweiligen Träger und vor Ort. Wer das im Einzelnen ist, richtet sich nach dessen Organisationstruktur, seiner Organisationsform und örtlichen Zuständigkeit (vgl. Kapitel 2.IV.2). Einen konkreten Ansprechpartner zu haben ist sowohl für die Leistungsberechtigten wie auch für die Kommunikation der Rehabilitationsträger untereinander wichtig. Gerade wegen der Vielfalt der Träger und ihrer unterschiedlichen Aufstellung ist die Ermittlung von Ansprechpartnern nicht einfach. Das SGB IX schreibt deshalb den Rehabilitationsträgern vor, dass sie innerhalb ihrer Organisation organisationsinterne Ansprechpartner, sogenannte Ansprechstellen benennen (§ 12 Abs. 1 Satz 3 SGB IX, vgl. BT.-Drucks.18/9522: 231) und öffentlich bekanntgeben müssen (siehe Kapitel 3.III.1).

Leistungen, für die die Träger der Eingliederungshilfe oder die Träger der Jugendhilfe zuständig sind, werden von örtlichen Trägern – Gemeinden, kreisfreien Städten, Landkreisen – oder von überörtlichen Trägern – Länder, höhere Kommunalverbände – gewährt. Hier liegt der Vorrang bei den überörtlichen Trägern: Die örtlichen Träger sind zuständig, sofern nicht der überörtliche Träger zuständig ist (vgl. Rabe in FL SA 2022: 1022).

2.IV.4.2.4 Risikozuordnung

Für die Kostenträger der Leistungen geht es im Zusammenhang mit der Erbringung von Leistungen auch um einen Kosten-Nutzen-Aspekt. Ein weiteres Prinzip für die Zuständigkeit leitet sich aus der Risikozuordnung ab. Nach diesem Prinzip ist der Leistungsträger für die Teilhabeleistung zuständig, der auch das Risiko ihres Scheiterns trägt. Wenn wegen nicht erfolgter oder trotz medizinischer und/oder beruflicher Rehabilitation keine Erwerbsfähigkeit besteht, trägt die Rentenversicherung die Kosten für die Rente wegen verminderter Erwerbsfähigkeit und verliert einen Beitragszahler. Für die Unfallversicherung gilt dies dann, wenn die Ursache in einem Arbeitsunfall oder einer Berufskrankheit liegt und die Rehabilitation fehlschlägt (vgl. Buschmann-Steinhage 2022: 96). Bei einer erfolgreichen Rehabilitation liegt in diesen Fällen dann aber auch der Nutzen der Erlangung bzw. des Erhalts der Erwerbstätigkeit und bei einem sozialversicherungspflichtigen Arbeitsverhältnis im „Gewinn" eines Beitragszahlers bzw. einer Beitragszahlerin.

2.IV.4.3 Zuständigkeit bei komplexem Unterstützungsbedarf

Wenn Menschen mit Behinderung einen hohen Unterstützungsbedarf haben und sie nicht nur Leistungen eines Rehabilitationsträgers, sondern von mehreren Trägern benötigen, dann gelten für die Zuständigkeit der einzelnen Leistungen die vorgestellten Kriterien.

Damit die Leistungsberechtigten – obwohl für ihre einzelnen Teilhabeleistungen mehrere Träger zuständig sind – nur einen Ansprechpartner haben, bestimmt das SGB IX den „Leistenden Rehabilitationsträger" (§ 14 SGB IX). Zwar bleiben die für die einzelnen Leistungen bestehenden Zuständigkeiten der beteiligten Träger bestehen, für den Leistungsberechtigten übernimmt jedoch der leistende Rehabilitationsträger die Rolle des Ansprechpartners und die Koordination der Leistungen. Für die Entscheidung wer im Verhältnis zur antragstellenden Person leistender Rehabilitationsträger ist, gibt es folgende Ansatzpunkte:

- Der Träger, bei dem der Antrag gestellt wurde, ist zuständig.
- Der erstangegangene Träger ist nicht zuständig und leitet den Antrag innerhalb von 14 Tagen nach Antragseingang weiter an den nach seiner Meinung zuständigen Träger. Dieser Träger wird dann automatisch zum leistenden Rehabilitationsträger.
- Leitet der erstangegangene Träger den Antrag nicht fristgerecht weiter, wird er automatisch leistender Rehabilitationsträger, auch wenn er nicht zuständig ist.
- Nur wenn der Träger für keine der beantragten Leistungen zuständig ist und er einen Träger findet, der bereit ist, die Funktion als leistender Rehabilitationsträger für den konkreten Fall zu übernehmen, darf der Antrag ein zweites Mal weitergeleitet werden (vgl. von Boetticher/ Kuhn-Zuber 2022: 55ff., Rn. 70 ff.)

2.IV.5 Trägerübergreifende Kooperation, Konvergenz und Koordination

2.IV.5.1 Von Schnittstellen zu Anforderungen

Ein Sozialleistungssystem, das Leistungen für alle Lebenslagen umfasst und das aus vielen Akteuren mit unterschiedlichen Zuständigkeiten besteht, birgt Schnittstellen unterschiedlichster Art.

Schnittstellen, ergeben sich

- zwischen den Leistungsträgern, wenn es um die Frage der Zuständigkeit für die einzelne Leistung geht;,
- wenn ein Mensch mit Behinderung Leistungen aus mehreren Leistungsgruppen braucht und dafür mehrere Leistungsträger am Reha-Prozess beteiligt sind,
- wenn es um Übergänge zwischen den einzelnen Phasen des Reha-Prozesses (vgl. Kap.3 I.3.) oder auch von einer Leistungsgruppe in eine andere, z. B. von der medizinischen Rehabilitation in die Teilhabe am Arbeitsleben oder die Soziale Teilhabe geht (vgl. Seel 2022:133).

Wie vor dem BTHG

- nehmen die in § 6 Abs. 1 SGB IX genannten Leistungsträger – GKV, BA, UV, RV, SER, JH, EinglH – ihre Aufgaben selbstständig und eigenverantwortlich wahr,
- obliegt die Entscheidung über eine Leistung und ihre Ausführung dem jeweiligen Träger,

- findet eine gemeinsame Aufgabenwahrnehmung einschließlich Mitplanungs-, Mitverwaltungs- oder Mitentscheidungsbefugnissen nicht statt,
- entscheidet jeder Leistungsträger materiell vor allem nach den Regeln des für ihn geltenden Leistungsgesetzes – sofern dieses eine Regelung für den betreffenden Einzelfall enthält (vgl. Ulrich in SWK Behindertenrecht 2022: 641, Rn 1).

Festzuhalten ist allerdings auch, dass die Rehabilitationsträger gleichzeitig eingebunden sind in das einheitliche Rehabilitations- und Teilhaberecht des SGB IX. Sie sind Teil des Systems und können nicht isoliert agieren. Die Komplexität bringt Anforderungen mit sich, die sich nur über Kooperation und Koordination bewältigen lassen. Das BTHG formuliert den Anspruch, den Menschen mit Behinderung in den Mittelpunkt zu stellen, für den Leistungen zur Teilhabe in ihrem Zusammenwirken von Bedeutung sind. Dies bedeutet, dass die zwar eigenständigen Leistungsträger diesen Bedürfnissen Rechnung zu tragen und eine einheitliche Rehabilitationspraxis sicherzustellen haben (vgl. ebd.).

2.IV.5.2 Vorschriften für eine einheitliche Rehabilitationspraxis

Die gesetzliche Systematik legt den Grundstein für einen nahtlosen Übergang zwischen den Sozialleistungen. Da dies durch die Normen allein aber nicht gewährleistet ist, braucht es eigene Regelungen für die Kooperation und Koordination zwischen den Sozialleistungsträgern und den weiteren Akteuren.

> „Mit dem Reha-Angleichungsgesetz, dem SGB IX und dem Bundesteilhabegesetz hat der Gesetzgeber in drei Anläufen einer Rehabilitationspolitik zweiter Ordnung versucht, das gegliederte System zu bewahren, Nachteile wie Zuständigkeitskonflikte, Unübersichtlichkeit und mangelnde Planung auszuräumen und Kooperation, Koordination und Konvergenz herzustellen" (Welti 2019: 53).

Um die Koordination der Leistungen und die Kooperation der Rehabilitationsträger zu erreichen, sollten von Anfang an Selbstverwaltungslösungen Vorrang haben (vgl. BT-Drs. 14/5074: 102). Das Instrument der Gemeinsamen Empfehlungen (siehe Kapitel 2.III.5.) war dafür von zentraler Bedeutung und die Hauptverantwortung für das Gelingen wurde der Selbstverwaltung zugewiesen (vgl. ebd.). Was erreicht bzw. nicht erreicht wurde, musste sich heftiger Kritik und Unzufriedenheit unterziehen. Mit Blick auf eine einheitliche Praxis des Rehabilitationsrechts gelten die organisationsspezifisch unterschiedlichen Ausrichtungen der Sozialleistungsträger (vgl. Kapitel 2.IV.2.3) und ihre unterschiedlichen Finanzierungsquellen (siehe Kapitel 2.IV.2.2.1) durchaus als

Hemmschuh. Und auch die Beharrungskraft bisheriger Verwaltungspraxis stellt eine Herausforderung dar, die es noch zu bewältigen gilt.

Deshalb überlässt der Gesetzgeber die Ausgestaltung der Zusammenarbeit nun nicht mehr allein den Rehabilitationsträgern. Bei aller Eigenverantwortlichkeit und Eigenständigkeit der Selbstverwaltungseinrichtungen darf nicht aus dem Blick geraten, dass sie staatliche Aufgaben erfüllen (vgl. Beschorner 2015: 779). Deshalb kann und darf die Notwendigkeit eines entsprechenden Korrektivs im gegliederten Sozialleistungssystem nicht infrage gestellt werden.

Mit den Neuregelungen bekommt der für alle Träger gültige Teil 1 des SGB IX eine höhere Wirkungsmacht: Die in den Kapiteln 2 bis 4 gesetzlich verankerten einschlägigen Vorschriften sind verbindlich und von ihnen darf nicht abgewichen werden (siehe Kapitel 2.III.3). Während es vor dem BTHG immer noch möglich war, dem eigenen Leistungsgesetz Vorrang vor trägerübergreifenden Regelungen zu geben, hat der Gesetzgeber nun zentrale verfahrensrechtliche Regelungen zur trägerübergreifenden Zusammenarbeit für alle Rehabilitationsträger verbindlich ausgestaltet. Mit dem BTHG wird ausdrücklich klargestellt, dass es sich bei den geltenden Vorschriften nicht mehr um ein unverbindliches „soft law", sondern um unmittelbar geltendes Recht handelt (vgl. Ulrich in SWK Behindertenrecht 2018: 641, Rn.1). Nur durch die zwingend einzuhaltenden gemeinsamen Vorschriften im SGB IX Teil 1 ist es möglich, im gegliederten Sozialleistungssystem mit seinen abgegrenzten Leistungen durch die verschiedenen Rehabilitationsträger die behinderungsspezifischen Bedarfe vollständig und lückenlos zu decken (vgl. DVfR 2024:7).

Darüber hinaus verpflichtet der Gesetzgeber die Rehabilitationsträger, Einblick in die Einhaltung der Vorschriften zu gewähren: Alle Rehabilitationsträger (siehe Kapitel 2.IV.2) müssen seit 2019 Daten zu 16 gesetzlich vorgeschriebenen Sachverhalten erfassen und an die BAR übermitteln, die daraus einen Teilhabeverfahrensbericht erstellt (§ 41 SGB IX) (siehe Kapitel 3.IV.3).

2.IV.5.3 Plattform für Abstimmung und Verständigung

Um eine trägerübergreifend abgestimmte Verwaltungspraxis zu gestalten, braucht es einen Ort, an dem Abstimmung und Verständigung stattfinden. Zu diesem Zweck wurde bereits 1969 die Bundesarbeitsgemeinschaft für Rehabilitation (BAR) gegründet (siehe Kapitel 2.IV.3.4).

Als Plattform bildet die BAR den operativen Rahmen für die Organisation und die Gestaltung der trägerübergreifenden Zusammenarbeit in der Rehabilitation. Auftrag und zentrale Handlungsfelder der BAR sind auf Basis des SGB IX mit den Leitlinien Kooperation, Koordination und Konvergenz umschrieben. Eine ihrer zentralen Aufgaben ist es, darauf hinzuwirken, dass die Leistungen der Rehabilitation nach gleichen Grundsätzen im Interesse der Menschen mit Behinderungen oder chronischen Erkrankungen erbracht werden.

In der BAR sind die Spitzenverbände der Rehabilitationsträger, die Integrationsämter und weitere Organisationen zu einer Arbeitsgemeinschaft zusammengeschlossen:

- die Bundesagentur für Arbeit (BA),
- die Deutsche Gesetzliche Rentenversicherung (DRV),
- die Deutsche Gesetzliche Unfallversicherung (DGUV),
- die Verbände der gesetzlichen Krankenkassen auf Bundesebene,
- die Sozialversicherung für Landwirtschaft, Forsten und Gartenbau (SVLFG),
- die Bundesländer als Träger der Eingliederungshilfe, der Jugendhilfe sowie des Sozialen Entschädigungsrechts,
- die Kassenärztliche Bundesvereinigung (KBV),
- die Bundesarbeitsgemeinschaft der überörtlichen Sozialhilfeträger (BAGüS),
- die Bundesarbeitsgemeinschaft der Integrationsämter und Hauptfürsorgestellen (BIH),
- die Sozialpartner: für die Arbeitgeberseite die Bundesvereinigung der deutschen Arbeitgeberverbände (BDA), für die Arbeitnehmerseite der Deutsche Gewerkschaftsbund (DGB).

Die BAR schafft mit ihren Mitgliedern und für ihre Mitglieder und darüber hinaus für alle Akteure im Reha-Geschehen träger- und sektorenübergreifende Grundlagen. Konkret geht es darum,

- die für alle Leistungsträger gleichermaßen geltenden Vorschriften einheitlich auszulegen,
- ihre Umsetzung abgestimmt auszugestalten und nachzuhalten,
- trägerübergreifende Entwicklungen anzustoßen (vgl. Schmachtenberg 2019: 29 f.)

Der Fokus der Arbeit liegt auf der Verständigung, der Koordination und der Vernetzung der Rehabilitationsträger untereinander und mit den weiteren Akteuren im Reha-Geschehen. Ein zentrales Instrument sind die Gemeinsamen Empfehlungen, die auf Ebene der BAR erarbeitet, von den Rehabilitationsträger verabschiedet und von der BAR in Kraft gesetzt werden (siehe Kapitel 2.III.5).

Kapitel 3 Praxisteil

3.I Zusammenarbeiten im gegliederten Sozialleistungssystem

Zusammenfassung
Dieses Kapitel geht auf die Anforderungen ein, die das Reha-Geschehen an die Beteiligten stellt. Deutlich werden soll,

- dass Rehabilitation ein Prozess ist, und
- dass es für den Erfolg in der Rehabilitation nicht allein auf die gesetzlichen Verfahrensvorschriften ankommt, sondern auf ihre Übertragung und Anwendung im praktischen Alltag und das Gelingen im Einzelfall.

Thematisiert wird,

- warum die Zusammenarbeit der Beteiligten, insbesondere der Rehabilitationsträger untereinander, wichtig ist,
- was es für Zusammenarbeit braucht,
- was die Zusammenarbeit hemmt und was sie fördert,
- auf was es bei der Kommunikation ankommt.

Das Kapitel richtet den Blick auf die Phasen und Elemente des Reha-Prozesses mit dem dahinterliegenden Prozessmodell.

Ein kritischer Blick auf die Umsetzung soll für das Erkennen von Hindernissen und Chancen sensibilisieren.

3.I.1 Von der Vorschrift zur Anwendung

3.I.1.1 Vorschriften mit Leben füllen

Intention des BTHG ist, die Teilhabe von Menschen mit Behinderungen zu verbessern. Neben Veränderungen im Leistungsbereich geht es auch um die Verbesserung des Prozesses und von Verfahren. Ein besonderes Augenmerk liegt auf dem Zusammenwirken der Akteure im Reha-Geschehen und ganz besonders der Zusammenarbeit der Rehabilitationsträger (siehe Kapitel 2.III.3 und Kapitel 2.IV.2).

Dazu hat das BTHG nicht unbedingt neue Vorschriften eingeführt – Regelungen zur Zuständigkeitsklärung, zur Weiterleitung, zur umfassenden Bedarfsermittlung, zur Teilhabeplanung gab es bereits. Vielmehr wurden bestehende Regelungen geschärft und verbindlicher gemacht, weil die bisherige Umsetzung nicht zufriedenstellend gelaufen ist. Dass die Umsetzung der abstrakten rechtlichen Normen in Organisation und täglichem Tun alles andere als einfach sein wird, war bekannt. Und ebenso war und ist klar, dass die Vorschriften nur dann ihre Wirkung entfalten, wenn sie in der Praxis gelebt werden. Damit die gesetzlichen Vorschriften ihre Wirkung erzielen, müssen sie in Alltagsrecht übersetzt und praxistauglich ausgestaltet werden. Deshalb kommt es nicht allein auf den Normenbestand, sondern vor allem auf die Rechtswirklichkeit an. Das heißt auch: Die Aufgaben können nicht nur juristisch angegangen werden, sondern brauchen ein hohes Engagement für die Menschen, um die es geht.

Wenn sie ergebnisorientiert umgesetzt werden, treffen die Regelungen für das Verwaltungsverfahren den Zeitgeist: Die Erwartungen gehen heutzutage ganz eindeutig in Richtung einer bürgernahen Verwaltung. Passgenaue Leistungen, Reduzierung von Komplexität, Abbau von Bürokratie waren und sind auch für Reha und Teilhabe ein Maßstab und das aus beiden Blickwinkeln: Menschen mit Unterstützungsbedarf wollen auf ihren Bedarf zugeschnittene Leistungen, sie haben Anspruch auf einen möglichst unkomplizierten Zugang zu den Leistungen und auf eine umfassende, nahtlose und abgestimmte Erbringung.

Für die Rehabilitationsträger (siehe Kapitel 2.IV.2) bedeutet dies: Die intendierte Personenzentrierung und Teilhabeorientierung fordern eindeutig einen Perspektivwechsel, sowohl in Bezug auf die Leistungen wie auch auf das Verfahren selbst und zwar über den eigenen Trägerbereich hinaus. Die Auslegung von rechtlichen Regelungen und Gestaltungsspielräumen erfordert neben einer hohen Fachlichkeit auch die Bereitschaft zu einer kreativen Nutzung der eigenen Möglichkeiten und weniger den Schutz der eigenen Grenzen.

Die Umsetzung der Vorschriften verlangt von den Rehabilitationsträgern, an manchen Stellen Dinge anders zu machen als vorher. Das heißt im Klartext: Veränderung. Dazu braucht es die Bereitschaft der Reha-Träger, an den Schnittstellen des gegliederten Sozialleistungssystems aktiv die Komfortzone der eigenen Logik zu verlassen (vgl. von Boetticher 2022: 7).

3.I.1.2 Von der Norm zur Alltagswirklichkeit

Alle Rehabilitationsträger haben sich unmittelbar nach Inkrafttreten des BTHG auf den Weg gemacht, dessen Umsetzung voranzubringen. Dies gilt auch für die Verfahrensvorschriften des ersten Teils des SGB IX. Die aktuelle Bilanz über die Umsetzung trägerübergreifend geltender Regelungen fällt allerdings eher „zufriedenstellend" aus und zeigt, welche Hürden im Weg stehen.

Einen Einblick bietet der Forschungsbericht „Teilhabe gemeinsam planen", den das BMAS im November 2024 veröffentlicht hat.[33] Im Mittelpunkt der Studie steht das trägerübergreifende Teilhabeplanverfahren und dessen Umsetzung in der Praxis. Auf der einen Seite zeigt der Bericht die Überzeugung der befragten Expertinnen und Experten von der Sinnhaftigkeit und Notwendigkeit einer gemeinsamen Teilhabeplanung. Auf der anderen Seite wird deutlich, dass es im komplexen Sozialleistungssystem dafür Voraussetzungen braucht, die zum Teil erst noch geschaffen werden müssen (vgl. BMAS 2024: 11).

Zum SGB IX merkt Schaumberg so kritisch wie treffend an, dass sich die Komplexität nicht aus den Regelungen des SGB IX allein, sondern aus dem Zusammenwirken des SGB IX mit den jeweiligen Leistungsgesetzen der Rehabilitationsträger ergibt. Für eine erfolgreiche Umsetzung müssten diese den Beteiligten auch bekannt sein. Er führt weiter aus:

> „Betrachtet man dieses ‚gegliederte System', dann ist es in der Tat als durchaus komplex zu bezeichnen. Allerdings sind komplexe Regelungssysteme im deutschen Recht nichts Unbekanntes. Allein der Blick auf das Abgaben- und Steuerrecht zeigt, dass eine Verwaltung auch komplexes Recht erfolgreich in der Praxis umsetzen kann. Mit entsprechend ausgebildetem Fachpersonal dürfte daher auch das Teilhaberecht erfolgreich in der Praxis umsetzbar sein" (Torsten Schaumberg in BAR Reha-Info 6/2023:8).

Das muss es auch, denn demgegenüber stehen die berechtigten Erwartungen von Menschen mit Behinderungen an ein teilhabeorientiertes, personenzentriertes, zwischen den Akteuren abgestimmtes Verfahren im Rehabilitationsprozess. Die im BTHG verankerten Pflichten der Leistungsträger beinhalten gleichzeitig Rechte von Menschen mit Behinderungen. Sie sollen und müssen sich darauf verlassen können,

- dass sie Hilfen bekommen, wenn sie in ihrer Teilhabe eingeschränkt sind,
- dass sie die Hilfen bekommen, die sie benötigen,
- dass die verantwortlichen Träger die ihnen zustehenden Verfahrensvorschriften beachten.

Verfahrensvorschriften sind also kein Selbstzweck – in der Praxis müssen sie funktionieren und zwar immer dann, wenn sie für den Erfolg von Rehabilitation unverzichtbar sind. Und die Herausforderung besteht, sie so auszugestalten, dass sie praxistauglich sind und funktionieren.

---

33 Bundesministerium für Arbeit und Soziales (BMAS) (Hrsg.) (2024): Teilhabe gemeinsam planen. Forschungsbericht 645.

3.1.1.3 Handlungsansatz: so klar und einfach wie möglich

Die Akteure im Reha-Geschehen haben relativ große Spielräume bei der Umsetzung der Vorschriften – demgegenüber steht aber auch in der Praxis das Prinzip der maximalen Absicherung. Die Folge ist: Verfahren werden bis ins kleinste Detail geregelt. Diese Feststellung trifft die Umsetzung von Teilhabeplanung – vorliegende Konzepte werden in der Praxis als realitätsfern, zu aufwendig und zu bürokratisch befunden (vgl. BMAS 2024: 23).

Wenn sinnvolle Vorschriften durch ihre Ausgestaltung zu kompliziert werden, dann wird Recht zu einem Hindernis und zwar für beide Seiten. Aus dem Blickwinkel der Mitarbeiterinnen und Mitarbeiter in den Behörden betrachtet: Wenn sich die Übersetzung von Normen in Alltagsrecht durch Detailregeln und eine dadurch hohe Komplexität auszeichnet, dann wird der damit verbundene Aufwand schwer leistbar und wirkt eher demotivierend. Auch kann dazu durchaus kritisch gefragt werden: Sichern allzu viele Detailregelungen die Qualität der Aufgabenerfüllung oder beanspruchen ihre Rezeption und ihre Umsetzung nicht viel mehr Aufmerksamkeit und Ressourcen, als es der Erfüllung der Aufgaben dienlich ist? Aus dem Blickwinkel der Menschen mit Behinderungen selbst: Für sie stellen bei der Inanspruchnahme notwendiger Leistungen allzu komplexe Verfahren im Reha- und Teilhaberecht oft unüberwindbare Barrieren dar, behindern ihre Partizipation und verhindern damit sogar erfolgreiche Leistungen und die Beachtung ihrer grundgesetzlich verankerten Rechte.

Vorschriften haben eine dienende Funktion. Die Ausgestaltung ihrer Umsetzung erfordert, dass sie in der Praxis angewendet werden können. Und dabei steht das Wohl der Menschen mit Behinderung im Vordergrund. Gesetzliche Vorschriften werden deshalb in der Praxis besser greifen, wenn es gelingt, ihre Komplexität auf das Notwendige zu reduzieren und Freiräume für ihre Anwendung vor Ort zuzulassen, ohne Rechtssicherheit über Bord zu werfen. Verwaltungsökonomie und Vereinfachung stehen dem nicht entgegen. Es gilt, Rechtsklarheit und Rechtssicherheit auf der einen Seite und Praxistauglichkeit und Pragmatismus auf der anderen Seite in Einklang zu bringen. Handlungsleitend für die Unterstützung sollte sein: vom Menschen ausgehend so viel wie nötig – so wenig wie möglich. Entscheidend ist, dass es die richtigen Leistungen sind, die angeboten werden und zum Einsatz kommen.

In Bezug auf die Komplexität des Systems hat Reinhard Göhner als Vertreter des Nationalen Normenkontrollrates in einer Anhörung angemerkt: Anstatt

Lotsen für den ‚Irrgarten' zu etablieren, sollten wir den 'Dschungel' erst einmal lichten. Dafür gilt es, klarere Wege durch Vereinfachung zu schaffen und die Komplexität zu reduzieren.[34]

Was dabei helfen kann:

- nicht jedes Detail regeln,
- Freiräume für eine zielgerichtete Anwendung vor Ort zulassen,
- mehr Zutrauen in die Kompetenzen und in die Handlungsfähigkeit der Expertinnen und Experten aus der Praxis und vor Ort setzen und
- sie durch gute Qualifizierung unterstützen.

Wir haben Kompliziertheit geschaffen, wir können sie auch wieder reduzieren. Fast immer hat die Verwaltung Spielräume – im Teilhaberecht erst recht bei der Ausgestaltung der Verfahrensvorschriften.

3.1.2 Bedeutung von Zusammenarbeit

3.1.2.1 Zusammenarbeit als Qualitätskriterium

Der Mensch denkt nicht in den Säulen des gegliederten Sozialleistungssystems, sondern von seiner Situation und seinem Bedarf her. Unterstützung für eine bestmögliche Teilhabe des Einzelnen ist deshalb zunächst eine Anforderung an das ganze System von Reha und Teilhabe (vgl. Mülheims/Seel 2022:37). In diesem System hat kein Akteur einen Alleinvertretungsanspruch und die Herausforderungen einer inklusiven Gesellschaft nehmen keine Rücksicht auf Abgrenzungen aufgrund von Zuständigkeiten.

Die Funktionsfähigkeit des Sozialleistungssystems hängt wesentlich davon ab, wie gut es den Akteuren – allen voran den Rehabilitationsträgern – gelingt, Teilhabe ganzheitlich zu sehen und „Leistungen wie aus einer Hand" zu erbringen. Bei der geforderten Zusammenarbeit handelt es sich nicht nur um einen Kernaspekt im Reha-Prozess, sondern um ein Qualitätskriterium. Unstrittig ist, dass zeitliche Verzögerungen, fehlende Übergänge zwischen den Phasen des Reha-Prozesses oder holprige Übergaben Brüche verursachen und zu Einbußen in der Zielerreichung der Rehabilitation führen. Auch und gerade bei komplexem Hilfebedarf kommt es aber entscheidend auf die Qualität der Zusammenarbeit an. In diesem Sinne ist Zusammenarbeit ein Standard

---

34 Göhner 2024, in: Deutscher Bundestag Ausschuss für Arbeit und Soziales, Wortprotokoll der 83. Sitzung; Abrufbar unter https://www.bundestag.de/webarchiv/Ausschuesse/ausschuesse20/a11_arbeit_soziales/Anhoerungen/1007258 (15.7.2025)

für Qualität in der Rehabilitation. Maßgeblich für den tatsächlich erforderlichen Aufwand sind die Anforderungen im jeweiligen Einzelfall.

Qualität und Qualifizierung hängen eng zusammen. Neben einem breit angelegten Wissen im gegliederten Sozialleistungssystem brauchen die Reha-Berater vor Ort in steigendem Maße kommunikative Kompetenzen und Empathiefähigkeit. Auch setzt eine aktive Nutzung der Möglichkeiten der Rehabilitation eine entsprechende Haltung voraus. Wenn beim Reha-Kolloquium 2023 der Deutschen Rentenversicherung sehr zutreffend festgestellt wurde „Auf die Haltung kommt es an", dann steht dahinter eine wichtige strategische Ausrichtung für die Trägerbereiche, die einerseits den Reha-Beratenden vermittelt werden muss und die andererseits Teil der Qualifizierung sein sollte.

3.1.2.2 Mehrwerte und Hindernisse

Professionelle Zusammenarbeit ist: wirksam – wirtschaftlich – verwaltungsökonomisch – ressourcenschonend. Regelungen können dazu beitragen, Zusammenarbeit zu fördern oder sie zu ersticken. Das gilt auch für die Regelungen rund um die Reha.

Was fördert, was erschwert die Zusammenarbeit im Bereich von Rehabilitation und Teilhabe?

Der in 2024 vom BMAS veröffentlichte Forschungsbericht Teilhabe gemeinsam planen fasst als wichtige Ergebnisse Feststellungen zusammen, die über das Teilhabeplanverfahren hinausgehen und in Bezug auf die Umsetzung von Verfahrensvorschriften des SGB IX Teil 1 durchaus verallgemeinerbar sind. „Der Grad der Zusammenarbeit zwischen den einzelnen Reha-Trägern ist sehr unterschiedlich und reicht von gutem und schnellem Kontakt bis zu Schwierigkeiten bei der Erreichbarkeit" (BMAS 2024: 29)

Zusammenarbeit scheitert oft nicht am Unwillen, sondern an den Rahmenbedingungen. Wenn Zusammenarbeit als zusätzliches Tätigkeitsfeld und zudem als aufwendiges Verfahren erlebt wird, ist das ein Hinderungsgrund, der ernst zu nehmen ist.

Als wesentliche Hemmnisse zur Umsetzung der trägerübergreifenden Zusammenarbeit werden identifiziert:

- das Fehlen von Kenntnissen über Leistungsvoraussetzungen und Leistungsspektrum der jeweils anderen Reha-Träger,
- unzureichende Informationen darüber, welche Leistungen in welchem Umfang gefördert werden können,

- das Aufeinandertreffen unterschiedlicher Träger-Logiken bei Antragsstellung und Bewilligung von Leistungen,
- das Festhalten an den jeweiligen Leistungsgesetzen,
- die Komplexität der Zuständigkeit,
- eine mangelnde Kommunikation und Abstimmung zwischen den Beteiligten (vgl. BMAS 2024: 11 ff.).

Wenn Unklarheiten und Unkenntnis zu lange Bearbeitungszeiten oder Mehrfachbegutachtungen verursachen, dann führt dies zu einer Belastung für Betroffene und deren Angehörige, aber auch für die Leistungsträger selbst.

> „So berichtete ein Träger, dass unabgestimmte Bedarfsermittlung dazu führen können (sic!), dass Vorschläge für Leistungen gemacht werden, die vom anderen Träger jedoch nicht unterstützt werden. Erfolgt kein Einbezug des anderen Trägers über zu erbringende Leistungen, könne sich eine solche Vorgehensweise kontraproduktiv auf die Zusammenarbeit auswirken" (ebd.: 37).

Folgt man diesem Befund, dann liegt der Mehrwert, der durch Zusammenwirken erzielt werden kann, in der Arbeitsökonomie für die Beratenden, in einer höheren Transparenz für alle Beteiligten, im Erfolg der Rehabilitation und damit letzten Endes auch im wirksamen Einsatz der zur Verfügung stehenden Leistungen. Im Einzelnen geht es z. B. um:

- die Vermeidung von Mehrfachbegutachtungen aufgrund von Unklarheiten und Unkenntnis,
- die Vermeidung von langen Bearbeitungszeiten,
- die Sicherstellung, dass Leistungen nicht parallel ohne Abstimmung erbracht werden,
- die Vermeidung von Doppelleistungen.

Kann man Zusammenarbeit verordnen?

Es sind nicht Systeme oder Institutionen, die miteinander arbeiten, sondern Menschen. Deshalb ist Zusammenarbeit auch sehr stark von Menschen abhängig und kann nicht einfach verordnet werden. Wer Zusammenarbeit eher als Last empfindet, wird sich schwertun – wer Lust auf das Arbeiten miteinander hat, wird Zusammenarbeit als Gewinn erkennen.

Zusammenarbeit in der Rehabilitation funktioniert nicht von alleine, sondern braucht Rahmenbedingungen. Dazu zählen:

- vertiefte Kenntnisse über die Arbeitsweisen und Organisationsstrukturen der jeweiligen anderen Reha-Träger,

- funktionierende Netzwerke und Vernetzung,
- Anerkennung der Vereinbarkeit von trägerspezifischen Vorgaben und trägerübergreifenden Notwendigkeiten,
- Einbringung der eigenen Möglichkeiten anstatt Schutz der eigenen Grenzen,
- Einsatz von gemeinsam erstellten Grundlagen anstelle von Eigenentwicklungen.

Als richtigen Ansatz in die richtige Richtung sieht der Deutsche Verein das Projekt „Gemeinsamer Grundantrag für Reha- und Teilhabeleistungen". Durch die Entwicklung und Erprobung eines trägerübergreifend abgestimmten (digitalen) Antrags, mit dem grundsätzlich alle Reha- und Teilhabeleistungen beantragt werden können, wird ein Schritt für einen nutzen- und bedarfsorientierten ganzheitlichen Zugang zum stark gegliederten Bereich der Rehabilitation und Teilhabe vollzogen (vgl. Deutscher Verein für öffentliche und private Fürsorge 2025: 11; siehe Kapitel 3.1.3.3.1).

3.1.3 Rehabilitation als Prozess

3.1.3.1 Phasen des Rehabilitationsprozesses

Rehabilitation ist ein Prozess, in dem die Weichen für eine zielgenaue personenzentrierte Unterstützung gestellt werden. Unter Einbeziehung des betroffenen Menschen geht es darum,

- den Unterstützungsbedarf unter Berücksichtigung aller relevanten Aspekte zu ermitteln;
- die Unterstützungsleistungen, die zur Verfügung stehen, zu prüfen und passgenau anzuwenden;
- festzulegen bzw. abzustimmen, welcher Leistungsträger die Finanzierung übernimmt;
- die Gestaltung des Reha-Prozesses mit den weiteren beteiligten Akteuren abzustimmen (im Sinne von sich untereinander zu beraten);
- Leistungserbringer mit der Durchführung der Leistung(en) zu beauftragen.

Um der Gestaltung von Rehabilitation als Prozess Rechnung zu tragen, haben die Rehabilitationsträger auf Ebene der BAR den Reha-Prozess in sieben Phasen eingeteilt.

Der idealtypische Reha-Prozess umfasst die sieben Phasen:

- Bedarfserkennung,
- Zuständigkeitsklärung,
- Bedarfsermittlung und Bedarfsfeststellung,
- Teilhabeplanung,
- Leistungsentscheidung,
- Durchführung von Leistungen,
- Aktivitäten zum bzw. nach Ende einer Leistung zur Teilhabe (vgl. BAR 2022: 140 ff.).

Abbildung 9: Der Reha-Prozess (Quelle: Bundesarbeitsgemeinschaft für Rehabilitation e.V. (BAR) 2019)

Dabei handelt es sich nicht um eine einmalig ablaufende, lineare Prozesskette mit streng voneinander getrennten Prozessphasen. Weder sind die einzelnen Phasen statisch noch laufen sie linear ab. Je nach Einzelfall greifen sie oft ineinander, überschneiden sich und unterliegen Wechselwirkungen.

Insbesondere die Bedarfserkennung und die Bedarfsermittlung können sich über alle nachfolgenden Phasen erstrecken. Entstehen im Verlauf des Rehabilitationsprozesses, insbesondere im Rahmen der Leistungsdurchführung oder der Aktivitäten zum Leistungsende, Hinweise auf einen möglichen weiteren und darüber hinausgehenden Bedarf an Leistungen, wird erneut die Phase der Bedarfserkennung, ggf. der Antragstellung, der Bedarfsermittlung und -feststellung aufgegriffen und führt ggf. zu Anpassungen der Teilhabeplanung (vgl. Giraud/Penstorf 2018: 37)

Dieses Verständnis von Rehabilitation bietet die Möglichkeit, bei der Veränderung von Lebenssituationen die neuen Bedarfslagen von Menschen mit Behinderungen besser einzuordnen und entsprechende Leistungen anzubahnen (vgl. BAR 2022: 9). Notwendige Anpassungen stellen dann aber nicht etwa eine Störung dar, sondern sind Antworten auf veränderte Lebenssituationen und Bedarfslagen von Menschen.

Am Anfang des Reha-Prozesses steht, dass der Bedarf überhaupt und frühzeitig erkannt wird (Bedarfserkennung). Für das Verwaltungsverfahren ist der leistende Rehabilitationsträger zuständig (Zuständigkeitsklärung). Dann geht es darum, wie passgenau und umfassend Bedarfe erhoben werden (Bedarfsermittlung/-feststellung) und wie die erforderlichen Teilhabeleistungen miteinander verknüpft sind und wie ihre Umsetzung geplant und gesteuert wird (Teilhabeplanung). Die Bewilligung der Leistung bzw. der Leistungen durch den bzw. die Rehabilitationsträger (Leistungsentscheidung) geht der Durchführung, die meist von Rehabilitationsdiensten und -einrichtungen übernommen wird, voraus (Durchführung von Leistungen zur Teilhabe). Die Rehabilitation ist nicht beendet, wenn die Maßnahme ihren Abschluss gefunden hat. Zur Nachhaltigkeit einer Rehabilitation zählt, das Gelernte in den Alltag zu übernehmen (Aktivitäten zum bzw. nach Ende einer Leistung zur Teilhabe).

Wir sprechen über einen Prozess mit – je nach Einzelfall – vielen Beteiligten. Neben dem betroffenen Menschen als der eigentlichen Hauptperson des Prozesses und dem Rehabilitationsträger/ den Rehabilitationsträgern kommen weitere wichtige Akteure hinzu: Ärzte, Therapeuten, Arbeitgeber – um nur einige zu nennen. So verstanden ist Rehabilitation ein interaktiver Prozess, in dem das professionelle Zusammenspiel aller Akteure, einschließlich des potenziellen Rehabilitanden selbst, eine zentrale Rolle spielt (siehe Kapitel 3.I.2).

3.I.3.2 Gemeinsame Empfehlung Reha-Prozess

Wichtig ist, dass die Grundausrichtung der Praxis der Sozialleistungsträger von Gemeinsamkeit geprägt ist, wenn es z. B. um die Auslegung unbestimmter Rechtsbegriffe im Gesetz geht oder um die Frage, wie eine Norm durch Verfahren „gelebt" wird. Wenn das, was zu tun ist, unterschiedlich ausgelegt wird und auch das „Wie" der Umsetzung in die Praxis von jedem Trägerbereich unterschiedlich gestaltet wird, kann das Ganze nicht funktionieren. Ebenso wenig kann es sein, eine Einheitlichkeit und Kleinteiligkeit im Vorgehen anzustreben, die keinen oder kaum Spielraum für den jeweiligen Träger und für die Besonderheiten eines Einzelfalls lässt.

Die Gemeinsame Empfehlung Reha-Prozess hat innerhalb der Gemeinsamen Empfehlungen (vgl. Kapitel 2.III.5) eine zentrale Bedeutung.[35]

Erarbeitet wurde die GE auf Ebene der BAR, an der Erarbeitung beteiligt waren alle Reha-Träger. Wer im Einzelnen und für den jeweiligen Trägerbereich bzw. die Organisation mitgewirkt hat, kann der GE entnommen werden (GE Reha-Prozess 2019: 73).[36]

Die Gemeinsame Empfehlung Reha-Prozess legt den Grundstock für die Umsetzung der trägerübergreifenden Verfahrensvorschriften des BTHG in die Praxis und für die Ausgestaltung der einzelnen Phasen des Reha-Prozesses.

Die zum 1.12.2018 in Kraft getretene GE stellt einen Konsens dar:

- Klares Bekenntnis zu den Zielen der Rehabilitation und Teilhabe,
- Verständigung auf eine abgestimmte Auslegung der Vorschriften,
- Verständigung auf eine (möglichst) einheitliche Auslegung unbestimmter Rechtsbegriffe,
- Verständigung bei der weiteren Ausgestaltung der einzelnen Phasen,
- Auslegung und Ausgestaltung der einschlägigen Vorschriften des SGB IX,
- Beschreibung von Fallgestaltung und Sonderfällen,
- Klärung einzelner Fragestellungen.

Die GE hat im Rahmen einer Selbstverpflichtung handlungsleitenden Charakter. Die in den Trägerbereichen unter Beachtung trägerspezifischer und regionaler Gegebenheiten ergänzenden Durchführungshinweise bzw. Verfahrensabsprachen oder auch Vereinbarungen zwischen einzelnen Trägern sollten sich aus den Regelungen der GE ableiten.

3.I.3.3 Zugang zu den Leistungen

Für den Zugang zu Reha- und Teilhabeleistungen spielt die Antragstellung bei den Reha-Trägern eine wichtige Rolle. Vom Grundsatz her reicht für die Inanspruchnahme von Reha- und Teilhabeleistungen und für das Tätigwerden eines Leistungsträgers eine entsprechende Willenserklärung, aus der das Anliegen des Berechtigten hervorgeht. Dies muss nicht ausdrücklich als „Antrag" bezeichnet werden (vgl. hierzu u. a. BSG, Urteil v. 30.10.2014, B 5 R 8/14 R). Konkrete Anforderungen an einen Reha-Antrag sind gesetzlich

---

35 Die Gemeinsame Empfehlung Reha-Prozess ist abrufbar unter: https://www.bar-frankfurt.de/servi ce/publikationen/reha-vereinbarungen.html (7.10.2025).
36 Aktuell findet eine Überarbeitung der GE Reha-Prozess statt.

nicht ausdrücklich geregelt, in der Praxis verwenden die Träger jeweils eigene Antragsvordrucke.

Der Gesetzgeber hat auf diese Situation mit dem Sozialgesetzbuch IX (SGB IX) und dessen Weiterentwicklung durch das Bundesteilhabegesetz (BTHG) reagiert. Menschen, die auf Unterstützung angewiesen sind, sollen keine Nachteile durch das gegliederte Reha- und Teilhabesystem haben. Vielmehr hat grundsätzlich „ein Antrag" auszureichen, um auch Leistungen verschiedener Reha-Träger nahtlos und „wie aus einer Hand" zu erhalten (vgl. BT-Drs. 18/9522: 191, 193, 203).

Grundsätzlich kann ein Antrag formlos und somit auch mündlich oder durch konkludentes Verhalten gestellt werden. Aufgabe der Rehabilitationsträger ist es, auf eine Antragstellung hinzuwirken, um das weitere Verfahren in Gang zu bringen (vgl. § 9 SGB X). Wenn keine ausdrückliche Beschränkung auf eine Leistung vorliegt, ist davon auszugehen, dass die antragstellende Person grundsätzlich alle ernsthaft in Betracht kommenden Leistungen begehrt und die umfassende Teilhabe am Leben in der Gesellschaft das Ziel ist. Man spricht hier vom Grundsatz der Meistbegünstigung (vgl. von Boetticher/ Kuhn-Zuber 2022: 242).

In der Gemeinsamen Empfehlung Reha-Prozess haben die Träger für sich selbst festgelegt, dass ein Antrag vorliegt, wenn eine Beurteilung der Zuständigkeit möglich ist (§ 19 Abs. 2 GE Reha-Prozess). Dazu gehören insbesondere folgende Informationen:

- Die Identität der antragstellenden Person ist erkennbar.
- Das Leistungsbegehren ist anhand der vorliegenden Informationen konkretisierbar.
- Das konkretisierbare Leistungsbegehren bezieht sich auf Leistungen zur Teilhabe nach § 4 SGB IX, wobei diese Begriffe nicht explizit verwendet werden müssen.

Im weiteren Verfahren sind die Leistungsträger verpflichtet, aktiv darauf hinzuwirken, dass klare und sachdienliche Anträge gestellt werden und unvollständige Angaben ergänzt werden.

In der Praxis stehen überwiegend trägerspezifische Anträge, die sich auf Leistungen einzelner Träger oder bestimmte Leistungsgruppen (z. B. medizinische Reha) beziehen, zur Verfügung. Das Fehlen eines trägerübergreifend abgestimmten Antrags für Reha- und Teilhabeleistungen, mit dem grundsätzlich alle Leistungen aller Reha-Träger durch eine Antragstellung beantragt werden können, stellt eine Barriere für Menschen mit Behinderung beim Zugang zu ganzheitlichen und personenzentrierten Reha- und Teilhabeleistungen dar.

3.I.3.3.1 Exkurs: Trägerübergreifendes Projekt: Gemeinsamer Grundantrag für Reha- und Teilhabeleistungen

Menschen, die mit dem System und seiner Komplexität nicht vertraut sind, fällt es mitunter schwer, sich darin zurechtzufinden und Leistungen in Anspruch zu nehmen. Bislang gibt es keinen „Antrag für alle(s)" zur ganzheitlichen Beantragung von Reha- und Teilhabeleistungen und als gemeinsame Grundlage der Reha-Träger für eine zügige Zuständigkeitsklärung und umfassende Bedarfsermittlung.

An dieser Herausforderung setzt das Projekt „Gemeinsamer Grundantrag für Reha- und Teilhabeleistungen", das die Sozialversicherungsträger im Jahr 2022 beschlossen haben und auf Ebene der BAR (siehe Kapitel 2.IV.5) umsetzen, an. Gefördert wird es vom Bundesministerium für Arbeit und Soziales (BMAS). Die Entwicklung und Erprobung eines digitalen Prototyps für einen trägerübergreifend abgestimmten (digitalen) Antrag für Reha- und Teilhabeleistungen verfolgt einen ausgesprochen innovativen Ansatz. Mit dem Gemeinsamen Grundantrag wird die Möglichkeit geschaffen, grundsätzlich alle Leistungen aller Reha-Träger mit einem einzigen und bei allen Trägern anwendbaren Antrag zu beantragen. Das Projekt stellt damit auch einen Beitrag zum Bürokratieabbau dar.

Für die Reha-Träger schafft ein solcher Antrag eine gemeinsame Grundlage, um innerhalb bestehender gesetzlicher Fristen Leistungen nahtlos und „wie aus einer Hand" zur organisieren. Eine zügige Zuständigkeitsklärung wird damit erleichtert und je nach Bedarf der antragstellenden Person werden eine trägerübergreifende Bedarfsermittlung sowie eine frühzeitige Beteiligung weiterer Rehabilitationsträger an der Bedarfsermittlung und an der Teilhabeplanung vereinfacht.

Der „Gemeinsame Grundantrag für Reha- und Teilhabeleistungen" wird vom Bedarf einer Person ausgehen und eine Beantragung von Reha- und Teilhabeleistungen ermöglichen, die diese individuellen Bedarfe aufnimmt und abbildet. Für die Leistungsberechtigten selbst wird damit ein einfacher Zugang zu Reha- und Teilhabeleistungen etabliert, und zwar unabhängig davon, welche(r) Reha-Träger für ihre Bedarfe zuständig sein könnte(n) oder ob voraussichtlich eine trägerübergreifende Koordinierung erforderlich sein wird. Auch braucht es keine Vorkenntnisse der Antragstellenden zum Reha- und Teilhabe-system.[37]

Die Initiative zur Entwicklung eines solchen Antrags wird politisch unterstützt und fand sogar Eingang in den Koalitionsvertrag der Bundesregierung: „Den gemeinsamen Grundantrag für Reha- und Teilhabeleistungen werden wir vor-antreiben" (Verantwortung für Deutschland Koalitionsvertrag zwischen CDU, CSU und SPD 21. Legislaturperiode: Zeile 625).[38]

3.I.3.4 Datenschutz im Reha-Prozess

Für die Ermittlung des individuellen Rehabilitations- und Teilhabebedarfs braucht es Daten, die die Person betreffen, ihre Gesundheit, ihre Beeinträchti-gungen, ihre Lebenssituation, ihre Ziele. Diese personenbezogenen Daten sind sensibel, deshalb stehen ihre Erhebung und ihre Übermittlung im Reha-Pro-zess unter einem besonderen Schutz, den die Rehabilitationsträger zu beach-ten haben. Herrin ihrer Daten ist letzten Endes die leistungsberechtigte Person selbst.

Es geht zunächst um die Kenntnis von solchen Daten, die notwendig sind, um die gesetzliche Aufgabe – bestmögliche Teilhabe zu ermöglichen – rechtmäßig, vollständig und in angemessener Zeit zu erfüllen. Im Reha-Prozess selbst kommt es entscheidend auf den Umgang mit den Daten an.

Wer einen Antrag stellt und Anspruch auf Leistungen zur Rehabilitation und Teilhabe hat, hat Rechte in Bezug auf die Verarbeitung seiner Daten. Wer als Rehabilitationsträger gesetzlich verankerte Pflichten für die Erbringung von Leistungen zur Rehabilitation und Teilhabe zu erfüllen hat, braucht Mög-lichkeiten für die Verwendung der Daten. Zuständigkeitsklärung, Bedarfser-mittlung, Teilhabeplanung (siehe Kapitel 3.3) sind ausdrücklich im SGB IX geregelt und erfordern die Zusammenarbeit der Rehabilitationsträger und damit auch den Austausch von Daten.

Zum Umgang mit den Daten einer leistungsberechtigten Person in diesen Phasen des Reha-Prozesses haben die Rehabilitationsträger in der GE Reha-Prozess Regelungen vereinbart:

---

37 Weitere Informationen: Die BAR berichtet regelmäßig über den aktuellen Stand des Pro-jekts: https://www.bar-frankfurt.de/themen/reha-prozess/gemeinsamer-grundantrag-fuer-reha-un d-teilhabeleistungen/aktuelle-entwicklungen-im-projekt.html (15.9.2025).
38 Der Koalitionsvertrag ist abrufbar unter: https://www.koalitionsvertrag2025.de/ (20.9.2025)

Zuständigkeitsklärung: Eine Weiterleitung nach § 14 SGB IX bedarf keiner Einwilligung. Die antragstellende Person ist u. a. über mögliche Datenverarbeitungen im Zusammenhang mit der Antragstellung (z. B. bei Bedarfsermittlung und Teilhabeplanung) zu informieren.

Bedarfsermittlung und -feststellung: Vorgaben für eine umfassende Bedarfsermittlung sowie Maßstäbe für die entsprechende Erforderlichkeit von Daten sind in § 13 SGB IX geregelt und konkretisiert in den §§ 35 bis 46 GE Reha-Prozess.

Teilhabeplanung: Die Verarbeitung von Daten, die für die Teilhabeplanung nach § 19 SGB IX erforderlich sind, damit der Reha-Träger seine gesetzlichen Pflichten erfüllen kann, ist ohne Einwilligung zulässig. Dies kann auch erforderliche Inhalte von vorhandenen Gutachten umfassen. Die Erforderlichkeit ist sorgsam zu prüfen.

Für die Person selbst gelten Kontroll- und Beteiligungsrechte:

Einwilligung: Ist die Verarbeitung von Daten erforderlich, um eine gesetzliche Aufgabe zu erfüllen, bedarf es keiner Einwilligung der antragstellenden bzw. leistungsberechtigten Person. Ansonsten gelten für Einwilligungserfordernisse grundsätzlich die gesetzlichen Vorgaben.

Wenn die Datenverarbeitung selbst gesetzlich zwar nicht konkret geregelt ist, kann eine Einwilligung ausnahmsweise Grundlage für die Datenverarbeitung sein. Das kann der Fall sein, wenn ergänzend zu einem Antrag eine weitere Antragstellung bei einem anderen Rehabilitationsträger erfolgt und ein Informationsaustausch zwischen den Trägern einem ausdrücklich geregelten Zweck dient.

Daten, die nicht für die Erfüllung einer gesetzlichen Aufgabe erforderlich sind, dürfen auch nicht auf Grundlage einer Einwilligung verarbeitet, insbesondere nicht übermittelt werden.

Schweigepflichtentbindung: Wenn sich eine Übermittlungsbefugnis von Berufsgeheimnisträgern (z. B. Arzt oder Ärztin) nicht ausnahmsweise aus dem Gesetz ergibt, kann sie durch die leistungsberechtigte Person mittels Schweigepflichtentbindung erteilt werden.

Informationspflichten: Wenn personenbezogene Daten erhoben werden, hat die antragstellende bzw. leistungsberechtigte Person Anspruch gegenüber dem für die Erhebung Verantwortlichen auf Informationen zur Datenverarbeitung, zum Beispiel zur Abstimmung mit anderen Reha-Trägern bei trägerübergreifenden Reha-Bedarfen.

Widerspruchsrecht: Die antragstellende bzw. leistungsberechtigte Person hat grundsätzlich ein Widerspruchsrecht, wenn es um die Übermittlung erforderlicher besonders schutzwürdiger Sozialdaten geht, zum Beispiel durch einen Arzt/eine Ärztin.[39]

Ausführliche Informationen zum Datenschutz enthalten folgende Veröffentlichungen:

Bundesarbeitsgemeinschaft für Rehabilitation 2019: Arbeitshilfe „Datenschutz im trägerübergreifenden Reha-Prozess" (Arbeitshilfe I): https://www.bar-frankfurt.de/themen/reha-prozess/datenschutz/datenschutz-im-reha-prozess. html(7.10.2025).

Bundesarbeitsgemeinschaft für Rehabilitation 2021: Arbeitshilfe „Datenschutz in der Rehabilitation (Arbeitshilfe II): https://www.bar-frankfurt.de/themen/ reha-prozess/datenschutz/datenschutz-im-reha-prozess.html (7.10.2025).

3.1.4 Kommunikation im Rehabilitationsprozess

3.1.4.1 Dialogformate im SGB IX

Personenzentrierung und Teilhabeorientierung kommen ohne Kommunikation nicht aus. Die Instrumente „Bedarfsermittlung", „Teilhabeplanung", „Teilhabeplankonferenz" sind Dialogformate, die das Verwaltungshandeln und die Zusammenarbeit der Rehabilitationsträger prägen. Die Ausrichtung an den Bedürfnissen, Problemen und Rechten von Menschen mit Behinderung verlangt deren aktive Einbeziehung und Beteiligung, denn Informations-, Kontakt-, Beteiligungs- und Beratungspflichten ziehen sich durch den ganzen Reha-Prozess.

Einzelne Beispiele:

- Bedarfserkennung braucht eine systematische gegenseitige Information der Akteure sowie eine gezielte Betreuung und Begleitung der Menschen mit Behinderung.
- Mögliche Unklarheiten bei der Prüfung der Zuständigkeit können im Dialog mit dem Antragsteller/der Antragstellerin oder mit anderen Reha-Trägern geklärt werden.

---

[39] Quelle: Bundesarbeitsgemeinschaft für Rehabilitation 2024: Factsheet Datenschutz in der Rehabilitation: https://www.bar-frankfurt.de/themen/reha-prozess/datenschutz.html (7.10.2025).

- Bedarfsermittlung und Bedarfsfeststellung auf Basis des biopsychosozialen Modells (siehe Kapitel 2.III.6) erfolgen in Form von strukturierten Gesprächen.
- In die Teilhabeplanung, Erstellung, die Fortschreibung oder Änderung des Teilhabeplans werden alle Beteiligten insbesondere auch der Leistungsberechtigte aktiv einbezogen.
- Die Durchführung der einzelnen Leistungen braucht Austausch und aktive Begleitung (vgl. Giraud/Penstorf 2018: 38).

Dies erfordert, sich gegenseitig zu verstehen und – wo nötig – sich zu verständigen.

3.I.4.2 Kommunikation auf Augenhöhe

Im Kontext von Teilhabe und Rehabilitation geht es um

- die Kommunikation der Reha-Träger und der weiteren Akteure untereinander und
- die Kommunikation mit dem Menschen mit Behinderung.

Kommunikation hat das Ziel, einen ausreichenden Informationsaustausch zwischen dem Menschen mit Beeinträchtigung und den beteiligten Akteuren zu erreichen, um sowohl die fachlich-sachliche Problemlage wie auch die soziale und persönliche Situation des betroffenen Menschen zu erfassen. Nur wenn seine persönliche Situation bekannt ist, kann sie in den Reha-Prozess einfließen. Ohne den Sachverhalt zu kennen, ist es nicht möglich, eine rechtssichere Entscheidung zu treffen. Hier geht es um die Integration von Fach- und Fallwissen. Je komplexer der Sachverhalt, umso mehr braucht es die Kommunikation und den Informationsaustausch zwischen der betroffenen Person und der Beratungsfachkraft.

Dass und wie ungleich die Rahmenbedingungen für die Kommunikation zwischen den Ratsuchenden und den Beratenden sind, gilt es sich bewusst zu machen: Da bestehen aufseiten des Reha-Beraters bzw. der Reha-Beraterin ein Wissensvorsprung und eine Entscheidungsmacht, aufseiten der Ratsuchenden bzw. betroffenen Menschen oftmals ein geringer bis nicht vorhandener Kenntnisstand, Unsicherheit, Ängste und Emotionen. Darüber hinaus äußert sich das Ungleichgewicht oft auch sprachlich und rührt an den Aspekt der Verständlichkeit von Informationen. Nicht selten erschweren auch sprachliche Barrieren den Zugang zu Information und damit die Kommunikation miteinander.

Kommunikation im Reha-Prozess kann nur erfolgreich sein und auf Augenhöhe stattfinden, wenn bestimmte Voraussetzungen erfüllt sind. Das aktive Sich-Einbringen in ein Gespräch setzt voraus, dass alle Beteiligten dasselbe Verständnis von den Gesprächsinhalten haben und über den Zweck des Gesprächs informiert sind. Dafür bedarf es einer Verständigung und Bestätigung über alle wichtigen Begriffe, die genutzt werden, mindestens in Bezug auf den Begriff der Teilhabe (vgl. DVfR 2023: 15).

Reha-Beraterinnen und -Berater brauchen kommunikative Kernkompetenzen. Als Grundlagen der Kommunikation sollten sie beherrschen,

- wie man verständlich spricht,
- wie man zielorientiert Fragen stellt,
- wie man nachfragt, ob das Gesagte auch verstanden wurde,
- wie man sich vergewissert, ob man selbst alles richtig verstanden hat.

Kommunikation in der Rehabilitation ist auch ein gegenseitiger Lernprozess: Die Beantwortung von Fragen im Zusammenhang mit der Bedarfsermittlung, der Gestaltung des Reha-Prozesses geht nicht ohne die Hinzuziehung des Sachverstandes der Menschen mit Behinderung selbst, also den Austausch. Umgekehrt werden Menschen mit Behinderungen über eine bessere Verständlichkeit der Inhalte Wissen erwerben, damit Sicherheit und Zutrauen in die Behörde und in die eigenen Kompetenzen gewinnen und sich zielgerichteter in den Prozess einbringen können.

3.1.4.3 Kommunikation zwischen den Akteuren

Im Kontext von Rehabilitation und Teilhabe und im Reha-Prozess geht es um die Übermittlung von Informationen und die Kommunikation zwischen den Rehabilitationsträgern und Menschen mit Behinderungen, aber auch zwischen den Rehabilitationsträgern und weiteren Akteuren.

3.1.4.3.1 Verständigung braucht gemeinsames Verständnis

> „Trotz vieler gemeinsamer Empfehlungen, überregionaler Absprachen und Kooperationsvereinbarungen kommt es immer wieder zu Konflikten und Missverständnissen zwischen den Reha-Trägern. Grund dafür sind häufig unterschiedliche Auslegungen und Interpretationen der Gesetze, unterschiedliche interne Vorgaben und Richtlinien innerhalb der Organisationen" (Julia Hauffen 2023 in: Reha-Info 6/2023, 9).

Wie will man miteinander reden, verhandeln, planen, arbeiten, wenn schon über das Verständnis der maßgeblichen Begriffe und der grundlegenden Ziele keine Einigung besteht? Um etwas zu begreifen und zu verstehen benötigen wir Begriffe. Im Reha- und Teilhaberecht finden wir zahlreiche Begriffe, die in der Umgangssprache etabliert sind und gleichzeitig von unterschiedlichen Fachgebieten unterschiedlich definiert werden (vgl. Egen/Gutenbrunner 2021: 32 ff.). Dazu zählen Begriffe wie Behinderung, Teilhabe, Inklusion, Partizipation, Selbstbestimmung, um nur einige zu nennen. Gerade wenn Begriffe eingängig sind und sie in der Umgangssprache je nach Kontext unterschiedlich ausgelegt werden können, besteht die Gefahr, dass die Nutzerinnen und Nutzer auch im Kontext von Reha und Teilhabe ein unterschiedliches Verständnis haben. Das gilt auch für die Verwendung unbestimmter Rechtsbegriffe wie z. B. frühzeitig, umfassend, individuell im Kontext des Reha-Prozesses.

Bleiben zentrale Begriffe ungeklärt, werden die Kommunikation und die gegenseitige Verständigung erschwert, wenn sie nicht gleich ins Leere laufen. Im Kontext von Rehabilitation, die von unterschiedlichen Bezugsdisziplinen wahrgenommen wird, braucht es zwingend eine abgestimmte Grundlage: Gerade wegen dieser Bedeutung ist die Entwicklung eines gemeinsamen Sprachverständnisses eine wichtige Aufgabe und im Interesse der Akteure im Reha-Geschehen, ein Anliegen der Gemeinsamen Empfehlungen (siehe Kapitel 2.III.5 und 3.I.3) und eines der Hauptanliegen der ICF (siehe Kapitel 2.III.6).

Dazu ein Beispiel:

Ein Begriff, der auch heute noch mit unterschiedlichen Vorstellungen und Auslegungen assoziiert wird, ist das Wunsch- und Wahlrecht (§ 8 SGB IX). Was Leistungsberechtigte als Möglichkeit verstehen, klar zu formulieren, welche Leistungen sie für sich und ihre Teilhabe für erforderlich halten und wünschen, stößt bei der zuständigen Behörde vielleicht auf Unverständnis und Ablehnung. Zum einen widerspricht eine trägerseitige Haltung von „Wir sind doch nicht bei Wünsch-dir-was" der Intention, berechtigten Wünschen von Antragstellenden nachzukommen und über „berechtigt" kann es durchaus unterschiedliche Auffassungen geben. Zum anderen ist ein nutzerseitiges Verständnis von „Alles muss möglich sein" ebenso wenig hilfreich, denn es verkennt die Grenzen im sozialen System. Gerade weil das Wunsch- und Wahlrecht für die Betroffenen ein zentrales Recht darstellt und dessen Beachtung eine Pflicht für die Reha-Träger darstellt, braucht es für die Kommunikation ein klares, eindeutiges und gemeinsames Verständnis. Die Verständigung darauf ist im Interesse beider Seiten.

3.I.4.3.2 Kommunikation mit Menschen mit Behinderungen

Die Forderung nach „Allgemeinverständlichkeit" wird in besonderem Maße gegenüber der öffentlichen Verwaltung erhoben. Immer stellen die verwaltungssprachliche Kommunikation und die Texte der Behörden noch eine Hürde für die Teilhabe dar. Ein Großteil der Kommunikation – schriftlich wie mündlich – folgt noch zu wenig den Bedürfnissen der Menschen mit Behinderungen. Anträge, Bewilligungsbescheide, Ablehnungsbescheide sind noch zu sehr juristisch formulierte Dokumente.

Prinzipiell sollte es allen Menschen mit Behinderungen ermöglicht werden, auch gegenüber Verwaltungsstellen verschiedenster Art ihre vollen Bürgerrechte wahrzunehmen. Die Verwaltungsstellen sind deshalb gefordert, Informationen, Strukturen und Prozesse so zu formulieren und gestalten, dass sie von den Menschen verstanden werden und von möglichst allen Menschen genutzt werden können.

Adressatengerechte Sprache

Um die für die Bedarfsermittlung und Teilhabeplanung erforderlichen Informationen zu erheben, braucht es partizipative Gespräche. Sie sollen darüber hinaus eine Vertrauensbasis herstellen. Menschen mit Behinderungen müssen Partizipation nicht können – manche müssen dabei unterstützt, manche dazu befähigt werden. Es ist Aufgabe der Rehabilitationsträger und ihrer Beraterinnen und Berater, sich an den Gegebenheiten und der Sprache der Leistungsberechtigten zu orientieren – nicht umgekehrt.

Die Wahl der Sprache muss sich am Adressatenkreis ausrichten. Um eine bestmögliche Verständlichkeit zu erreichen, sollte die Sprache nur so komplex wie nötig und stets so einfach wie möglich sein. Eine Vereinfachung der Sprache schafft Verständlichkeit, Verständlichkeit schafft Klarheit und Transparenz, erhöht das Vertrauen gegenüber den Behörden und verringert bestehende Vorbehalte bei der Inanspruchnahme von Leistungen.

Es gibt bereits ausreichend Kriterien und Ideen, wie Bescheide, Broschüren, Informationsmaterialien in verständliche Formen und zugängliche Formate gebracht werden. Als „Handwerkszeug" stehen sprachliche Strategien zur Verfügung. Dazu zählen all jene Möglichkeiten, die – schriftlich wie mündlich - dazu beitragen, die Verständlichkeit von Inhalten auf Wort-, Satz und Textebene zu erhöhen. Hierzu gehören

- die Verwendung zentraler Wörter,
- die Verwendung von Satzstrukturen mit überschaubarer Buchstabenlänge bzw. Anzahl von Wörtern je Satz,
- die Darstellung von Sachverhalten mittels anschaulicher Beispiele,
- die Adressierung der Person, der Personengruppe.

Für die Kommunikation mit Menschen mit Behinderungen und für eine gelingende Rehabilitation und Teilhabe lässt sich festhalten: Von einer Verwaltungsstelle, die sich auf den Weg macht, die Voraussetzungen für eine funktionierende Kommunikation zu schaffen, werden alle profitieren. Das sind in erster Linie die Menschen mit Behinderungen und eben auch die Verwaltungsstellen selbst. Eine Klärung, Klarstellung und Verständigung führt im Ergebnis zu weniger Nachfragen und weniger Missverständnissen bei der Informationsverarbeitung und im Verwaltungsvorgang.

Kommunikation mit Menschen mit kognitiven Einschränkungen

Die Einbeziehung von kognitiv beeinträchtigten Menschen in ihre Teilhabeplanung erfordert eine gute Vorbereitung der Gespräche durch die Teilhabeplanerinnen bzw. Teilhabeplaner und der beteiligten Personen. Menschen mit kognitiven Beeinträchtigungen verfügen weder über die Erfahrung, wie ein sozialrechtlich abgesichertes Teilhabegespräch zu führen ist, noch kann man davon ausgehen, dass ihnen die Regeln und Prinzipien einer aktiven Gesprächsführung – bezogen auf den Kontext dieses Gesprächs – vertraut genug sind (vgl. DVfR 2023: 15).

Für die Kommunikation mit Menschen mit kognitiver Beeinträchtigung ist die Verwendung von Leichter Sprache wichtig. Sie unterstützt das Verständnis von Informationen, den Umgang mit Formularen und ebenso die Kommunikation. Leichte Sprache bedeutet mehr als die Verwendung kurzer Sätze oder einfacher Wörter, ebenso wichtig sind die Reduktion auf die wichtigsten Inhalte, die Konzentration auf die tatsächlich relevanten Informationen, das Erklären von zentralen Informationen und ebenso das Weglassen von unerheblichen Informationen. Für die Übersetzung von Texten gibt es Fachleute für Leichte Sprache. Für die konkrete Gesprächssituation lohnt es sich, sich über Leichte Sprache zu informieren, es braucht eine gute Vorbereitung und für die Durchführung Gespür und Sensibilität.

Direkte Ansprache, Wiederholungen und der Verzicht auf abstrakte Begriffe und bildhafte Sprache sichern den Austausch und die Verständigung.

Kommunikation mit Menschen mit Hörbehinderung

Für Menschen mit Hörbehinderung ist die Kommunikation das zentrale Problem (siehe Kapitel 2.1.3).

Viele Betroffene sind in der Lage von den Lippen abzulesen, was eine hohe Konzentration erfordert und nur unter bestimmten Rahmenbedingungen – kein Durcheinanderreden, Zugewandtheit beim Sprechen – funktioniert. Weder diese Form der Verständigung noch die schriftliche Verständigung stellen aber ein vollständiges Verfassen von Informationen sicher. Aufgrund der erschwerten Verständigung können Missverständnisse entstehen.

Gehörlose Menschen kommunizieren in Gebärdensprache, die nicht nur Handzeichen – die Gebärden –, sondern auch Mimik und Gestik einsetzt, und mit einem umfassenden Wortschatz und einer differenzierten Grammatik eine eigenständige, vollwertige Sprache darstellt. Die Kommunikation mit gehörlosen Menschen ist in hohem Maße abhängig von der Möglichkeit, in Gebärdensprache kommunizieren zu können, was die Hinzuziehung dieser Kompetenz sinnvoll und erforderlich macht.

Für hörende Berater sind dennoch einige Aspekte zu beachten:

- Ruhige Umgebung, gute Lichtverhältnisse herstellen.
- Langsam und deutlich sprechen, aber nicht übertrieben laut.
- Mit Gestik und Mimik unterstützen.
- Einfache und klare Sprache verwenden.
- Schwierige Begriffe, Namen und wichtige Daten aufschreiben.
- Durch Rückfragen sicherstellen, dass man verstanden wurde.

3.11 Rehabilitation und Teilhabe planen

Zusammenfassung

In diesem Kapitel geht es um die Kernaufgaben des Reha-Managements: Bedarfsermittlung und Teilhabeplanung.

Folgenden Fragen wird nachgegangen:

- Warum sind Bedarfsermittlung und Teilhabeplanung so wichtig?
- Worin besteht ihre rechtliche Bedeutung?
- Wie sind die verschiedenen Begriffe zu verstehen?
- Was ist für die Umsetzung zu beachten?

3.II.1 Kernaufgaben: Bedarfsermittlung und Teilhabeplanung

Rehabilitationsträger müssen rechtmäßige und pflichtgemäße Ermessensentscheidungen treffen (vgl. Luik in LPK-SGB IX 2022:240 ff). Sie tragen dabei ein hohes Maß an Verantwortung und sind oftmals Weichensteller im Leben eines Menschen mit Behinderung, wenn sie entscheiden

- ob und welche Teilhabeleistungen sie bewilligen,
- wie sie die ihnen zur Verfügung stehenden Möglichkeiten zum Wohl des Menschen mit Behinderung anwenden und eben auch, wenn sie diese nicht nutzen,
- wie sie den individuellen Reha-Prozess mit allen Beteiligten planen und umsetzen,
- und schließlich auch: wie sie die ihnen zur Verfügung stehenden Beiträge ihrer Versicherten bzw. Steuergelder wirkungsvoll einsetzen.

Nicht umsonst sind eine umfassende trägerübergreifende Bedarfsermittlung und Teilhabeplanung verbindliche Kernaufgaben im Reha-Prozess (siehe Kapitel 3.I.3). Wer den Sachverhalt nicht kennt, kann zum einen keine Folgeentscheidungen treffen, die wirkungsvoll für die Teilhabe des betroffenen Menschen sind. Zum anderen kann das Auswahlermessen, das ein Träger hat, nur dann fehlerfrei ausgeübt werden, wenn der Sachverhalt in ausreichender Weise ermittelt und die Teilhabeplanung ordnungsgemäß durchgeführt wurde. Dagegen kann eine fehlerhafte Teilhabeplanung die Verwertung der Feststellungen zum Bedarf und zu den erforderlichen Leistungen gefährden und wird einer gerichtlichen Überprüfung von Auswahlermessen und Prognoseentscheidung nicht standhalten (vgl. ebd.: 240, Rn. 30).

3.II.1.1 Bedarfsermittlung

3.II.1.1.1 Zentrale Begriffe

Bedarfserkennung

Bevor Leistungen zur Teilhabe eingeleitet werden, muss der Bedarf überhaupt erst erkannt werden.

Unter „Bedarfserkennung" werden die Aktivitäten gefasst, die im Vorfeld eines Antrags auf Leistungen zur Teilhabe erfolgen. Es geht um erste Anhaltspunkte für einen Bedarf an Leistungen zur Teilhabe, weswegen auch von „Frühzeitiger Bedarfserkennung" gesprochen wird (§ 12 SGB IX).

Diese Anhaltspunkte können von ganz unterschiedlichen Akteuren ausgehen, wie z. B.

- den Rehabilitationsträgern, wenn ihnen entsprechende Informationen vorliegen,
- den Menschen mit (drohender) Behinderung selbst, ihren Angehörigen oder ihrem sozialen Umfeld,
- den Akteuren der medizinisch-therapeutischen Versorgung, wie den niedergelassenen Ärzten, den Ärzten im Krankenhaus,
- den betrieblichen Akteuren wie dem Betriebs-/Personalrat oder der Schwerbehindertenvertretung,
- Selbsthilfegruppen/-organisationen.

Anhaltspunkte für einen potenziellen Rehabilitationsbedarf können sein:

- das Bestehen einer chronischen körperlichen oder psychischen Erkrankung,
- lang andauernde oder wiederholte ambulante oder stationäre Behandlungen wegen derselben Erkrankung,
- gesundheitliche Beeinträchtigungen bei der Ausübung einer Erwerbstätigkeit,
- länger als sechs Wochen ununterbrochene oder wiederholte Arbeitsunfähigkeit innerhalb der letzten 12 Monate,
- (drohender) krankheitsbedingter Arbeitsplatzverlust,
- Beantragung oder Bezug einer teilweisen oder vollen Erwerbsminderungsrente,
- auffälliges Verhalten in der Kindertagesstätte oder der Schule (vgl. GE Reha-Prozess 2019b: 21).

Bedeutsam für das Erkennen von Bedarfen sind auch Informationen über die möglichen Leistungen zur Teilhabe. Die Rehabilitationsträger haben deshalb die Pflicht, diese über verschiedene Wege bekanntzumachen, indem sie Informationsangebote bereitstellen und Ansprechstellen benennen (§ 12 Abs.1 und 2 SGB IX) (siehe Kapitel 3.III.1.3).

Das Erkennen von Bedarfen alleine reicht allerdings nicht aus: Leistungen zur Teilhabe werden zumeist nur auf Antrag (siehe Kapitel 3.I.3) erbracht. Aufgabe der Rehabilitationsträger ist deshalb auch, auf eine Antragstellung hinzuwirken. Ob ein Antrag gestellt wird, hängt von der erkrankten Person oder ihrem behandelnden Arzt ab. Damit es nicht vom Zufall abhängt, ob ein Reha-Verfahren überhaupt und zum richtigen Zeitpunkt in Gang gesetzt wird, ist es wichtig, Reha proaktiv bekanntzumachen, z. B. bei den zuvor genannten Akteuren.

Bedarfsermittlung

Die Bedarfsermittlung setzt spätestens nach Klärung der Zuständigkeit (siehe Kapitel 3.I.3) ein und ist der Schlüssel zu geeigneten Leistungen zur Teilhabe. Um einen möglichen Bedarf an Teilhabeleistungen zur prüfen und schließlich zu konkretisieren, werden in einem individuellen Prozess Informationen – z. B. Beeinträchtigungen, Lebenssituation, Ziele, Wünsche – erhoben, gebündelt und ausgewertet.

Ziel ist also, Beeinträchtigungen und Ziele eines Menschen möglichst vollständig zu ermitteln, um darauf aufbauend Leistungen bereitstellen zu können. Teilhabeziele können sein, ins Arbeitsleben zurückzukehren, wieder laufen zu können, sich im Alltag wieder mobil zu bewegen. Die Ermittlung umfasst alle Lebensbereiche des Menschen mit Behinderung im Sinne der ICF und des biopsychosozialen Modells (siehe Kapitel 2.III.6). Soweit notwendig werden während der Ermittlung Gespräche geführt, Gutachten erstellt und Bedarfsermittlungsinstrumente, Arbeitsmittel wie Tests, Selbstauskunftsbögen und Checklisten eingesetzt.

Bedarfsfeststellung

Die Bedarfsfeststellung bezeichnet die Zusammenfassung der einzelnen Ermittlungen. Wenn mehrere Reha-Träger, Gutachter und Leistungserbringer beteiligt waren, werden hier alle Ergebnisse zusammengeführt. Diese Zusammenfassung bildet die Basis für die Entscheidung über einzelne Leistungen.

3.II.1.1.2 Anforderungen an die Bedarfsermittlung und Instrumente

3.II.1.1.2.1 Anforderungen

Aufgrund ihrer Bedeutung werden an die Bedarfsermittlung konkrete Anforderungen gestellt: Sie hat umfassend, funktionsbezogen, individuell und zielorientiert zu erfolgen.

Umfassend

Ausgangspunkt ist die Person in ihrer gesamten Lebenswelt, unabhängig von konkreten Leistungen, Zuständigkeiten und Leistungserbringern. Es wird zunächst davon ausgegangen, dass die betreffende Person alle im Einzelfall in Betracht kommenden Reha- und Teilhabeleistungen begehrt. In der Praxis geht es um den Grundsatz der „Meistbegünstigung" (vgl. GE Reha-Prozess 2019b: 15 ff.). Entsprechend umfassend hat der Rehabilitationsträger zu prüfen.

Auch wenn ein Antrag auf eine bestimmte Leistung vorliegt, besteht die Verpflichtung, alle Lebensbereiche des Menschen mit Behinderung im Sinne der ICF und des biopsychosozialen Modells einzubeziehen, die für die Beurteilung des Teilhabebedarfs notwendig sind: Gesundheit, Bildung, Arbeit und Mobilität.

Ausnahme: wenn der Leistungsberechtigte eine Beschränkung auf eine bestimmte Leistung ausdrücklich wünscht, dann geht es im weiteren Verfahren nur um diese.

Funktionsbezogen

Eine funktionsbezogene Bedarfsermittlung erfolgt auf Basis des biopsychosozialen Modells (siehe Kapitel 2.III.6). Dies beinhaltet die Erhebung aller relevanten Informationen zu den Auswirkungen der Gesundheitsprobleme auf die Körperfunktionen und -strukturen sowie im Bereich der Aktivitäten und Teilhabe. Das geschieht unter Einbezug der im Einzelfall wichtigen Kontextfaktoren (z. B. Hilfsmittel, Unterstützung durch Familie, Reha-Motivation) in ihrer Eigenschaft als Förderfaktor oder Barriere und der Wechselwirkungen der Komponenten zueinander.

Individuell

Ausgangspunkt der individuellen Bedarfsermittlung ist der Mensch mit Behinderungen mit seinen jeweiligen Fähigkeiten, Fertigkeiten und Bedarfen. Seine Vorstellungen, Wünsche und Ziele müssen ermittelt und in Planung, Leistungsentscheidung sowie -erbringung einbezogen werden.

Zielorientiert

Die Bedarfsermittlung ist an Teilhabezielen auszurichten, die nicht von außen bestimmt werden können. Sie sind gemeinsam mit den Menschen mit Behinderungen auszuhandeln, festzulegen und so genau wie möglich zu konkretisieren. Das heißt, deren Fähigkeiten und Fertigkeiten zu erkennen, seine Lebenssituation zu erfassen, um auf dieser Grundlage Bedarfe individuell zu ermitteln und die Hilfen flexibel auszugestalten.

3.II.1.1.2.2 Instrumente

Für die Bedarfsermittlung schreibt der Gesetzgeber den Einsatz systematischer Arbeitsprozesse und standardisierter Arbeitsmittel (Instrumente) vor (§ 13 Abs. 1 SGB IX). Auf die Vorgabe eines einheitlichen Bedarfsermittlungsinstruments wird verzichtet, wohl aber müssen die eingesetzten Instrumente Anforderungen erfüllen: Sie müssen eine individuelle und funktionsbezogene Bedarfsermittlung gewährleisten und deren Ergebnisse dokumentieren und nachprüfbar machen (§ 13 Abs. 2 SGB IX).

Welche Unterlagen werden zur Bedarfsermittlung eingesetzt?

Dazu zählen zunächst die Antragsunterlagen, dann aber auch eigene Fragebögen, Checklisten, Leitfäden etc. Bei weiterem Bedarf können auch Gutachten beauftragt und die Expertise von eigenen Fachdiensten, von medizinischen Diensten, von externen Fachärzten oder auch von Leistungserbringern im Bereich der medizinischen Rehabilitation (z. B. Reha-Kliniken) oder der beruflichen Rehabilitation (z. B. Berufsbildungswerk, Berufsförderungswerk) hinzugezogen werden (vgl. BAR 2024: 16)

Die Bedarfsermittlung soll auf der konzeptionellen Grundlage der ICF und des ihr zugrundeliegenden biopsychosozialen Modells erfolgen, sich am individuellen Hilfebedarf und den vorhandenen persönlichen Ressourcen orientieren. Dabei muss sie die Kontextfaktoren berücksichtigen und den Hilfebedarf zunächst unabhängig von leistungsrechtlichen Fragen ergebnisoffen ermitteln.

Während die Nutzung der ICF für alle anderen Träger nicht vorgeschrieben ist, ist für die Träger der Eingliederungshilfe gesetzlich festgelegt, dass die Bedarfsermittlung durch ein Instrument zu erfolgen hat, das sich an der ICF orientiert (§ 118 Abs. 1 SGB IX).

Auch für den Trägerbereich der Eingliederungshilfe gibt es kein einheitliches Instrument. Vielmehr wurden in den einzelnen Bundesländern landeseinheitliche Bedarfsermittlungsinstrumente entwickelt.[40]

---

40 Beispiele dafür sind in Nordrhein-Westfalen das BEI_NRW: https://www.lvr.de (26.9.2025); B.E.Ni in Niedersachsen (https://soziales.niedersachsen.de (20.9.2025) oder der Integrierte Teilhabeplan (ITP) in Hessen: https://www.lwv-hessen.de (26.9.2025).

3.II.1.1.3 Inhalte der Bedarfsermittlung

Die nachfolgende Zusammenstellung betrifft Angaben, die für die Bedarfsermittlung von Bedeutung sind bzw. sein können. Entscheidend ist der Einzelfall und die Informationen, die es braucht, um den Teilhabebedarf des Menschen mit Behinderungen zu bestimmen – nicht mehr und nicht weniger.

Die Grundlage bilden zunächst Informationen zur Person und biografische Angaben.

Zentrale Angaben, die vom Rehabilitationsträger ermittelt und geklärt müssen, sind:

- Welche Schädigungen liegen vor? Wie sind Art und Schwere der Behinderung?
- Worin bestehen die Beeinträchtigungen der Aktivitäten und/oder der Teilhabe?
- Über welche Ressourcen verfügt der betroffene Mensch?
- Welche personen- und umweltbezogenen Kontextfaktoren sind von Relevanz für die Entscheidung über passgenaue Leistungen zur Rehabilitation und Teilhabe?
- Sind besondere Bedürfnisse behinderter und von Behinderung bedrohter Frauen und Kinder zu berücksichtigen und wenn ja welche?
- Welche leistungsbezogenen Ziele und Wünsche hat der betroffene Mensch?
- Welche Gründe machen die Leistungen erforderlich?
- Worin bestehen Ziel, Art, Umfang und inhaltliche Ausgestaltung der vorgesehenen Leistungen?
- Wird ein Persönliches Budget gewünscht?
- Wann soll die vorgesehene Leistung beginnen, wie lange soll sie dauern und wo soll sie durchgeführt werden?
- Bei verzahnten und sich überschneidenden Leistungen zur Rehabilitation und Teilhabe: Wie sind die Abläufe organisatorisch und zeitlich zu gestalten?
- Welche Rehabilitationsträger und ggf. sonstige Dritte sind zu beteiligen? (vgl. Luik in LPK- IX 2022: 241, Rn. 30).

In Bezug auf die Wünsche und Ziele des betroffenen Menschen geht es um Fragen wie:

- Können eingeschränkte Körperfunktionen wiederhergestellt werden?
- Ist ein Berufswunsch realisierbar?

- Welche Kompetenzen sind erforderlich, um das Berufsziel zu erreichen?
- Lassen die Beeinträchtigungen eine Rückkehr in den Beruf zu?
- Was braucht es, um die Mobilität für den Alltag wiederzuerlangen?

Nicht immer können Menschen mit Behinderungen ihre Teilhabeziele zu einem frühen Zeitpunkt konkret benennen. Anhaltspunkte für Teilhabeziele können sich auch aus Wünschen wie z.B. Berufswünschen und den dafür erforderlichen Kompetenzen oder aus bestimmten Körperfunktionen (z. B. Aufmerksamkeit) ergeben (vgl. BAR 2024:15).

Der Ort für die Dokumentation der Ergebnisse ist der Teilhabeplan (siehe Kapitel 3.III.1.2).

3.II.1.1.4 Verantwortlicher Träger

Die Bedarfsermittlung wird grundsätzlich vom jeweils zuständigen Reha-Träger durchgeführt.

Wenn vielschichtige Bedarfe bestehen, für die mehrere Reha-Träger zuständig sind oder verschiedene Anträge auf Reha und Teilhabe (z.B. medizinisch und beruflich) vom Leistungsberechtigten bei mehreren Reha-Trägern gestellt wurden, koordiniert und steuert ein Reha-Träger als leistender Rehabilitationsträger das Verfahren von der Bedarfsermittlung bis zum Abschluss der Leistungserbringung. Der leistende Rehabilitationsträger kann von Amts wegen Fachdienste, Gutachter oder Leistungserbringer (siehe Kapitel 2.IV.2) hinzuziehen.

Wer als leistender Rehabilitationsträger die Fäden in der Hand hält, bestimmt sich nach den Regelungen des § 14 SGB IX: Der erstangegangene Träger, der entweder seine Zuständigkeit feststellt oder den Antrag innerhalb der Zwei-Wochen-Frist nicht weiterleitet, wird leistender Reha-Träger. Wird ein Antrag weitergeleitet, so übernimmt der zweitangegangene Träger die Funktion, es sei denn er verständigt sich mit einem dritten Träger im Rahmen einer sogenannten „Turboklärung" auf dessen Zuständigkeit.

Der leistende Reha-Träger übernimmt dann folgende Aufgaben:

- Bedarfe unverzüglich und umfassend ermitteln,
- den Prozess gegenüber dem Leistungsberechtigten koordinieren und steuern,
- die Abstimmungsprozesse mit allen Beteiligten führen,

- die Teilhabeplanung vorbereiten, durchführen und deren Umsetzung steuern,
- Ansprechpartner in allen Fragen für den Leistungsberechtigten sein.

3.II.1.2 Teilhabeplanung

Komplexe Prozesse brauchen Planung und Steuerung, Koordination und Kooperation der beteiligten Akteure. Das gilt auch für den Bereich von Teilhabe und Rehabilitation.

> „Wer einen Plan hat, weiß, was er will und wo die Reise hingehen soll. [...]. Wenn alles ‚nach Plan' läuft, spart dies üblicherweise Ressourcen, Zeit und Nerven auf allen Seiten, bis das Ziel erreicht ist; und wenn von effektiver Verwaltungskooperation und -koordination die Rede ist, geht es letztlich auch darum" (Luik 2019: 123).

Der Leistungsberechtigte hat Anspruch auf eine ermessensfehlerfreie Entscheidung. Deshalb kommt es nicht allein auf die Bereitstellung von einzelnen Leistungen an, sondern auf

- die umfassende Erhebung des Bedarfs,
- die Koordination der verschiedenartigen Hilfen,
- die Steuerung des Einsatzes,
- die Begleitung der Umsetzung und auch
- die Begleitung nach Ende der Leistungen an.

Das Teilhabeplanverfahren stellt im Hinblick auf das Ziel des BTHG, den Rehabilitationsprozess zu optimieren und Leistungen wie aus einer Hand zu gewähren, eines der wichtigsten Instrumente im SGB IX dar (vgl. Tietz 2022:43). Das Teilhabeplanverfahren ist kein Selbstzweck und es geht nicht um die Durchführung eines komplizierten Verfahrens für einen nicht komplizierten Sachverhalt. Dies ist weder im Interesse von Menschen mit Behinderungen noch im Sinne einer unbürokratischen Umsetzung von Leistungsansprüchen. Für das Verwaltungsverfahren gilt deshalb einerseits „So wenig wie möglich – so viel wie nötig", andererseits geht es aber bei komplexen Sachverhalten und komplexem Unterstützungsbedarf eines behinderten Menschen um eine umfassende Planung und Durchführung des Reha-Geschehens, die seinen Anforderungen gerecht wird (vgl. Rexrodt et al. 2022: 624–637).

3.I.1.2.1 Zentrale Begriffe

Im Rahmen der Planung von Rehabilitation und Teilhabe begegnen uns verschiedene Begriffe:

Teilhabeplanverfahren beschreibt das im Einzelnen geregelte, formale Verfahren.

Teilhabeplan benennt das Endergebnis des Teilhabeplanverfahrens mit einer definierten Form, Inhalt und Bedeutung.

Teilhabeplankonferenz ist ein zentrales Element des Teilhabeplanverfahrens bei Vorliegen der Voraussetzungen. Grundidee: Durch den unmittelbaren Austausch aller Beteiligten werden die für die effektive und effiziente Teilhabe erforderlichen Abstimmungen erleichtert bzw. erst ermöglicht.

Teilhabeplanung ist ein trägerübergreifend abgestimmter Begriff aus der GE Reha-Prozess. Er legt vor dem Hintergrund eines prozesshaften Verständnisses von Rehabilitation den Fokus eher auf das Tun als auf eine formale Verfahrensregelung; er wird überwiegend synonym mit Teilhabeplanverfahren verwendet.

Für den Trägerbereich der Eingliederungshilfe sind Vorschriften zur Gesamtplanung, Gesamtplanverfahren, Gesamtplankonferenz in §§ 118 und 119 SGB IX gesetzlich verankert. Werden Leistungen auch aus anderen Trägerbereichen erforderlich, fließen die Ergebnisse der Gesamtplanung in ein dann durchzuführendes Teilhabeplanverfahren ein.

Im Trägerbereich der Kinder- und Jugendhilfe werden als Grundlage für die Ausgestaltung der Hilfe mit der personensorgeberechtigten Person oder dem Kind bzw. dem Jugendlichen ein Hilfeplanverfahren durchgeführt und ein Hilfeplan erstellt. Werden Leistungen anderer Träger erforderlich, wird das Hilfeplanverfahren Gegenstand des Teilhabeplanverfahrens (vgl. Welti in SWK Behindertenrecht 2018: 142, Rn. 32.).

Im Bereich der Sozialversicherungsträger wird vielfach die Bezeichnung Reha-Plan verwendet. Insgesamt lässt sich feststellen, dass die Vielfalt der Begrifflichkeiten nicht unbedingt hilfreich ist, zumal sie alle gleichermaßen einen bestimmten Zweck bezeichnen.

3.II.1.2.2 Aspekte für die Durchführung

Qualität und Wirksamkeit von Leistungen zur Rehabilitation und Teilhabe hängen auch von der Ausgestaltung des Verwaltungsverfahrens ab. Unstimmigkeiten zwischen den Trägern, fehlende Kooperation und Koordinationsmängel werden sich auf ein inhaltliches Ergebnis auswirken.

Vor diesem Hintergrund ist die verbindliche Vorschrift für eine Teilhabeplanung zu sehen und zu verstehen. Dazu bemerkt Luik: „[...] hat der Teilhabeplan eine eminent wichtige Funktion, denn durch die Kooperation und Koordination der Träger und eine koordinierte Leistungserbringung wird verhindert, dass Verwaltungs- (und Gerichts)verfahren für Leistungsberechtigte unnötig kompliziert gemacht werden" (Luik 2019: 124).

In der Praxis haben viele Menschen mit Behinderungen keinen komplexen Unterstützungsbedarf und Leistungen aus einer Leistungsgruppe reichen aus. Eines Teilhabeplanverfahrens bedarf es bei eindeutiger Sachlage nicht. Aber: Immer dann, wenn Menschen mit Behinderungen multiple Problemlagen mit einem komplexen Unterstützungsbedarf haben, reicht die Bereitstellung von Leistungen alleine nicht; es braucht eine individuelle Gestaltung der Rehabilitation, Planung und Steuerung des Prozesses.

Ein Teilhabeplanverfahren ist dann durchzuführen, wenn

1. Leistungen aus verschiedenen Leistungsgruppen erforderlich sind,
2. Leistungen mehrerer Leistungsträger notwendig sind,
3. der Leistungsberechtigte einen Teilhabeplan wünscht, auch wenn die Voraussetzungen für einen Teilhabeplan nach 1. und 2. nicht erfüllt sind.

Aus den Voraussetzungen leitet sich für behinderte Menschen ein subjektiv-öffentliches Recht auf Durchführung der Teilhabeplanung ab (vgl. Luik 2014: 17), von daher müssen die Akteure Teilhabeplanung können.

Für das Teilhabeplanverfahren selbst ist keine besondere Verfahrensform vorgeschrieben, ein Teilhabeplan kann auch im Umlaufverfahren erstellt werden (vgl. BT-Drs. 18/9522: 238). Wie die konkrete Umsetzung erfolgt, ist Aufgabe der Reha-Träger. Im Rahmen der Selbstverwaltung haben sie das Recht und die Pflicht, die Umsetzung zu gestalten. Angesprochen sind hier auch die Führungskräfte und Entscheiderinnen und Entscheider bei den Sozialleistungsträgern, die für die Gestaltung der internen Geschäftsprozesse, den Einsatz der Ressourcen und die Qualifizierung des Personals Verantwortung tragen (vgl. Schian/Giraud 2019: 13).

Schon 2014 hat Steffen Luik festgehalten, dass bei der Gestaltung des Teilhabeplanverfahrens „planmäßig" nicht bedeuten kann und soll, dass in „starrer Weise das gesamte zukünftige Vorgehen festgelegt ist". Vielmehr gehe es darum, dass im Hinblick auf das zu erreichende Teilhabeziel die wesentlichen Züge des Vorgehens festgelegt werden und damit auch Spielraum für aus der Situation heraus zu treffende Entscheidungen bleibt (Luik 2014: 15).

Es gilt dabei, das richtige Maß an Regelungstiefe zu treffen. Dabei müssen auch die Menschen, um die es geht, und ebenso diejenigen, die das Verfahren vor Ort umsetzen sollen, im Blick behalten werden. Je nach Lage des Einzelfalls kann das Teilhabeplanverfahren und kann der Teilhabeplan entsprechend kurz ausfallen.

Hier ein paar Eckpunkte für die Durchführung des Teilhabeplanverfahrens:

- Verantwortlich ist der leistende Reha-Träger (§ 19 Abs. 1 SGB IX).
- Ein anderer beteiligter Träger kann das Verfahren durchführen, wenn die Beteiligten dies in Abstimmung mit dem Leistungsberechtigten vereinbaren.
- Immer zu beteiligen sind nach § 15 beteiligte Reha-Träger (§ 19 Abs. 1 SGB IX).
- Einbeziehung anderer Stellen nach § 22 SGB IX: Grundsätzlich gilt, dass eine Beteiligung anderer öffentlicher Stellen unter Berücksichtigung der Interessen des Leistungsberechtigten erfolgt, wenn dies zur Bedarfsfeststellung erforderlich ist (Abs. 1). Es geht um folgende Stellen:
  - Pflegekassen: bei Anhaltspunkten für Pflegebedarf wird die Pflegekasse mit Zustimmung des Leistungsberechtigten informiert und muss grundsätzlich jedenfalls beratend teilnehmen (Abs. 2).
  - Integrationsämter: sind zu beteiligen, soweit sie Leistungen für schwerbehinderte Menschen erbringen (Abs. 3).
  - Jobcenter: können ihre Beteiligung vorschlagen; sie sind zu beteiligen, wenn das den Interessen des Leistungsberechtigten entspricht (Abs. 4
  - Betreuungsbehörde: wird mit Zustimmung des Leistungsberechtigten bei Anhaltspunkten für Betreuungsbedarf informiert (Abs. 5)
  - Einbeziehung des Arbeitgebers bei Leistungen zur Teilhabe am Arbeitsleben (vgl. Luik in SWK Behindertenrecht 2018: 1078 ff.)
- Im Rahmen der Teilhabeplanung gibt es zwei Ebenen der Zusammenarbeit. Die eine bezieht sich auf die Reha-Träger und das Interagieren untereinander, die andere fordert zwingend die Abstimmung mit dem Leistungsberechtigten.

■ Der seitens des Rehabilitationsträgers für das Verfahren Verantwortliche hat eine zentrale Stellung: Er ist Ansprechpartner für alle an der Rehabilitation Beteiligten, bei ihm fließen die Informationen zusammen und er ist der Lotse durch den Prozess.

3.II.1.2.3 Teilhabeplankonferenz

Gerade bei komplexem Unterstützungsbedarf kann ein Austausch und eine Abstimmung mit allen Beteiligten im Rahmen einer Teilhabeplankonferenz sinnvoll sein und ein aufwendiges schriftliches Verfahren ersetzen.

Zur gemeinsamen Beratung kann der leistende Reha-Träger eine Teilhabeplankonferenz mit allen Beteiligten durchführen. Dazu zählen

■ die antragstellende Person,
■ der beteiligte bzw. die beteiligten Reha-Träger,
■ je nach Erfordernis: Jobcenter, Integrationsamt, Pflegeversicherung, Leistungserbringer,
■ zur Unterstützung des Antragstellers Beistände, Bevollmächtigte, eine Vertrauensperson.

Eine Vorgabe, wie eine Teilhabeplankonferenz zu gestalten ist, gibt es nicht. Deshalb kann der Rehabilitationsträger in eigener Verantwortung entscheiden, wie er eine solche Konferenz gestaltet. Zum Gelingen tragen weniger Formalia und Formalitäten als vielmehr eine einladende, zugewandte Gesprächsatmosphäre bei (siehe Kapitel 3.I.4).

Ob eine Teilhabeplankonferenz stattfindet, ist nicht beliebig. Der Rehabilitationsträger ist sogar verpflichtet, eine Teilplankonferenz anzubieten, wenn deren Erforderlichkeit und Zweckmäßigkeit gegeben ist. Für die Durchführung braucht es die Zustimmung des Leistungsberechtigten. Zum anderen hat dieser einen Anspruch darauf und kann eine Teilhabekonferenz vorschlagen. Eine Ablehnung muss gegenüber der leistungsberechtigten Person begründet werden. Ein zulässiger Grund dafür ist, wenn im Vergleich zur beantragten Leistung ein unverhältnismäßiger Aufwand entsteht. Nicht abgelehnt werden darf eine Teilhabeplankonferenz, wenn es um Kinderbetreuungsleistungen für Eltern mit Behinderungen geht (vgl. Ulrich in SWK Behindertenrecht 2018: 642 ff., Rn. 6).

Leistungsberechtigte Personen müssen sich nicht selbst äußern oder selbst erscheinen, sondern können Vertrauenspersonen, Beistände und Bevollmächtigte an der Konferenz beteiligen.

3.II.1.2.4 Teilhabeplan

Die Ergebnisse eines Teilhabeplanverfahrens werden im Teilhabeplan dokumentiert. Er soll

- die Ausgangslage klären,
- das zu erreichende Ziel und
- die wesentlichen Schritte festlegen,
- die Entscheidungen vorbereiten und begründen.

Auch für die Erstellung des Teilhabeplans bestehen keine formalen Vorgaben; § 19 Abs. 2 SGB IX listet an zu dokumentierenden Punkten auf:

- Tag des Antragseingangs beim leistenden Rehabilitationsträger, Ergebnis der Zuständigkeitsklärung und Beteiligung nach den §§ 14 und 15 SGB IX,
- Feststellungen über den individuellen Rehabilitationsbedarf auf Grundlage der Bedarfsermittlung,
- die zur individuellen Bedarfsermittlung nach § 13 SGB IX eingesetzten Instrumente,
- die gutachterliche Stellungnahme der Bundesagentur für Arbeit nach § 54 SGB IX,
- die Einbeziehung von Diensten und Einrichtungen bei der Leistungserbringung,
- erreichbare und überprüfbare Teilhabeziele und deren Fortschreibung,
- die Berücksichtigung des Wunsch- und Wahlrechts nach § 8 SGB IX, insbesondere im Hinblick auf die Ausführung von Leistungen durch ein Persönliches Budget,
- Dokumentation der einvernehmlichen, umfassenden und trägerübergreifenden Feststellung des Rehabilitationsbedarfs,
- Ergebnisse der Teilhabeplankonferenz nach § 20 SGB IX,
- Erkenntnisse aus den Mitteilungen anderer einbezogener öffentlicher Stellen,
- besondere Belange pflegender Angehöriger bei der Erbringung von Leistungen der medizinischen Rehabilitation,
- Anforderungen aus der beruflichen Tätigkeit,
- Ziel, Art, Umfang und inhaltliche Ausgestaltung der vorgesehenen Leistungen,
- voraussichtlicher Beginn und Dauer der vorgesehenen Leistungen sowie den Ort ihrer Durchführung,

■ Sicherstellung der organisatorischen und zeitlichen (Zeitplanung) Abläufe mit Verweis auf Konkretisierung im Leistungsbescheid, insbesondere bei verzahnten und sich überschneidenden Leistungen zur Teilhabe.

Der Teilhabeplan dient der Strukturierung und Durchführung des Reha-Prozesses und fungiert als Steuerungsinstrument. In der Praxis soll er alle dafür erforderlichen Informationen beinhalten, damit die Beteiligten die einzelnen Maßnahmen und Schritte inhaltlich und organisatorisch aufeinander abstimmen, ihre Umsetzung nachhalten und überprüfen können.

So umgesetzt sorgt der Teilhabeplan für Transparenz für alle Beteiligten und für Rechtssicherheit. Auch unter diesem Aspekt liegt die Erstellung eines Teilhabeplans im Interesse sowohl der Menschen mit Behinderung als auch der Reha-Träger und der weiteren Akteure: Die hier getroffenen Feststellungen sind Grundlage der Prognose und Ermessensausübung, sie stellen die substantiierte Begründung der Bescheide sicher und steuern das Verfahren bis ans Ziel. Der Plan dokumentiert die durchgeführte Amtsermittlung, legt aber ggf. auch deren Mängel offen und ermöglicht so den Menschen mit Behinderungen wirksamen Rechtsschutz.

Der Teilhabeplan ist kein Verwaltungsakt (BT-Drs. 18/9522: 239), wohl aber die Grundlage der Entscheidung und die Begründung des Verwaltungsaktes. Die im Teilhabeplan enthaltenen Feststellungen sind die fachliche Grundlage für die Leistungsentscheidung(en) und die Steuerung des Rehabilitationsprozesses. Im Streitfall ist davon auszugehen, dass ein fehlender oder fehlerhafter Teilhabeplan die angefochtene Entscheidung aufheben kann.

3.II.2 Fallmanagement

Ein großer Teil der Rehabilitationsfälle kann im Zuge von Standardprogrammen gesteuert werden. Je komplexer allerdings die Bedarfslage im Einzelfall ist, desto weniger reichen Standardprogramme und Regelversorgungspfade aus und umso mehr sind individuelle Beratung, intensive Begleitung und professionelle Koordination notwendig (vgl. Rexrodt et al. 2022: 632 ff.).

Wenn das der Fall ist, dann greifen die Vorschriften zur Teilhabeplanung.

3.II.2.1 Teilhabeplanung und Fallmanagement

Ein Patentrezept für ein Teilhabeplanverfahren, das für alle Träger gilt, gibt es nicht. Für seine Umsetzung in die Praxis und seine Anwendung im Einzelfall braucht es eine adäquate Einbindung in die jeweilige Organisation sowie das regionale Versorgungssystem.

Fallmanagement in der Rehabilitation kann als Managementinstrument, als „Werkzeugkasten" oder Methodik angesehen werden, Teilhabeplanung durchzuführen. Bezeichnet wird damit eine Vorgehensweise, die auf den individuell zu ermittelnden Bedarf ausgerichtet ist und deren Kernelemente personenzentrierte Beratung, Planung, Begleitung und Koordination des Rehabilitationsprozesses sind. Es geht um die unmittelbare Einzelarbeit, die im persönlichen Dialog mit einer unterstützungsbedürftigen Person stattfindet, orientiert an der konkreten Situation, in der sich diese befindet.

3.II.2.2 Fallmanagementansätze in der Rehabilitation

Um die Leistungen für Betroffene mit komplexen Problemlagen zu organisieren und besser steuern zu können, wird bei den Leistungsträgern zunehmend auf Fallmanagementansätze gesetzt. Bereits vor dem BTHG wurden in den verschiedenen Trägerbereichen eigene Konzepte für ein Fallmanagement entwickelt, so bei der Bundesagentur für Arbeit, in der Unfallversicherung, der Rentenversicherung, der Krankenversicherung, der Jugendhilfe, Eingliederungshilfe, im Sozialen Entschädigungsrecht. Zur Bezeichnung der Fallmanagementansätze werden unterschiedliche Begriffe verwendet: Case Management, Reha-Management, Fallmanagement, Teilhabemanagement, Hilfeplanung.

Die Frage, ob bzw. welche Unterschiede bestehen, ist berechtigt. Entscheidend ist die Grundintention, dass es für die Unterstützung von Menschen mit komplexer Bedarfslage Planung und Steuerung braucht – Management eben. In den nachfolgenden Ausführungen wird der Begriff Fallmanagement verwendet. Es geht dabei nicht um die Aufzählung und Darstellung einzelner Managementkonzepte, sondern um das Verständnis der Kernelemente, die sich in allen Konzepten wiederfinden.

Von Fallmanagement ist immer dann zu sprechen, wenn es um die Koordination verschiedener Hilfen bezogen auf die Situation und die Bedarfslage des Leistungsberechtigten geht. Fallmanagement plant diese Hilfen, sichert die Bereitstellung der erforderlichen Ressourcen, steuert deren Einsatz und überprüft fortlaufend den Erfolg der gewählten Maßnahmen und greift bei Bedarf korrigierend ein (vgl. Deutscher Verein 2018: : 4).

Fallmanagement in der Rehabilitation

- ist gekennzeichnet durch eine am individuell zu ermittelnden Reha-Bedarf ausgerichtete Vorgehensweise,
- verfolgt das Ziel der Erhaltung und Wiedererlangung der Teilhabe am Arbeitsleben und in der Gesellschaft,
- besteht aus personenorientierter Beratung, Planung, Begleitung und Koordination des Rehabilitationsprozesses.

Teilhabeplanung nach den Vorschriften des SGB IX und Fallmanagement dürfen nicht auseinanderliegen: wenn der individuell ermittelte Reha-Bedarf ergibt, dass Leistungen aus mehreren Leistungsgruppen oder Leistungen mehrerer Träger gebraucht werden, dann gelten die gesetzlichen Vorgaben für eine Teilhabeplanung. Zur Umsetzung eingesetzte Fallmanagementkonzepte müssen sich daran orientieren und je nach Erfordernis auch den Aspekt des trägerübergreifenden Handelns beachten und Wege aufzeigen.

3.II.2.2.1 Fallmanagement im Sozialen Entschädigungsrecht

Anders als in den anderen Trägerbereichen ist Fallmanagement im Sozialen Entschädigungsrecht verankert (siehe Kapitel 2.III.4). Fallmanagement ist definiert als eigenständige Sachleistung (BT-Drs. 19/13824: 182), die einerseits mit der Ermittlung des möglichen Hilfebedarfs (§ 30 Abs. 5 Ziff. 1) oder dem Hinweis auf die in Betracht kommenden Sozialleistungen (§ 30 Abs. 1 Ziff. 2) Leistungen enthält, die auch Teil von Fallmanagementkonzepten anderer Träger sind. Andererseits umfassen die Leistungen des Fallmanagements gemäß § 30 SGB XIV Leistungen, die das Verwaltungsverfahren betreffen und stärker in Richtung Unterstützung der Leistungsberechtigten etwa bei der Antragstellung (§ 30 Abs. 1 Ziff. 4) sowie der Begleitung durch das Verfahren in der Sozialen Entschädigung (§ 30 Abs. 1 Ziff. 5) gehen.

Zwar stellt die Vorschrift in § 30 Abs. 7 SGB XIV die Verknüpfung zum SGB IX her, indem sie die Leistungen des Fallmanagements immer dann als ergänzende Leistungen etabliert, wenn eine Bedarfsermittlung und ein Teilhabeplanverfahren gemäß §§ 13, 13, 19 ff. SGB IX durchzuführen sind. Wie sich Fallmanagement gemäß § 30 SGB XIV und Teilhabeplanung gemäß §§ 19 ff. SGB IX zueinander verhalten, regelt die Vorschrift allerdings nicht.

3.II.2.3 Grundsätze und Eckpunkte für ein Fallmanagement

Fallmanagement bezeichnet speziell auf Case Management basierende Unterstützungskonzepte, die in den beteiligten Organisationen strukturell und prozessual verankert sind. Ein trägerübergreifendes Fallmanagement gibt es nicht. Die Fallmanagementansätze der einzelnen Träger orientieren sich an den Besonderheiten der einzelnen Trägerbereiche.

Alle Managementkonzepte im Bereich von Teilhabe gehen von Eckpunkten aus, wie:

- personenorientierte Beratung,
- Planung,
- Begleitung,
- Koordination des Prozesses,
- Bedarfsermittlung auf Basis der ICF,
- schnittstellenübergreifende Vernetzung von Leistungsangeboten,
- Planung einer nahtlosen Rehabilitation,
- Evaluation und Qualitätssicherung (vgl. Rexrodt et al. 2022: 632 ff.).

Aus den zugänglichen Fallmanagementkonzepten lassen sich folgende Grundsätze ableiten:

- Das Fallmanagement kommt zum Einsatz, wenn aufgrund der Komplexität der Problemlage die bekannten Regelversorgungspfade den Bedarf nicht ausreichend decken können.
- Die Vorgehensweise ist am individuell zu ermittelnden Bedarf ausgerichtet.
- Bei der Bedarfsermittlung wird das biopsychosoziale Modell zugrunde gelegt.
- Die Ausgestaltung des Fallmanagements im Einzelfall ist in entscheidendem Maße abhängig vom fördernden und hemmenden Einfluss der personen- und umweltbezogenen Kontextfaktoren.
- Die Entwicklung von Lösungsansätzen braucht die aktive Einbeziehung der betroffenen Menschen. Ihre Anliegen, Vorstellungen und Wünsche werden im Dialog geklärt.
- Die Vernetzung mit anderen Akteuren und die im Einzelfall umgesetzte Zusammenarbeit sind eine zentrale Voraussetzung.
- Die Verantwortung für die Planung und Steuerung der personenzentrierten Leistungen liegen in den Händen einer Person, dem Fallmanager/der Fallmanagerin, die allen Beteiligten bekannt ist.

- Die Bereitstellung von Ressourcen, die strukturelle und prozessuale Verankerung sind Organisationsaufgaben der Träger.
- Ausgehend von der besonderen Problemlage ist das Fallmanagement sehr unterschiedlich; die Intensität von Beratung und Betreuung können sehr unterschiedlich sein.[41]

An der weiteren trägerspezifischen Umsetzung werden Unterschiede zwischen den Konzepten deutlich.

3.II.2.4 Anforderungen an das Fallmanagement

3.II.2.4.1 Inhalte – Rollen - Kompetenzen

Grundsätzlich sollten Konzepte als Hilfestellung verstanden werden und in eher dienender Funktion. Sie werden gebraucht, um den Verantwortlichen Handlungssicherheit zu geben. Sie enthalten Grundsätze und Details, die für die Umsetzung im Einzelfall zur Anwendung kommen können – aber nicht müssen. Deshalb liegt die Qualität nicht in der Regelungstiefe und der Detailgenauigkeit des Konzeptes und ebenso wenig in seiner detailgetreuen Umsetzung, sondern im Verstehen seiner Idee und in der Anwendung der angebotenen Details im Einzelfall.

Fallmanagement ist anspruchsvoll. Sein Einsatz betrifft interne Geschäftsprozesse und damit auch Ressourcenfragen; es braucht den Einsatz von qualifizierten Fachkräften und damit geht es auch um die entsprechende Qualifizierung.

Die Fachkräfte werden häufig als Reha-Manager oder Fallmanager bezeichnet, was allerdings keine geschützte Berufsbezeichnung ist. Fallmanager und Fallmanagerinnen haben verschiedene Rollen: Unterstützer, Fürsprecher, Vermittler, der Leistungsangebote erschließt und den Weg dorthin ebnet und auch Zuweiser, der Schritte einleitet.

Im Einzelnen geht es um Aufgaben wie

- Bedarfe erkennen,
- Bedarfe ermitteln,
- Ziele finden,
- Vereinbarungen treffen,

---

41 In Anlehnung an eine unveröffentlichte Präsentation im Rahmen des Reha-Pro-Projektes Koordination individueller Teilhabe/ KIT-Projekt 2020.

- Maßnahmen planen und überwachen,
- Erfolg prüfen.

Bedarfe des betroffenen Menschen ermitteln bedeutet

- Kontakt aufnehmen,
- Vertrauen aufbauen,
- Kontextfaktoren ermitteln,
- Ressourcen aktivieren,
- Begleiten und unterstützen,
- Intensität zurückfahren,
- Unterstützung beenden.

Leistungen ermitteln und koordinieren erfordert

- Angebote kennen,
- Standardpfade beherrschen,
- Zugänge schaffen,
- Netzwerke aktivieren und erweitern,
- Intervenieren und korrigieren,
- Leistungen anpassen,
- Fehlende Angebote initiieren.[42]

Die komplexen und vielschichtigen Aufgaben erfordern neben einem Maß an Erfahrung ein umfangreiches Wissen und Methodenkompetenzen in verschiedensten Bereichen. Beispielhaft genannt seien hier umfassende Rechtskenntnisse im Sozial- und Verwaltungsrecht, Wissen über Rehabilitationsprozesse und die dazugehörigen Leistungen, Kenntnisse über den Sozialraum, in dem der Leistungsberechtigte lebt, und ebenso Kenntnisse über Behinderungen und deren Auswirkungen im Alltag. Fallmanagement ist generell ein interaktiver Prozess zwischen der Fachkraft und dem Leistungsberechtigten, je nach Konstellation auch zwischen Fachkräften aus anderen Trägerbereichen. Neben den fachlichen Kompetenzen muss die Fachkraft verhandlungsfähig, konfliktfähig und empathiefähig sein (siehe Kapitel 3.III). Sie braucht Kompetenzen in Gesprächsführung und muss sich in Moderationstechniken auskennen. Kenntnisse über Behinderungen und deren Auswirkungen im Alltag, sind unverzichtbar (siehe Kapitel 2.I.3).

---

42 vgl. KIT-Projekt, unveröffentlichte Präsentation 2020 a.a.o.

Die kommunikative Basis des Fallmanagements und das kommunikative Bindeglied der Phasen, die die Leistungsberechtigten im Fallmanagement durchlaufen, ist die Beratung (siehe Kapitel 3.III.1).

3.II.2.4.2 Netzwerke

Ein wesentliches Element von Fallmanagement ist die Zusammenarbeit mit anderen Beteiligten. Wenn die Abstimmung mit anderen Trägern, Leistungserbringern und anderen Beratungsstellen erforderlich ist, dann muss die Fachkraft wissen, an wen sie sich wenden kann.

Fallmanagement ist auf Netzwerke angewiesen (siehe Kapitel 3.II.2). Gerade für komplexe Fallsituationen sind Netzwerkstrukturen unverzichtbar und für wiederkehrende oder häufiger vorkommende Bedarfskonstellationen sind auf Dauer angelegte Netzwerke sinnvoll. Sie ermöglichen auch generelle Verabredungen und reduzieren damit Absprachen, die ansonsten im Einzelfall und immer wieder neu zu treffen wären (vgl. Rexrodt et al. 2022: 630).

3.II.2.5 Teilhabeplanverfahren und Fallmanagement in der Praxis

Festzuhalten ist, dass sich alle Rehabilitationsträger in ihrem jeweiligen Trägerbereich der Implementierung von Verfahren annehmen, um die Anforderungen an Teilhabeplanung zu erfüllen. Auf Ebene der BAR haben die Rehabilitationsträger vertreten durch ihre Spitzenorganisationen die Gemeinsame Empfehlung Reha-Prozess (siehe Kapitel 3.I.3) erarbeitet. Festzustellen ist aber auch, dass die Implementierung von Teilhabeplanung – z. B. über Fallmanagementkonzepte – in den Trägerbereichen durch eine große Heterogenität gekennzeichnet ist.

Insgesamt fällt für das Fallmanagement auf, dass sich Teile der zugänglichen Fallmanagementkonzepte mit den Koordinierungs-, Informations- und Beratungspflichten der Sozialleistungsträger und der Leistungserbringer überschneiden (vgl. §§ 13 – 17 SGB I, §§ 10, 14 ff., 19 ff. SGB IX, § 11 Abs. 4 SGB V, § 12 i.V.m. §§ 7, 7a, 7c SGB XI, GE Reha-Prozess §§ 47 ff.). Selten werden die Bezüge dazu hergestellt und erkennbar ausgewiesen.

3.II.2.5.1 Teilhabeverfahrensbericht

Trotz der besonderen Bedeutung des Teilhabeplanverfahrens als Planungs- und Steuerungsinstrument im Rahmen der Rehabilitation und Teilhabe von Menschen mit Behinderungen zeigen die seit Ende 2019 veröffentlichten Teilhabeverfahrensberichte (THVB) (siehe Kapitel 3.V.3), dass das Teilhabeplanverfahren in der Praxis insgesamt selten zum Einsatz kommt und zudem von den Trägern unterschiedlich genutzt wird.

Insgesamt wurden im Jahr 2023 in ganz Deutschland 11.818 trägerübergreifende Teilhabeplanungen durchgeführt. Ihr Anteil an allen entschiedenen Anträgen ist mit insgesamt 0,4 Prozent jedoch nach wie vor gering. Der Anteil der Teilhabeplankonferenzen ist mit 1.372 und insgesamt 0,05 Prozent noch geringer. Bei über 70 Prozent aller Träger wurde in 2023 keine trägerübergreifende Teilhabeplanung als leistender Träger durchgeführt (vgl. Teilhabeverfahrensbericht 2024: 15, 119 ff.). Dabei handelt es sich bei der trägerübergreifenden Zusammenarbeit um einen Kernaspekt im Reha-Prozess.

In Bezug auf die Angaben zur Teilhabeplanung geht es im Teilhabeverfahrensbericht ausschließlich um den Sachverhalt der trägerübergreifenden Teilhabeplanung. Nicht erfasst wird die Teilhabeplanung, die, wenn Leistungen aus mehreren Leistungsgruppen erforderlich sind, für die ein einziger Träger zuständig ist, zu erfolgen hat (siehe Kapitel 3.II.1).

Die Angaben der Rehabilitationsträger zum Sachverhalt 8: Anzahl der trägerübergreifenden Teilhabeplanungen und Teilhabeplankonferenzen (§ 41 Abs. 1 Nr. 8 SGB IX) zeigen, dass obwohl das Teilhabeplanverfahren seit 2018 gesetzlich vorgeschrieben ist, es auch in 2023 immer noch äußerst selten umgesetzt wird.

Eine in diesem Sinne positive Entwicklung zeigt sich bei der Bundesagentur für Arbeit: Hier ist die Anzahl der trägerübergreifenden Teilhabeplanungen und auch die der Teilhabeplankonferenzen im Vergleich zum Vorjahr deutlich angestiegen (vgl. Teilhabeverfahrensbericht 2024: 126 ff.).

3.II.2.5.2 Studie „Teilhabe gemeinsam planen"

Die geringe Verbreitung trägerübergreifender Teilhabeplanungen hat das Bundesministerium für Arbeit und Soziales (BMAS) zum Anlass für eine Untersuchung genommen und Ende 2024 die Ergebnisse der Studie „Teilhabe gemeinsam planen" veröffentlicht (BMAS 2024). In dieser qualitativen Befragung wird auch Fragen nach den Gründen für diese Entwicklung nachgegangen.

Befragt wurden 31 Fachkräfte aus sieben Trägerbereichen: Bundesagentur für Arbeit, Eingliederungshilfe, Kinder- und Jugendhilfe, gesetzliche Krankenversicherung, gesetzliche Rentenversicherung, gesetzliche Unfallversicherung und Soziales Entschädigungsrecht; außerdem wurden acht Experteninterviews mit

Vertreterinnen und Vertretern von übergeordneten Spitzenorganisationen im Rehabilitationsbereich geführt.

Die Studie führt als Hemmnisse zur Umsetzung an:[43]

- den bürokratischen Aufwand, der mit dem Teilhabeplanverfahren verbunden ist (15),
- das Fehlen eines unbürokratischen Formats (15),
- das Fehlen von vertieften Kenntnissen über die Arbeitsweisen und Organisationsstrukturen der jeweiligen anderen Reha-Träger (15),
- das Fehlen von Kenntnissen über Leistungsvoraussetzungen und Leistungsspektrum der jeweils anderen Reha-Träger (15),
- das Aufeinandertreffen unterschiedlicher Trägerlogiken bei Antragstellung und Bewilligung von Leistungen (16),
- das Festhalten an den jeweiligen Leistungsgesetzen (16),
- Komplexität der Zuständigkeit für die jeweilige Reha-Leistungen, (16)
- mangelnde Kommunikation und Abstimmung zwischen den Beteiligten (16),
- unzureichende Benennung von Ansprechpersonen (38),
- fehlende Erreichbarkeit (38).

Die Vermutung liegt nahe, dass der Bezug zwischen Teilhabeplanung nach dem SGB IX und Fallmanagement als dessen Konkretisierung in den Trägerbereichen nicht gesehen, zumindest aber nicht erkennbar hergestellt wird. Wenn Fallmanagement und Teilhabeplanung als unterschiedliche Seiten einer Medaille aufgefasst werden, dann wundert der aktuelle Befund nicht.

Selbst wenn eine systematische Erfassung und Analyse möglicher Gründe noch aussteht, liefern die Nennungen Anhaltspunkte für Verbesserungspotenzial.

3.II.2.6 Aktuelle Entwicklung im SGB VI

Die Bedeutung des Fallmanagements als Steuerungsinstrument in der Rehabilitation zeigt sich auch in der aktuellen Politik und in der Arbeit der Bundesregierung. Als Grundlage für die Regierungspolitik der Jahre 2025 bis 2029 haben die Regierungsparteien CDU, CSU und SPD im Koalitionsvertrag dazu folgende Vereinbarung getroffen: „Wir führen im SGB VI ein Fall-Management auf Basis der Bewertungen laufender Modellprojekte ein. Wir prüfen

---

43   Die Zahlen in Klammer verweisen auf die jeweilige Seitenzahl aus der Studie.

zudem die Ausweitung auf weitere Sozialgesetzbücher" (Verantwortung für Deutschland. Koalitionsvertrag 2025 zwischen CDU, CSU und SPD 21. Legislaturperiode, Zeilen 626–628).[44]

Am 6.November 2025 hat der Bundestag den Gesetzentwurf der Bundesregierung „zur Anpassung des Sechsten Buches Sozialgesetzbuch und anderer Gesetze" (SGB VI-Anpassungsgesetz, BT-Drs. 21/1858) beschlossen. Der Gesetzentwurf enthält unter anderem Regelungen bezüglich der Leistungen zur Teilhabe der gesetzlichen Rentenversicherung: so wird ein neuer Paragraph 13a ins SGB VI eingefügt mit einer Regelung zum Fallmanagement. Für die Träger der gesetzlichen Rentenversicherung soll er rechtliche Grundlage sein für eine individuelle, personenzentrierte und rechtskreisübergreifende Begleitung der Versicherten mit komplexen Bedarfen über den gesamten Rehabilitationsprozess. Mit dem Fallmanagement der gesetzlichen Rentenversicherung soll kein neues Instrument geschaffen werden, das neben die Regelungen zur Bedarfsermittlung und zum Teilhabeplanverfahren nach dem SGB IX tritt. Vielmehr soll bei Vorliegen der Voraussetzungen für ein Teilhabeplanverfahren nach dem SGB IX dies als Bestandteil des Fallmanagements erbracht werden.[45]

3.II.3 Ansatzpunkte für „Mehr Teilhabeplanung wagen"

Die Bewertung des Teilhabeplanverfahrens zeigt, dass dieses Instrument – ungeachtet der aktuellen Umsetzung – als „grundsätzlich gut und sinnvoll bewertet wird", so formuliert es die Studie „Teilhabe gemeinsam planen" aus Sicht der Befragten. Auch gibt es inzwischen ausreichend Erfahrungen und Erkenntnisse darüber, auf was es bei der Umsetzung von Teilhabeplanung ankommt, mehr noch darüber, was derzeit noch seine Umsetzung behindert.

Die bereits vorliegenden Erkenntnisse liefern Anhaltspunkte für eine Verringerung der Diskrepanz zwischen Theorie und Praxis. Für Handlungsansätze lassen sich Stichpunkte ableiten:

- Reduzieren von Komplexität
- Orientierungswissen im Leistungsrecht und Leistungsportfolio der anderen Trägerbereiche
- Kompetenzen zur Identifikation des betroffenen Personenkreises

---

44 Der Koalitionsvertrag ist abrufbar unter: https://www.koalitionsvertrag2025.de/
45 Vgl. Entwurf eines Gesetzes zur Anpassung des Sechsten Buches Sozialgesetzbuch und anderer Gesetze (SGB VI-Anpassungsgesetz – SGB VI-AnpG, Stand 29.09.2025, S. 8 ff. und S. 31 – abrufbar unter https://dserver.bundestag.de/btd/21/018/2101858.pdf).

- Kompetenzen zum Erkennen eines komplexen Falls
- auf den Einzelfall angepasste Anwendung der konzeptionellen Hilfen
- Aufwand verringern
- Konzentration auf das, was für die Entscheidungsfindung tatsächlich gebraucht wird,

um nur einige Beispiele zu nennen.

3.II.3.1 Organisationsebene

Teilhabeplanung hat einen Zweck und der besteht nicht im Selbstzweck. Sie ist bei Weitem nicht in jedem Fall durchzuführen – aber immer dann, wenn es ein planerisches Vorgehen braucht, muss es funktionieren. Dabei liegt die Qualität des individuellen Teilhabeplanverfahrens nicht in seiner Komplexität und seiner größtmöglichen Detailgenauigkeit. Sobald der Sachverhalt klar ist und darauf aufbauend die weiteren Entscheidungen getroffen werden können, erfüllt die Planung ihren Zweck. Daten zu erfassen, die dafür nicht gebraucht werden, belasten das Verfahren und verursachen unnötigen Aufwand. Das gilt auch für die Dokumentationspflichten: Die Dokumentation soll die Entscheidung begründen und nachvollziehbar machen. Sinnhaftigkeit und Leistbarkeit sollten sowohl aus dem Blickwinkel der Verwaltung wie auch aus dem Blickwinkel der betroffenen Person gesehen werden. Eine pragmatische Umsetzung des Teilhabeplanverfahrens, die auf das schaut, was benötigt wird und weglässt, was für eine Entscheidungsfindung überflüssig ist, erspart – für Betroffene wie für Reha-Experten – unnötigen Aufwand.

Gesichertes Verständnis von Teilhabeplanung und Fallmanagement

Den Konzepten zur Umsetzung von Teilhabeplanung/Fallmanagement in den Trägerbereichen sollte ein - auch zwischen den Trägerbereichen - abgestimmtes Verständnis über den Sinn und Zweck von Teilhabeplanung zugrunde liegen. Die Verständigung auf in allen Konzepten verankerte Eckpunkte, die erkennbar auf den Vorgaben des SGB IX beruhen, unterstützt die Kompatibilität der Konzepte.

Dazu zählt ein Perspektivwechsel, weg von einer primär trägerspezifischen hin zu einer übergeordneten Perspektive. Ausgangspunkt ist nicht die Beschränkung auf das Leistungsangebot des Trägers, sondern die betroffene Person, deren Bedarf sich nicht nach den Säulen des Systems richtet.

Fallvignetten

Zu erkennen, dass eine Teilhabeplanung notwendig ist, steht am Anfang: Über das Vorliegen der gesetzlich vorgeschriebenen Voraussetzungen (siehe Kapitel 3.III.2) hinaus, geht es um das Erkennen der Komplexität einer Problemlage. Hinweise dafür können aus der vorausgegangenen medizinischen Behandlung, von anderen Leistungsträgern, Leistungserbringern, vom (sozial-)medizinischen Dienst sowie von anderen Stellen kommen oder sich aus dem Antrag auf Leistungen ergeben.

Leitfragen sind:
- Geht es um eine multiple Problemlage?
- Wie hoch ist der Unterstützungsbedarf einzuschätzen?
- Wie komplex ist der Fall?
- Braucht es für die Klärung von Zielen, Leistungen und Zuständigkeiten den Einbezug anderer Träger und
- wenn ja, welcher?

Für die Einordnung als komplexer Hilfebedarf bietet sich die Bildung von Fallvignetten an. Auch können eine interne Abstimmung über komplexe Einzelfälle im Rahmen von Teambesprechungen und der Austausch von Erfahrungen mit abgeschlossenen wie auch laufenden Verfahren Sicherheit im Vorgehen verschaffen und die Scheu vor möglichen Fehlern nehmen.

Personal und Ressourcen stärken

Management braucht Zeit, dafür braucht es zeitliche und personelle Ressourcen.

Sowohl innerhalb der Organisation wie auch mit externen Partnern können feste Kommunikationsstrukturen auf den unterschiedlichen Ebenen helfen. Ihr Aufbau kostet zwar zunächst Zeit, mit funktionierenden Strukturen lässt sich dann aber Zeit sparen. Ein regelmäßiger Austausch schafft Nähe, Transparenz und Verständnis, hilft Probleme aufzudecken und Prozesse im Sinne aller zu verbessern. Als weiterer Effekt lässt sich so die unbestritten notwendige und vielfach eingeforderte vertiefte Kenntnis der Arbeitsweisen und Organisationsstrukturen der jeweiligen anderen Reha-Träger gewinnen.

Prozesse prüfen und wenn nötig anpassen

Aufwendige, umständliche Prozesse erschweren, schlanke Prozesse stärken die Eigenverantwortung und erleichtern das Handeln. Das gilt auch für die einzusetzenden Unterlagen. Es geht um

- handhabbare Formulare für den Teilhabeplan basierend auf einem einheitlichen Grundmodell und
- Antragsformulare, die trägerübergreifend einsetzbar, kompatibel und verständlich sind.

Digitale Unterstützung kann die Arbeit erleichtern und die Zusammenarbeit der Träger stärken. Das setzt eine Verständigung über den Einsatz von Informationstechnik voraus, die die datenschutzrechtlichen Anforderungen erfüllt. Ein Beitrag dafür könnte der gemeinsam entwickelte Gemeinsame Grundantrag für Reha- und Teilhabeleistungen sein (siehe Kapitel 3.I.3).

Wenn Leistungen vorgeschlagen werden, die von einem anderen Träger zu erbringen wären, sollte dieser in den Prozess einbezogen werden und die Kontaktaufnahme mit anderen Akteuren sollte bereits bei der Bedarfsermittlung und zur frühzeitigen Abstimmung erfolgen.

Eine auf den individuellen Einzelfall angepasste Vorgehensweise erfordert ein hohes Maß an Eigenverantwortung und birgt das Risiko von Fehlern. Die Etablierung und Pflege einer Fehlerkultur innerhalb der Organisation bietet die Möglichkeit, aus Fehlern zu lernen. Dies stärkt die Handlungssicherheit, die Eigenständigkeit und ermutigt Fachkräfte zur Übernahme von Verantwortung.

Wie wichtig gute Fachkräfte für den Träger sein können, belegt eine Aussage aus der Unfallversicherung. Reha-Managerinnen und Reha-Manager sind ein „Aushängeschild" ihres Unfallversicherungsträgers: Sie geben der oftmals in weiter Entfernung von den Versicherten ansässigen, anonymen Behörde ein Gesicht. Insbesondere der persönliche Kontakt der Reha-Managerinnen und Reha-Manager zu den Versicherten, den Netzwerkpartnern sowie weiteren am Rehabilitationsprozess Beteiligten baut gegenseitiges Vertrauen auf und führt zu einer tragfähigen, professionellen Beziehung (vgl. Lüders/ Baron 2019: 15).

Das trifft auch auf die anderen Trägerbereiche zu.

3.II.3.2 Netzwerken

Netzwerkarbeit unterstützt die praktische Fallarbeit, wenn sie gewollt ist und gefördert wird. Netzwerke funktionieren und sind produktiv, wenn die Leitungsebene der beteiligten Institutionen diese durch eine kooperative Haltung und Vertrauensbereitschaft fördert.

Vernetzung ist zum einen eine Führungsaufgabe der Leitung, zum anderen aber auch eine Aufgabe bei der Entwicklung einer Arbeitskultur, bei der eine offene Haltung aller Mitarbeiterinnen und Mitarbeiter hinsichtlich interner und externer Kooperation wichtig ist.

Durch Netzwerkarbeit kann so etwas wie „positive Verbundenheit entstehen und mit der Dichte eines Netzwerkes wachsen Vertrauen und Kooperationsbereitschaft" (Deutscher Verein 2018: 8). Das erleichtert die Verständigung über Zuständigkeiten, gemeinsame Ziele, Abstimmungsverfahren und die Abstimmung in konkreten Fällen. Je besser das gelingt, desto effektiver und effizienter kann das Fallmanagement arbeiten.

Dabei kann auf bestehende Netzwerke zurückgegriffen werden oder es braucht den Aufbau eines eigenen Netzwerks. Dies ist zunächst aufwendig und zeitintensiv. Irgendwann aber stehen die Netzwerke als wertvolle Ressource zur Verfügung und werden Zeit schenken.

Voraussetzung für den Aufbau von Netzwerken sind zunächst Kenntnisse darüber, mit welchen Organisationen man zusammenarbeiten muss, was sie machen, wie sie organisiert sind, wo sie verortet sind. Netzwerke brauchen aber auch Pflege. Für die Verständigung und Abstimmung mit Partnern ist es wichtig, auch informelle Kommunikationsgelegenheiten zu initiieren oder sich daran zu beteiligen, wenn diese von anderen Akteuren vor Ort organisiert werden.

3.II.3.2.1 Ansprechpartner und Erreichbarkeit

Vernetzung und Zusammenarbeit vor Ort und im Einzelfall sind interaktive Prozesse, die nur dann funktionieren können, wenn man seine Partnerinnen und Partner bei diesen Organisationen kennt. So oder so: wer sich nicht kennt, kann nicht zusammenarbeiten. Um sich kennenzulernen, braucht es die Kontaktaufnahme zur gegenseitigen Vorstellung sowie zum Treffen von Vereinbarungen zur Zusammenarbeit im praktischen Alltag und für den Einzelfall.

Für eine gemeinsame Teilhabeplanung ist die Benennung von festen Ansprechpersonen, die dann aber auch bekannt sind, zur Verfügung stehen und ohne allzu großen Aufwand erreichbar sind, eine Voraussetzung. Gegenseitige

Erreichbarkeit fördert die Zusammenarbeit, fehlende Erreichbarkeit kann das Engagement schon im Keim ersticken.

Für das Miteinanderbekanntwerden bieten Hospitationen die Möglichkeit, Einblicke in eine Organisation, Einrichtung o. ä. zu gewinnen. Hospitantinnen und Hospitanten können dabei die Organisation und deren Arbeitsweisen kennenlernen. Alle Beteiligten profitieren dabei vom Wissen und den Erfahrungen der jeweils anderen.

3.II.3.3 Werkzeuge für die Praxis

3.II.3.3.1 Ansprechstellenverzeichnis

Zur Umsetzung ihrer Verpflichtung, Ansprechpartner zu benennen, haben die Rehabilitationsträger auf Ebene der BAR ein Ansprechstellenverzeichnis eingerichtet, das Kontaktdaten auf einer gemeinsamen Plattform bündelt.

Das Ansprechstellenverzeichnis hat einen öffentlich zugänglichen Bereich, der Mitarbeitenden der Sozialversicherungsträger sowie ratsuchenden leistungsberechtigten Personen und Arbeitgebern den Zugang zu öffentlichen Kontaktdaten von Mitarbeitenden der Sozialleistungsträger.

Ein zweiter, geschützter Bereich ist den Mitarbeiterinnen und Mitarbeitern bei den Trägern vorbehalten. Der Bereich „Ansprechstellen Intern" ermöglicht allen Sozialleistungsträgern, ihre im Verzeichnis eingetragene Ansprechstelle selbst zu verwalten. Gleichzeitig ist in dem geschützten Bereich eine vereinfachte Kontaktaufnahme zu Mitarbeitenden anderer Ansprechstellen bzw. Träger und Organisationen möglich. Um eine direkte Vernetzung und die Zusammenarbeit zu unterstützen, bietet „Ansprechstellen Intern" Funktionen wie z. B.

- eine bundesweite und überregionale Kontaktsuche,
- Personen- oder Umkreissuche,
- direkte Ansprechpartnerinnen und Ansprechpartner bei den Sozialleistungsträgern,
- eine interaktive Landkarte,
- Direktverlinkungen zu praktischen Onlinetools,
- Verknüpfungsmöglichkeit mit einer oder mehreren bestehenden Ansprechstellen,
- Anlegen und Bearbeiten von einer oder mehreren neuen Ansprechstellen,
- Erstellen einer persönlichen Kontaktliste für bessere Vernetzung,

- Vorschlägen von Veranstaltungstipps, die mit anderen geteilt werden sollen,
- Direktzugriff auf Publikationen und News der BAR.

Das Praxistool erleichtert und unterstützt die Kontaktaufnahme und Vernetzung zwischen den Rehabilitationsträgern.

Ansprechstellenverzeichnis: www.ansprechstellen.de

3.II.3.3.2 Hospitationsbörse

Als Gast eine Organisation kennenzulernen, ist die Idee, die hinter der Hospitationsbörse steckt.

Für die Zusammenarbeit der Rehabilitationsträger untereinander und mit anderen Akteuren braucht es Austausch und Begegnung. Die Hospitationsbörse, die die BAR anbietet, leistet einen Beitrag, um Rehabilitationsträger und die Ergänzende unabhängige Teilhabeberatung (EUTB) miteinander ins Gespräch zu bringen, sich gegenseitig kennenzulernen und zu vernetzen. Beraterinnen und Berater der EUTB können Fachkräften der Rehabilitationsträger über die Schulter schauen.

Auch Beratungsfachkräfte bei einem Rehabilitationsträger können im Rahmen einer Hospitation einen Eindruck über die Beratungstätigkeit einer EUTB gewinnen und umgekehrt die eigene Arbeit und die Berührungspunkte dazu vorstellen.

Bei der Hospitationsbörse handelt es sich um ein „digitales schwarzes Brett", das von der BAR als Onlineangebot zur Verfügung gestellt wird. Als Beratungsfachkraft kann man einen Hospitationsplatz anbieten oder suchen und so wertvolle Kontakte knüpfen.

Die Suche und das Angebot eines Hospitationsplatzes erfolgen über einen Eintrag unter www.bar-hospitation.de

3.II.3.3.3 Reha-Zuständigkeitsnavigator

Der Reha-Zuständigkeitsnavigator bietet eine schnelle und unkomplizierte Orientierung im gegliederten Reha- und Teilhabesystem. Er navigiert anhand von konkreten Fragestellungen zum voraussichtlich zuständigen Reha-Träger für eine Reha- und Teilhabeleistung. Dabei bietet er umfassende Erläuterungen rund um das gegliederte Sozialleistungssystem.

Wem hilft der Reha-Zuständigkeitsnavigator weiter?

- Fachkräften bei Reha-Trägern, z. B. für die Zuständigkeitsklärung
- Beratungsfachkräften zur Orientierung und Information
- Antragstellenden Personen, die sich orientieren und mehr über die Zuständigkeiten der Reha-Träger erfahren möchten.

 Reha-Zuständigkeitsnavigator: www.reha-navi.de

3.II.3.3.4 Fristenrechner zum Reha-Prozess

Das BTHG setzt Fristen, z. B. bei der Klärung der Zuständigkeit. Der Fristenrechner hilft bei der Einhaltung der Vorgaben, indem er die Berechnung relevanter Fristen im Reha-Prozess ermöglicht. Ausgangspunkt für seine Nutzung ist die Perspektive

- der Rehabilitationsträger, die z. B. als „erstangegangener Rehabilitationsträger" einen Antrag erhalten haben und innerhalb von zwei Wochen Entscheidungen treffen müssen (§ 14 SGB IX) oder
- der antragstellenden Personen, die mit dem Fristenrechner die für sie relevanten Fristen berechnen können.

 Reha-Fristenrechner: www.reha-fristenrechner.de

3.III Beratung im Reha-Prozess

 **Zusammenfassung**
Beratung ist eine Dienstleistung im Reha-Prozess und geht oft weit über Information, Aufklärung und Auskunft hinaus – als kommunikative Basis ist sie ein wesentlicher Bestandteil im Reha-Prozess.

Das Kapitel geht Fragen nach wie: Was zeichnet eine gute Beratung aus? Welchen Beratungsauftrag haben die Träger? Wo findet andernorts Beratung statt? Wie hängen die Beratungsangebote zusammen? Welche Kompetenzen braucht eine Beratungsfachkraft? Was muss sie beachten? Wie wirken sich die Mitwirkungsrechte der Menschen mit Behinderung auf die Beratung aus?

Im Mittelpunkt steht die Beratung durch die Rehabilitationsträger.

3.III.1 Bedeutung von Beratung

3.III.1.1 Beratung als Voraussetzung des Rechts

„Für das Recht und seine Verwirklichung hat Beratung [...] zentrale Bedeutung auf allen Ebenen. Ohne guten Rat kein gutes Recht, das gilt von der Gesetzgebung, über Verwaltung und Gericht bis zum Einzelnen. Gute Beratung ist eine Voraussetzung des Rechts" (Welti 2016: 14).

Im Reha- und Teilhaberecht hat Beratung eine Schlüsselfunktion für

- die Sicherstellung von Versorgungsqualität,
- die Ermittlung von Teilhabebedarf und passgenauen Leistungen,
- die eine umfassende Teilhabeplanung,
- die Aktivierung von Selbsthilfepotenzialen,
- die Aktivierung von Helferpotenzialen,
- die Ausübung des Wunsch- und Wahlrechts,
- die Koordination von Leistungen im Rahmen der Teilhabeplanung,
- die Bewältigung von Schnittstellen.

Im Reha-Prozess ist Beratung keine Einbahnstraße. Bedarfsermittlung, Teilhabeplanung, Fallmanagement können nur als interaktive Prozesse zwischen der Fachkraft und dem Leistungsberechtigten umgesetzt werden.

Die Inhalte der Beratung von und mit dem Betroffenen umfassen

- das Erfassen und Analysieren des Teilhabebedarfs,
- das Erstellen eines individuellen Teilhabeplans (einschließlich präventiver, gesundheitsfördernder, rehabilitativer, kurativer sowie pflegerischer und sozialer Hilfen),
- das Hinwirken auf die zur Durchführung des Teilhabeplans erforderlichen Maßnahmen und deren Genehmigung,
- die Überwachung und Anpassung des Teilhabeplans,
- die Auswertung und Dokumentation des Reha-Prozesses.

Die dahinterstehenden Fragen können nur über eine Beratung geklärt werden; sie ist die kommunikative Basis und das kommunikative Bindeglied zwischen den Phasen des Prozesses, und bereits im Vorfeld hin zu einer Antragstellung.

3.III.1.2 Beratungspflichten der Reha-Träger im Sozialrecht

Die Verpflichtung, Ratsuchende zu beraten, ist nicht neu: Reha-Träger sind schon immer verpflichtet, über die Rechte und Pflichten nach dem SGB IX und über alle Leistungen zur Teilhabe aller Reha-Träger umfassend zu beraten. Hier sei auf die einschlägigen Vorschriften im SGB I verwiesen (§ 14 SGB I). In Bezug auf das Beratungsgeschehen im Rahmen von Rehabilitation und Teilhabe nach dem SGB IX geht der Gesetzgeber ganz offensichtlich davon aus, dass die qualifizierte Beratung künftig Aufgabe aller Reha-Träger ist.

Die Kompliziertheit des Sozialrechts erfordert besondere Beratungspflichten – dies bestätigt ein aktuelles Urteil des Bundesgerichtshofs (BGH): In seinem Urteil vom 2.8.2018 hat sich der BGH mit den Anforderungen an die Beratungspflicht sowie mit der Frage, wann eine fehlerhafte Beratung vorliegt und ob hieraus Schadenersatzansprüche unter dem Aspekt der Amtshaftung abgeleitet werden können, beschäftigt.

Danach geht die Beratungspflicht über den eigenen Zuständigkeitsbereich hinaus. Der BGH verweist auf die Rechtsprechung des Bundessozialgerichts (BSG). Bereits mehrfach wurde vom BSG entschieden, dass aus § 14 S. 1 SGB I auch Beratungspflichten im Zuständigkeitsbereich einer anderen Behörde folgen können (BGH, Urteil vom 2.8.2018, Az.: III ZR 466/16) (siehe Kapitel 3.IV.2).

An Beraterinnen und Berater bei den Sozialleistungsträgern werden Pflichten und hohe Anforderungen gestellt. Angesichts der Vielschichtigkeit des Sozialleistungssystems muss der Leistungsträger proaktiv prüfen, ob über die konkrete Fragestellung hinaus Anlass besteht, auf weitere Leistungsansprüche und Gestaltungsmöglichkeiten und mögliche Vor- und Nachteile hinweisen, die im Zusammenhang mit dem Anliegen stehen.

Auch der BGH definiert das Sozialrecht als kompliziert und erkennt an, dass sozialrechtliche Spezialkenntnisse des Leistungsträgers in einem anderen Sozialbereich nicht gefordert werden können. Gefordert wird aber sehr wohl die Fähigkeit, dem Ratsuchenden entsprechende Hinweise zu geben, sich von einem anderen Leistungsträger beraten zu lassen.

Eine verständnisvolle Beratung und Aufklärung des Versicherten wie sie der BGH in den Vordergrund stellt, beinhaltet die Erwartung an jeden Leistungsträger, sich auch in den anderen Bereichen des Sozialleistungssystem so gut auszukennen, dass er dem Ratsuchenden mit seinem Anliegen Orientierung bieten kann.

Damit stärkt der BGH die in den §§ 13 ff. formulierten verfahrensrechtlichen Regelungen des BTHG, die trägerübergreifend für alle Sozialleistungsträger abweichungsfest gelten.

3.III.1.3 Weitere Beratungsangebote

Beratung im Bereich von Rehabilitation und Teilhabe findet nicht nur bei den Trägern statt. Die Breite der daneben gesetzlich verankerten Beratungsmöglichkeiten bestätigt die Bedeutung von Information und Beratung im gesamten Feld der sozialen Arbeit. Beispiele sind:

- Integrationsfachdienste (§ 185 ff. SGB IX),
- Ansprechstellen (§ 12 Abs. 3 SGB IX),
- Ergänzende unabhängige Teilhabeberatung (§ 32 SGB IX),
- Einheitliche Ansprechstellen für Arbeitgeber (§ 185 a SGB IX).

3.III.1.3.1 Ansprechstellen

Mit dem Bundesteilhabegesetz hat der Gesetzgeber alle Rehabilitationsträger verpflichtet, ab dem 1. Januar 2018 Ansprechstellen zu benennen (§ 12 Abs. 1 SGB IX). Diese Verpflichtung besteht auch für Jobcenter, Integrationsämter und Pflegekassen. Ziel ist, dass „durch die konkrete Benennung von organisationsinternen Ansprechpartnern [...] ein wirksamerer und effizienterer Informationsaustausch sichergestellt ist" (BT-Drs. 18/9522: 231). Die Informationen richten sich an Leistungsberechtigte, Arbeitgeber und andere Rehabilitationsträger.

Für diese drei Zielgruppen sollen die Ansprechstellen Informationen bereitstellen, z. B. über Inhalte, Ziele und Verfahren zu Leistungen zur Teilhabe, über das Persönliche Budget und andere Beratungsangebote wie z. B. die Ergänzende unabhängige Teilhabeberatung (EUTB), und diese vermitteln. Ansprechstellen sollen dabei unterstützen, Bedarfe frühzeitig zu erkennen, auf eine Antragstellung hinzuwirken und dabei helfen herauszufinden, an wen man sich beim Träger wenden kann. Schließlich lassen sich die Ansprechstellen auch für eine bessere Vernetzung der Rehabilitationsträger untereinander nutzen. Inwieweit Ansprechstellen auch beratende Funktionen übernehmen, ist nicht klar formuliert und wird vom jeweiligen Träger ausgestaltet.

Ansprechstellen benennen ist das eine, sie bekannt und zugänglich zu gestalten das andere. Eine Hilfestellung bietet das bei der BAR eingerichtete Ansprechstellenverzeichnis, das die Ansprechstellen aufführt und träger- und regionen-bezogene Informationen beinhaltet (siehe Kapitel 3.II.3).[46]

3.III.1.3.2 Ergänzende unabhängige Teilhabeberatung (EUTB)

Um einen niedrigschwelligen Zugang zur Rehabilitation und Beratung zu er-möglichen, hat der Gesetzgeber mit dem BTHG die Ergänzende unabhängige Teilhabeberatung (EUTB) (§ 32 SGB IX) eingeführt. Dieses Beratungsangebot steht inzwischen flächendeckend zu Verfügung.[47] Es soll bereits im Vorfeld der Beantragung von Leistungen zur Verfügung stehen und über Teilhabeleistun-gen nach dem SGB IX informieren und beraten. Ein wichtiges Merkmal der EUTB ist, dass hier nicht nur Fachkräfte der Sozialen Arbeit beraten, sondern auch Betroffene im Sinne des Peer Counseling. So werden Menschen mit Behinderung zu Experten „in eigener Sache" und unterstützen Ratsuchende dabei, ihre Fähigkeiten und Ressourcen für eine selbstbestimmte Teilhabe zu nutzen. Die Beratung erfolgt zu allen Fragen der Rehabilitation und Teilha-be vor allem im Vorfeld einer Beantragung von Leistungen. Eine rechtliche Begleitung in Widerspruchs- und Klageverfahren ist ausgeschlossen. EUTBs stehen flächendeckend zur Verfügung, die Beratung erfolgt wohnort- und zeitnah. Die EUTBs werden vom Bund gefördert, ihre Beratungsleistung ist für die Nutzerinnen und Nutzer kostenlos.

Wie der Name schon sagt, geht es um ein zusätzliches Beratungsangebot, das die Beratung durch die Rehabilitationsträger nicht ersetzt, sondern ergänzt. Unabhängig sind die EUTBs insoweit, als sie nicht bei Rehabilitationsträgern angesiedelt sind. In der veränderten Beratungslandschaft ist das Zusammen-wirken der Akteure von besonderer Bedeutung. So haben etwa die Rehabilita-tionsträger die Verpflichtung, auf die Beratungsangebote der EUTBs hinzuwei-sen und die EUTBs sind verpflichtet, zu wissen, wo ihre Beratung endet und die der Rehabilitationsträger beginnt.

3.III.1.3.3 Integrationsfachdienste (IfD)

Integrationsfachdienste (IfD) sind Dienste Dritter, die bei der Durchführung der Maßnahmen zur Teilhabe schwerbehinderter und behinderter Menschen am Arbeitsleben beteiligt werden (§ 192 SGB IX). Eingerichtet und finanziert sind die IfDs vom im jeweiligen Bundesland zuständigen Integrationsamt.

---

46   www.ansprechstellen.de
47   www.teilhabeberatung.de

Zielgruppen sind vor allem Menschen mit Schwerbehinderung mit einem besonderen Bedarf an arbeitsbegleitender Betreuung. Von einem besonderen Bedarf an arbeitsbegleitender Betreuung ist insbesondere bei Menschen mit einer geistigen oder seelischen Behinderung, aber auch solchen mit einer schweren Körper-, Sinnes- oder Mehrfachbehinderung auszugehen. Zu den Aufgaben der IfDs gehören zunächst generell die Beratung und Unterstützung der betroffenen behinderten Menschen selbst sowie die Information und Hilfestellung für Arbeitgeber bei den unterschiedlichsten Problemsituationen bei der Teilhabe schwerbehinderter Menschen am Arbeitsleben. Die Integrationsfachdienste verfügen über Fachpersonal mit entsprechender psychosozialer oder arbeitspädagogischer Qualifikation.

Hauptauftraggeber der IFDs sind die Integrationsämter, doch können die IFDs auch im Auftrag der Rehabilitationsträger und der Träger der Arbeitsvermittlung, insbesondere der Agenturen für Arbeit, tätig werden. Insbesondere bei Menschen, die behindert, aber nicht schwerbehindert sind, sind die Rehabilitationsträger Auftraggeber der Integrationsfachdienste. Die Integrationsfachdienste werden an den Aufgaben der gesetzlichen Leistungsträger, von denen sie beauftragt werden, beteiligt. Die Verantwortung für die gesamte Aufgabenerledigung bleibt damit beim jeweiligen Auftraggeber. Im Fall einer Beauftragung erfolgt die Vergütung aus den Haushaltsmitteln des jeweiligen Trägers.

Nähere Regelungen für die Beauftragung der Integrationsfachdienste haben die BIH und die Rehabilitationsträger im Rahmen der Gemeinsamen Empfehlung zur Beauftragung der Integrationsfachdienste (GE IFD) getroffen (siehe Kapitel 2.III.5).

Der nächstgelegene Integrationsfachdienst kann im BIH-Portal unter Kontakt per Postleitzahlensuche ermittelt werden: www.bih.de.

3.III.1.3.4 Einheitliche Ansprechstellen für Arbeitgeber (EAA)

Als Beratungsangebot für Arbeitgeber stehen seit dem Jahr 2022 Einheitliche Ansprechstellen für Arbeitgeber (EAA) zur Verfügung (§ 185 a SGB IX). Die EAA wurden von den Integrationsämtern in den Bundesländern eingerichtet und werden von diesen aus Mitteln der Ausgleichsabgabe finanziert.

Über dieses spezielle Angebot soll die Teilhabe von Menschen mit Schwerbehinderung am Arbeitsleben verbessert werden. Viele Arbeitgeber haben Vorbehalte gegenüber einer Beschäftigung schwerbehinderter Menschen, sie kennen die bei den Integrationsämtern und den Rehabilitationsträgern bestehenden Fördermöglichkeiten nicht und schrecken vor Behörden und aufwendigen Verwaltungsverfahren eher zurück. Die Aufgaben der EAA setzen genau an dieser Stelle an: Sie informieren Arbeitgeber über Fördermöglichkeiten, sie unterstützen bei konkreten Fragestellungen, vermitteln Kontakte und unterstützen bei der Antragstellung und bei Bedarf auch im Verwaltungsverfahren. Die EAA sind flächendeckend eingerichtet.[48]

3.III.2 Aufgaben, Anforderungen und Kompetenzen

3.III.2.1 Aufgaben

Kernelement von Rehabilitation und Teilhabe ist ein personenzentriertes Vorgehen und eine teilhabeorientierte Unterstützung. Dies gilt für alle erforderlichen Schritte, wie

- Bedarf ermitteln,
- Leistungen prüfen und passgenau einsetzen,
- Beteiligte ermitteln und einschalten,
- Zuständigkeiten klären,
- den Reha-Prozess gestalten und abstimmen,
- Leistungserbringer einbeziehen.

In allen Phasen des Reha-Prozesses spielt Beratung eine wichtige Rolle. Grundlage ist ein Verständnis von professioneller Beratung als strukturiertem, kommunikativem Prozess und als sozialer Interaktion zwischen der Beratungsfachkraft und dem Menschen mit Behinderung.

Beratung stellt dafür die Weichen und umfasst für die Beratungsfachkraft folgende Aufgaben:

- alle Leistungen zur Teilhabe des Menschen mit Behinderung zu planen,
- gemeinsam mit dem Menschen mit Behinderung und den Leistungserbringern den Ablauf zu koordinieren,
- den Menschen mit Behinderung aktivierend zu begleiten.

Beratung im Rahmen von Teilhabeplanung ist nicht eindimensional, sondern findet im Dialog statt. Im Gespräch auf Augenhöhe haben Beraterinnen bzw. Berater und Menschen mit Behinderung unterschiedliche Rollen und auch eine unterschiedliche Expertise. Der Mensch mit Behinderung ist „Experte

---

48 Näheres unter: www.bih.de.

in eigener Sache", die fachliche Expertise liegt bei der Beratungskraft. Viele Menschen mit Behinderung haben wenig oder keine Erfahrung, wie ein sozialrechtlich abgesichertes Teilhabegespräch zu führen ist. Auch ist nicht davon auszugehen, dass sie mit den Regeln einer aktiven Gesprächsführung im Kontext von Teilhabeplanung vertraut genug sind (vgl. DVfR 2023: 15). Der Beraterin und dem Berater kommt deshalb auch die Aufgabe zu, die aktive Beteiligung am Teilhabegespräch zu unterstützen.

Beratung findet nicht nur mit dem Leistungsberechtigten statt. Der Prozess des Reha-Managements ist geprägt durch Prozesssteuerung, Planung und Kommunikation mit weiteren möglichen Beteiligten. Dazu zählen je nach Einzelfall andere Rehabilitationsträger, Leistungserbringer, Arbeitgeber, Ärzte, Therapeuten.

3.III.2.2 Anforderungen an und Kompetenzen von Beraterinnen und Beratern

Beratung, die den Menschen mit Behinderung in den Mittelpunkt stellt und sich als ganzheitliche, trägerunabhängige und trägerübergreifende Beratung versteht, stellt an die Kompetenz wie auch an die Motivation der Beratenden hohe Anforderungen. Menschen mit Behinderung selbst wünschen sich eine vertrauensvolle, zugewandte und respektvolle Begegnung auf Augenhöhe, in der die eigenen Ressourcen wertgeschätzt und anerkannt werden. „Eine gute Beratung beginnt mit der Haltung eines Beraters. Als Mensch mit Behinderung möchte ich mich angenommen fühlen und in erster Linie als Mensch wahrgenommen werden. Ich möchte, dass ich mit meinen individuellen Wünschen, Bedürfnissen und Erfordernissen ernst genommen werde"[49] Die Aussage bringt zum Ausdruck, dass für das Gelingen der Ermittlung des Rehabilitationsbedarfs und der weiteren Planung weniger der Einsatz von Teilhabeinstrumenten ausschlaggebend ist, sondern es entscheidend auf die Haltung und die Kompetenzen der Beratungsfachkraft ankommt (vgl. DVfR 2023: 18).

Beratungsfachkräfte in der Rehabilitation verfügen über Kenntnisse und Wissen, Fähigkeiten und Fertigkeiten:

- Sie haben einen soliden Überblick über das gesamte System von Reha und Teilhabe und können sich darin orientieren.
- Sie verfügen über ein sattelfestes Wissen über das Leistungssystem des Trägers, bei dem sie tätig sind.

---

49 Janine Kolbig bei der BAR-Fachtagung 2018 in Kassel.

- Sie sind in der Lage, ihre Kenntnisse und ihr Wissen in der Praxis und auf den Einzelfall anzuwenden.
- Sie besitzen eine hohe Motivation, dies in der Praxis zum Wohl der Betroffenen umzusetzen.
- Sie begegnen Menschen mit Behinderungen auf Augenhöhe, lassen sich auf ihre Situation und ihre Bedürfnisse ein.

3.III.2.2.1 Kompetenzprofile für Beratungsfachkräfte

Durch die mit Teilhabeplanung und Fallmanagement verbundenen Aufgaben ergibt sich ein vielfältiges Kompetenzspektrum. Neben der erforderlichen Fachkompetenz braucht die Beratungsfachkraft auch ein hohes Maß an Sozialkompetenz, Selbstkompetenz, Methodenkompetenz. Die einzelnen Kompetenzbereiche lassen sich wie folgt spezifizieren.

Fachkompetenz
- Kenntnisse des SGB IX und weitere Rechtskenntnisse
- Kenntnisse über die Aufgaben und die Aufstellung der anderen Reha-Träger
- Grundkenntnisse über Krankheitsbilder, Behinderungen
- Grundkenntnisse der UN-BRK und der ICF
- Kenntnisse der einschlägigen Vorschriften des SGB IX für Rehabilitations- und Teilhabeplanung
- Kenntnisse der regionalen Versorgungsstrukturen
- Kenntnisse in der IT-Anwendung
- Betriebswirtschaftliche Grundkenntnisse

Methodenkompetenz
- Gestaltung einer professionellen Beraterbeziehung
- Grundlagen und Techniken der Gesprächsführung
- Netzwerkmanagement
- Prozessmanagement
- Lern- und Wissensmanagement
- Moderationstechniken
- Organisations- und Verhandlungstechniken
- Planungs- und Steuerungskompetenz
- Problemlösung
- Strukturiertes, analytisches Denken
- Zielsetzung/Zielorientierung

Sozialkompetenz

- Wertschätzung und Respekt
- Kontakt- und Kommunikationsfähigkeit
- Kooperations- und Teamfähigkeit
- Empathie
- Kritik- und Konfliktfähigkeit
- Wahrnehmung der Körpersprache
- Umgang mit schwierigen Beratungssituationen
- Grundkenntnisse von Konzepten wie Empowerment
- Offenheit und Flexibilität
- Selbstverständnis der eigenen Rolle und der Erwartungen daran

Selbstkompetenz

- Selbstsicheres und selbstbewusstes Auftreten
- Eigenverantwortung und Selbstständigkeit
- Fähigkeit, Entscheidungen zu treffen
- Fähigkeit, Verantwortung zu übernehmen
- Bewusstsein eigener Vorurteile
- Konfliktfähigkeit
- Selbstreflektion
- Prozessorientiertes Denken

Neben den fachlichen Fähigkeiten müssen Reha-Berater in erster Linie ein hohes Maß an Kommunikationsfähigkeit aufweisen (siehe Kapitel 3.I.4). Sowohl das Kommunizieren auf der individuellen Ebene des Fallmanagements im direkten Kontakt mit dem Rehabilitanden als auch das Kommunizieren auf der Ebene des Systemmanagements im Netzwerk der Leistungserbringer und Leistungsträger bedarf spezieller Kompetenzen. Denn über Kommunikation mit den Menschen mit Behinderung hinaus, braucht es auch die Kommunikation mit möglichen anderen Rehabilitationsträgern, mit Leistungserbringern, mit Ärztinnen und Ärzten, Therapeutinnen und Therapeuten, mit bisherigen oder potenziellen Arbeitgebern.

3.III.2.3 Strukturelle Voraussetzungen

Reha-Beraterinnen und -Berater sind letztlich diejenigen, die den Beratungsprozess zu gestalten und zu einem Ergebnis zu führen haben. Um dieser Verantwortung gerecht zu werden, brauchen sie verlässliche Rahmenbedingungen.

All dies ist nur zu schaffen, wenn für diejenigen, die die Aufgaben leisten sollen, auch die dafür erforderlichen Rahmenbedingungen bestehen und es sich nicht um Aufgaben handelt, die nebenbei zum eigentlichen Aufgabengebiet zu leisten sind.

Voraussetzungen für eine gute Beratung sind

■ strukturelle und organisatorische Rahmenbedingungen sowohl innerhalb der Organisation wie auch außerhalb, z.B. Netzwerke,
■ klare Verantwortlichkeiten,
■ Erfahrungen im Reha-Geschehen,
■ Qualifizierung,
■ Zutrauen und Vertrauen von Vorgesetzten in ihre Kompetenzen,
■ Freiräume bei der Aufgabenerfüllung,
■ ausreichend Zeit,
■ eine Fehlerkultur.

3.III.2.3.1 Qualifizierung

Die Qualität von Beratung und Teilhabeplanung und die Qualifikation der Fachkräfte hängen eng zusammen. Ihre Qualifizierung muss umfassend und trägerübergreifend erfolgen, systemisch angelegt sein und im Sinne eines lernenden Systems kontinuierlich weiterentwickelt werden. Angebote für Fort- und Weiterbildungsmaßnahmen sind immer auch ein Zeichen des Respekts vor den Aufgaben und eine Unterstützung derer, die die Aufgaben erfüllen.

Für die Frage, welche Inhalte Teil der Qualifizierung sein sollen, geben festgestellte Lücken wertvolle Hinweise. Im Rahmen der bereits genannten Studie haben die befragten Experten formuliert, was ihnen fehlt, um ihre Aufgaben gut zu erfüllen. Wenn sie feststellen, dass ihr fundiertes Wissen über den eigenen Trägerbereich allein nicht ausreicht und ihnen tiefer gehende rechtliche wie fachliche Kenntnisse über alle Trägerbereiche, ihre Leistungen, ihre organisatorische Aufstellung, ihre Arbeitsweisen etc. im Rahmen der Qualifizierung fehlen, dann bietet es sich an, durch die Aufnahme dieser Inhalte in die Qualifizierung der Fachkräfte Abhilfe zu schaffen.

3.III.2.3.2 Standards der Beratung

Standards heben individuelle Beratung nicht auf – individuelle Beratung ist ein Standard (vgl. Giraud/Penstorf 2018: 36 ff.) Standards stehen dem Eingehen auf die individuelle Situation nicht entgegen, wenn sie – ihrem Zweck folgend – definieren „Was" zu beachten und zu berücksichtigen ist. Für die Umsetzung im Einzelfall, also das „WIE?" können sie Orientierung bieten. Hierbei geht es dann um

- die konkreten Bedarfe und die Teilhabesituation des Menschen mit Beeinträchtigung,
- die konkreten Rahmenbedingungen vor Ort,
- die konkreten Möglichkeiten der Leistungsträger.

Für die Beratung stellen trägerübergreifend geltende Standards auch eine Form von Qualitätssicherung dar. Ansatzpunkte und Grundlagen für die Etablierung von Standards im Bereich von Reha und Teilhabe können sein:

- Wie ist das Verständnis von Beratung?
- Was umfasst der Beratungsauftrag?
- Welche Kriterien gelten für die Beratung?
- Wie sind die Rahmenbedingungen für Beratung – zeitlich, örtlich, organisatorisch?
- Welche Kompetenzen brauchen die Reha-Beraterinnen und Berater?
- Was umfasst die Qualifizierung?
- Welche Inhalte für trägerübergreifende Qualifizierung sind darin enthalten?
- Welches Selbstverständnis, welche Selbstverpflichtung gegenüber Menschen mit Behinderungen wird erwartet?

Standards bieten Orientierung aus einem noch anderen Grund. Auch auf Menschen mit Beeinträchtigung als die Ratsuchenden kommt Neues zu: Ihnen werden Angebote gemacht – sie zu nutzen ist letztlich die freie Entscheidung eines jeden. Das gilt auch für die Bereitschaft sich einerseits beraten zu lassen und andererseits in die Beratung aktiv die Informationen einzubringen, die für die Teilhabe von Relevanz sind. Fachkräfte tragen mit ihrem Beratungsverständnis, ihren Kompetenzen entscheidend dazu bei, dass sich die Betroffenen in der Beratungssituation wohl und sicher fühlen können.

Als fachliche Grundlage für die Beratungsfachkräfte aller Reha-Träger haben die Reha-Träger bereits in 2015 gemeinsam mit Verbänden behinderter Menschen und weiterer Organisationen auf Ebene der BAR Standards für die Beratung erarbeitet (BAR 2015).

3.III.2.4 Grenzen in der Beratung

Im Fokus steht der Unterstützungsbedarf des Menschen mit Beeinträchtigung, der sich nicht am einzelnen Träger und am einzelnen Leistungsgesetz, sondern an den Möglichkeiten aller Leistungsgesetze ausrichtet. Die Grenze der Beratung liegt nicht im einzelnen Leistungsgesetz, das für den jeweiligen Träger gilt.

Im gegliederten Sozialleistungssystem stehen Personenzentrierung und Adressatenorientierung in einem Spannungsverhältnis. Dem geforderten trägerübergreifenden Blickwinkel stehen Trägerinteressen, Binnenlogiken der Träger sowie trägerspezifische Regelungen, bei denen es auch um Zuständigkeiten geht, gegenüber. Leistungsberechtigte und Reha-Träger dürfen sich deshalb aber nicht als Gegner begegnen. Dafür ist wichtig, dass im Beratungsgespräch nicht die Restriktion handlungsleitend ist.

Dennoch hat Beratung Grenzen, denn gleichzeitig gilt: Nicht alles, was Menschen mit Behinderung sich vorstellen und für sich wünschen, wird durch die Reha-Träger erfüllbar sein. Wenn das der Fall ist, dann ist Beratung auch eine Form von Miteinander Verhandeln und braucht im Einzelfall Kompromissbereitschaft. Dem Beratungsgespräch kommt deshalb auch die Aufgabe zu, zu erklären, wenn Dinge nicht möglich sind und Alternativen zu entwickeln.

Der umfassenden, trägerübergreifenden Beratung sind insoweit Grenzen gesetzt, als es auch um Fragen der Haftung geht: Beratung darf immer nur so weit gehen, wie es das eigene Wissen und die Entscheidungsbefugnisse zulassen; sie muss gerade bei der schadensgeneigten Medizin- und Rechtsberatung rechtzeitig weiterverweisen. Wer professionell Beratungsleistungen übernimmt, muss von der beratenen Person – und ggf. auch seinem Leistungsträger – zumindest dafür in Haftung genommen werden können, dass nicht fahrlässig, also in erkennbarer Überschreitung der eigenen Kompetenz, Rat gegeben wird.

3.III.2.5 Basics für das Beratungsgespräch

Beratungsgespräche erfolgen als partizipative Gespräche, um die notwendigen Informationen und Daten für die Bedarfsermittlung zu erheben, um zu verstehen, um Möglichkeiten der Unterstützung zu entwickeln und anzubieten und ggf. das weitere Vorgehen (Teilhabeplanung) vorzubereiten.

Dafür spielt die Herstellung einer für beide Seiten angenehmen Gesprächs-atmosphäre, bestenfalls einer Vertrauensbasis, eine zentrale Rolle. Die Beachtung von einigen „Werkzeugen" kann dazu beitragen.[50]

Sich Einlassen auf den Leistungsberechtigten

- Sich auf das Beratungsgespräch vorbereiten.
- Die Perspektive wechseln, sich in den Ratsuchenden versetzen.
- Den Gesprächspartner direkt ansprechen.

Zuhören und achtsame Zuwendung

- Eine zugewandte Körperhaltung einnehmen, Blickkontakt, Geduld haben.
- Dem Leistungsberechtigten Zeit geben.
- Die Beweggründe und Gefühle des anderen erkennen wollen.

Fragen

- Offene Fragen stellen, beginnend mit warum, wer, wie, wann, wo, welches?
- Geschlossene Fragen stellen, wenn es um Absicherung, Entscheidungen und Festlegung geht.

Perspektivwechsel

- Sich in die Situation des Ratsuchenden versetzen

Wertschätzen

- Interesse am Ratsuchenden zeigen.
- Sich selbst zurück und den Menschen mit Behinderung in den Mittelpunkt stellen.
- Eine positive Gestik, Haltung, Mimik einbringen.
- Den Menschen so wie er ist respektieren und bejahen.

Verstärkung

- Rückmeldung geben, z. B. „Ich verstehe ...", „Sie meinen also ...", „Bei mir ist angekommen, dass ...", „Wenn ich das, was Sie mir mitteilen, mit meinen Worten zusammenfasse, ...".

---

50 Grundlage für die Ausführungen ist die Lehrveranstaltung von Cusumano, Vincenzo/Lüders, Carolin: Beratung im Reha-Management an der Hochschule Bonn-Rhein-Sieg in 2024).

Ermutigen

- Interesse zeigen, mehr zu erfahren.
- Nachfragen.

3.III.3 Partizipation von Menschen mit Behinderungen

3.III.3.1 Partizipation im Beratungsprozess

Selbstbestimmte Teilhabe ohne Partizipation kann es nicht geben und Teilhabeplanung ohne Partizipation bleibt unwirksam. Die Beteiligung von Menschen mit Behinderungen und ihre Mitwirkung am Prozess sind eine Notwendigkeit und ein Maßstab für die Personenzentrierung und Teilhabeorientierung (vgl. Kapitel 1.II) und als solcher im SGB IX festgeschrieben.

Unter Partizipation wird primär der Aspekt von Teilhabe verstanden, der mit der Beteiligung an Entscheidungen und an ihrem Zustandekommen zu tun hat. Im SGB IX wird Menschen mit Behinderungen ein unterschiedliches Ausmaß an Entscheidungsmöglichkeiten bei der Gestaltung ihres Rehabilitationsprozesses eingeräumt. Im Kern geht es darum, den Betroffenen möglichst viel Raum zur eigenverantwortlichen Gestaltung ihrer Lebensumstände zu lassen und ihre Selbstbestimmung zu fördern (vgl. Meyer et al. 2022: 36 f.; vgl. Kapitel 2.II.1). Dafür braucht es die Angaben, die nur die Betroffenen in den Beratungsprozess selbst einbringen können.

3.III.3.2 Rechte und Pflichten im SGB IX

Das SGB IX stärkt die Position von Menschen mit Behinderungen: Um Partizipation sicherzustellen, formuliert das Gesetz eine Reihe an Vorgaben für die Rehabilitationsträger für die Umsetzung des Reha-Geschehens und an Mitwirkungsrechten für Menschen mit Behinderungen. Vorgeschrieben ist:

- Der Teilhabeplan ist in Abstimmung mit ihr/mit ihm zu erstellen (§ 19 Abs. 1 SGB IX)
- Inhalte des Teilhabeplans sind auf ihren/seinen Wunsch auch dann zu dokumentieren, wenn die Voraussetzungen nach § 19 Abs. 1 SGBX nicht vorliegen (§ 19 Abs. 2 Satz 3)
- Der Teilhabeplan ist in Abstimmung mit ihr/mit ihm zu erstellen (§ 19 Abs. 1 SGB IX),
- Eine Teilhabeplankonferenz bedarf der Zustimmung der/ des Leistungsberechtigten (§ 20 Abs. 1 SGB IX).

Diese Vorschriften konkretisieren Informationsrechte, Mitwirkungsrechte, Mitbestimmungsrechte von Menschen mit Behinderungen.

Damit verändert sich die Rolle und auch die Verantwortlichkeit des Leistungsberechtigten im Teilhabeplanverfahren:

1. Eine Teilhabeplanung wird durchgeführt, wenn der Leistungsberechtigte dies wünscht.
2. Der Leistungsberechtigte muss im Rahmen seiner Mitwirkungspflicht alle notwendigen Tatsachen und Angaben mitteilen.
3. Die Teilhabeplanung erfolgt in Abstimmung mit dem Leistungsberechtigten. Er ist bei der Erstellung, Änderung, Fortschreibung zu beraten und aktiv mit einzubeziehen. Seine individuellen kommunikativen Bedürfnisse sind zu berücksichtigen.
4. Den berechtigten Wünschen des Leistungsberechtigten wird entsprochen.
5. Der Leistungsberechtigte ist über Verwaltungsabläufe und Vorgehensweisen, Funktion und Einzelheiten des Teilhabeplans und über die Möglichkeit einer Teilhabeplankonferenz und deren Ausgestaltung zu beraten. Dabei ist ihm aufzuzeigen, welche Leistungen für ihn in Betracht kommen könnten und wer für diese Leistung zuständig ist.
6. Der Leistungsberechtigte ist vor einer Teilhabeplankonferenz auf die Ergänzende unabhängige Teilhabeberatung (EUTB) hinzuweisen (vgl. BAR 2019c: 9).

3.III.3.3 Voraussetzungen für Beteiligung und Mitwirkung

Die Einbeziehung der Leistungsberechtigten ist das A und O einer individuellen Teilhabeplanung. Mitwirken kann und möchte, wer sich angenommen und ernst genommen, orientiert und gut informiert fühlt. Menschen mit Behinderung sind Experten in eigener Sache – sie müssen nicht Experten im Sozialleistungssystem sein, um an die ihnen zustehenden Hilfemöglichkeiten zu kommen. Dies gilt auch für betreuende Personen, wenn der Betroffene seine Interessen nicht oder noch nicht selbst vertreten kann.

Partizipative Entscheidungsfindung ist oft nicht einfach. Sie braucht Information und Kommunikation, Zeit und Bereitschaft auf beiden Seiten, erhöht aber auch die Wahrscheinlichkeit, die Rehabilitationsziele zu erreichen. Das ist im Interesse beider Seiten. Die umfassende Beteiligung des Menschen mit Behinderung auf der Grundlage einer gemeinsamen Beratung muss wertgeschätzt und befürwortet werden. Nur dann kann sie einladend wirken. Hier ist insbesondere die Reha-Fachkraft gefordert. Ihre Aufgabe ist es, auf einen proaktiven Einbezug der betroffenen Personen hinzuwirken durch hilfreiche Informationen, Aufklärung über deren Möglichkeiten, das Stellen interessierter Fragen.

Wenn die noch selten stattfindenden Teilhabeplanverfahren auch damit begründet werden, dass das Interesse von Menschen mit Behinderungen gering ist (vgl. BMAS 2024: 42), dann stellt sich zumindest die Frage, ob es nicht genau an einer einladenden, hinführenden und erklärenden Vorbereitung fehlt.

Die Bandbreite ist sicher groß: Menschen mit Behinderungen, die sich in ihren Rechten und den zur Verfügung stehenden Möglichkeiten gut auskennen, werden sich anders einbringen und mitwirken (können) als Menschen, die über keine Voraussetzungen, keine Erfahrungen mit Behörden verfügen.

Menschen mit Behinderungen müssen erst einmal zu Partizipation ermutigt und befähigt werden. Wenn eine hinführende Einführung und Vorbereitung auf ein Teilhabegespräch nicht stattfinden, dann besteht die Gefahr, dass sich ein Ungleichverhältnis stabilisiert und die zweifellos bestehende Machtasymmetrie zulasten der Menschen mit Behinderungen geht (vgl. DVfR 2023: 3 ff). Damit genau das nicht passiert, ist eine Umsetzung wichtig, die Unsicherheit und Ängste nimmt, anstatt sie durch Kompliziertheit zu erzeugen. Dazu gehört, geeignete Kommunikationsformen zu identifizieren und anzuwenden (siehe Kapitel 3.I.4).

3.IV. Einblicke in die Alltagswirklichkeit

3.IV.1 Meine Geschichte – Erfahrungsberichte von Menschen mit Behinderung und Angehörigen

Zusammenfassung

Dieses Kapitel bietet Einblick in drei Bereiche von Alltagswirklichkeit.

Am Anfang stehen Erfahrungsberichte von Menschen mit Behinderungen: Ihre Geschichten bringen die Vielschichtigkeit von Teilhabe von Menschen mit Behinderungen näher, sensibilisieren und veranschaulichen lebensnah, was Teilhabe, Teilhabebeeinträchtigung, personenzentrierte Unterstützung bedeuten.

Das Persönliche Budget, Datenschutz, Zuständigkeitsklärung gemäß § 14 SGB IX, Beratungspflichten der Rehabilitationsträger, der Begriff Behinderung, Erstattungsansprüche zwischen Rehabilitationsträgern sind trägerübergreifend wichtige Sachverhalte. Die ausgewählten Urteile vermitteln, wie sich die Rechtsprechung dazu verhält.

Die Ausführungen zum Teilhabeverfahrensbericht sollen anregen, dieses Steuerungsinstrument zu nutzen.

Britta Meinecke-Allekotte

Mit einer Roboterhand zurück ins Leben[51]

Am 9. November 2017 gegen 20:30 Uhr veränderte sich das Leben von Britta Meinecke-Allekotte von einer Sekunde auf die nächste. Die leitende OP-Schwester in einer Praxisklinik in NRW bestückte gerade einen Dampfsterilisator mit Instrumenten, da kam es zu einem technischen Defekt: Die Tür schloss sich und klemmte die linke Hand und Teile des Unterarmes mit einem Druck von 9 bar und Temperaturen von über 120 Grad Celsius im Gerät ein. Schwerste Verletzungen, Notoperationen und schließlich eine Amputation im BG Klinikum Duisburg waren die Folge.

Heute kann die 55-Jährige wieder positiv in die Zukunft blicken. Im Rahmen einer intensiven medizinischen Behandlung und einer monatelangen berufsorientierten Rehabilitation in der Unfallklinik hat sie sich in ihren Beruf zurückgekämpft. Eine Hightech-Prothese mit viel „Fingerspitzengefühl" ist eine wichtige Grundlage dafür, dass Meinecke-Allekotte wieder in ihrem alten Beruf als OP-Schwester arbeiten kann. „Mein Ziel war von Beginn an noch einmal am OP-Tisch zu stehen und alle meine Aufgaben zu erfüllen", sagt Meinecke-Allekotte. „Das Ziel habe ich erreicht."

Rettungsdienst kommt erst nach 45 Minuten

Dass es zu einem solchen Erfolg kommen würde, hatte direkt nach dem Arbeitsunfall kaum jemand zu hoffen gewagt. Denn am 9. November war für Meinecke-Allekotte an ihrem Arbeitsplatz fast alles schiefgelaufen, was schieflaufen konnte. Zuerst der technische Defekt am Dampfsterilisator mit dem Arbeitsunfall als Folge. Dann die Tatsache, dass zum Zeitpunkt des Unglücks keine anderen Mitarbeitenden mehr in der Praxisklinik vor Ort waren.

„Ich habe geschrien, so laut ich konnte, und richtig Krach gemacht", schildert Meinecke-Allekotte die Situation direkt nach dem Unfall. Aber erst nach ca. 45 Minuten wurde endlich ein Patient im Haus

---

51   Ich danke Britta Meinecke-Allekotte für ihre Abdruckgenehmigung und ihr Foto.

auf sie aufmerksam und alarmierte den Rettungsdienst. Die Patientin wurde nach einer Akutversorgung durch einen Notarzt vor Ort umgehend in die Klinik für Handchirurgie, Plastische Chirurgie und Zentrum für Schwerbrandverletzte des BG Klinikums Duisburg transportiert.

Amputation als letzter Ausweg

Im BG Klinikum Duisburg eingetroffen, kam Meinecke-Allekotte sofort in den Operationssaal. In einem mehrstündigen Eingriff und in einigen weiteren Folgeoperationen versuchten die Ärztinnen und Ärzte die lebensgefährliche Kombiverletzung mit schweren Brandverletzungen an den Fingern und starken Quetschungen bestmöglich zu versorgen. So wurden u. a. aus der Beinvene Gefäßteile entnommen, um daraus neue Arterien und Venen für die Hand zu modellieren. Diese sollten die Durchblutung der Hand sicherstellen, aufgrund der starken Schädigungen durch den Unfall letztlich jedoch leider ohne den erhofften Erfolg.

Daher kamen die Spezialkräfte im BG Klinikum Duisburg am Ende der operativen Therapie Mitte Dezember 2017 zu dem Ergebnis, dass eine funktionslose Teilhand verbleiben würde. Für Meinecke-Allekotte zunächst ein Schock. Nach einer Woche Bedenkzeit und langem Abwägen der Möglichkeiten entschied sich die Patientin schließlich für eine Amputation.

„Mir war klar geworden: Die Frage ist nicht, warum hat gerade mich dieses Schicksal getroffen, sondern, was mache ich daraus", erklärt Meinecke-Allekotte. Und sie hatte ein Ziel vor Augen: zurück in den „Job" im OP. Aber eine OP-Schwester mit Prothese? Für viele undenkbar.

Ein Prothesenwechsel bringt den Durchbruch

Doch Meinecke-Allekotte tat in den folgenden Monaten zusammen mit dem interdisziplinären Team des BG Klinikums — Ärzteschaft, Pflegekräfte und therapeutische Fachkräfte — alles dafür, um irgendwann ihren alten Beruf wieder ausüben zu können.

Nach der erfolgreichen Amputation der linken Hand wurde von den Ärztinnen und Ärzten zunächst eine Armlänge rekonstruiert, die für eine moderne Prothese optimal geeignet war. Anschließend erhielt sie eine erste Handprothese, die aber den Anforderungen in der Rehabilitation bzw. im Beruf als OP-Schwester nicht gerecht werden konnte.

Ein Meilenstein auf Meinecke-Allekottes Weg zurück ins Leben war schließlich der Wechsel zu der neuen, anatomisch geformten VINCENTevolution 3-Hand. Diese von der Berufsgenossenschaft für Gesundheitsdienst und Wohlfahrtspflege (BGW) finanzierte Prothese verfügt über sechs Motoren und 14 verschiedene Griffarten und ist für fein- und grobmotorische Tätigkeiten in OP und Alltag gleichermaßen gut geeignet.

Sieben Monate berufsorientierte Rehabilitation, sieben Monate Ungewissheit

Angeleitet von den Ergotherapeuten im BG Klinikum Duisburg begann Meinecke-Allekotte hochmotiviert und intensiv im Rahmen einer berufsorientierten Rehabilitation zu trainieren: sieben Monate lang, Ausgang ungewiss. Sie lernte mit der Zeit u. a., wie man die OP-Handschuhe steril überzieht oder mit der Prothese die Instrumente schnell und sicher anreicht.

Nach und nach gelang es ihr zudem immer besser, die Tätigkeiten – ohne auf die Hand zu schauen – automatisiert und präzise auszuführen. Auch hierbei unterstützte sie das gut eingespielte Team des BG Klinikums Duisburg zusammen mit den externen Orthopädietechnikern und Prothesenanbietern nachhaltig. Ganz entscheidend war jedoch auch der starke Wille der Patientin. „Ich habe immer alles gegeben, um die Hindernisse zu überwinden und mein Ziel zu erreichen", sagt Meinecke-Allekotte.

Zurück im Leben, zurück im Beruf

Nach einem Jahr arbeitete sie bereits wieder als OP-Schwester, dieses Mal jedoch nicht in der Praxisklinik von damals, sondern im BG Klinikum Duisburg – ein „Happy End" also für Britta Meinecke-Allekotte. Ihre Rückkehr ins Berufsleben ist auch eine Bestätigung für die Arbeit des BG Klinikums Duisburg nach dem Prinzip „alles aus einer Hand, mit allen geeigneten Mitteln".

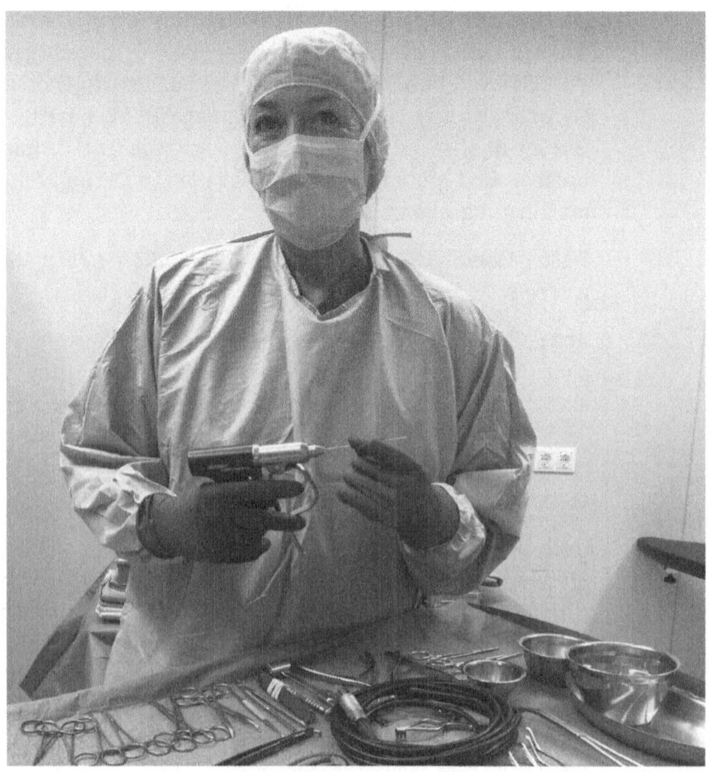

OP-Schwester, Peer und noch viel mehr

Meinecke-Allekotte hat sich mittlerweile neben der Arbeit als OP-Schwester noch weitere „Standbeine" geschaffen. So ist sie im BG Klinikum Duisburg auch ehrenamtlich als sogenannte Peer tätig. Dabei geht es um die Beratung und Unterstützung von Menschen mit Behinderung – etwa nach einer Amputation – durch Menschen, die bereits ein vergleichbares Schicksal erlitten haben.

„Ich erkläre und zeige den Betroffenen unter anderem, welche Möglichkeiten eine Prothese bietet, aber auch, was man mit einer Hand alles machen kann", erklärt Meinecke-Allekotte. Sie führt darüber hinaus Beratungsgespräche vor der OP durch und ist beim Eingriff selber und bei der Nachbetreuung dabei.

Regelmäßig bietet Meinecke-Allekotte zudem Fortbildungen im Schwerpunkt Prothesen(-Training) an und hält Vorträge zur eigenen Patientengeschichte auf Symposien, Reha-Tagen und anderen Veranstaltungen. Die Erstellung von Trainingsprogrammen für Prothesenträger rundet ihr großes Aufgabenspektrum ab.

Dementsprechend positiv fällt Meinecke-Allekottes Fazit aus: „Mein Leben ist im Moment spannender als vor der Amputation!"

Quelle: www.bg-kliniken.de

Die Mutter von Jonas

„Weil es einfach so ist!"[52]

Eine Mutter berichtet vom Übergang ihres Sohnes von der Schule in den Beruf.

Jonas (Name geändert) ist 15 Jahre alt und hat das Syndrom Mikrodeletion 22q11. Dabei ist ein Stück Erbmaterial auf einem der beiden Chromosomen 22 an der Stelle q11 verloren gegangen. Ungefähr eines von 4.000 Kindern ist davon betroffen. Jonas bekam die Diagnose erst mit zehn Jahren, da er keine typischen Symptome hatte, wie Herzfehler, Gaumenspalte, Kalziummangel. Während der Kindheit traten Sprachentwicklungsverzögerungen und eine allgemeine Entwicklungsverzögerung mit Schlafstörungen und Konzentrationsdefiziten auf. Jonas' IQ liegt im unteren Durchschnittsbereich. Er besuchte die Regelschule. Lernschwierigkeiten machten eine Schulbegleitung in der Grundschulzeit notwendig. Jonas besuchte anschließend die Realschule. Begleitet durch das Beratungs- und Förderzentrum, wird er nach der 9. Klasse hoffentlich mit dem Hauptschulabschluss abschließen.

Vor welchen Entscheidungen stehen Sie mit der speziellen Situation von Jonas vor dem Einstieg ins Berufsleben?

Wir haben uns gefragt, ob er mit seiner Beeinträchtigung eine Ausbildung auf dem ersten Arbeitsmarkt schaffen kann und welche Ausbildung zu ihm passt. Wie kann man gesundheitliche Probleme mit einer Ausbildung am besten vereinbaren? Manchmal denke ich, ob ich ihm die Chance auf dem ersten Arbeitsmarkt nehme, wenn er in einer Einrichtung für Menschen mit Behinderung eine Ausbildung macht. Und wenn er es auf dem ersten Arbeitsmarkt versuchen muss, dann nehme ich ihm vielleicht die Unterstützung, die er aber dringend braucht. Das hat uns ja ein Praktikum in einer Firma ganz deutlich gezeigt.

---

52 Abdruck mit freundlicher Genehmigung der BAR.

Welche Beratungsmöglichkeiten konnten Sie nutzen und haben sich daraus berufliche Perspektiven für Jonas ergeben (Wahlmöglichkeiten)?

Wir haben die Berufsberaterin der Schule kontaktiert, die uns an die Reha-Abteilung der Agentur für Arbeit weitergeleitet hat. Bei einem ersten Termin erfolgte eine psychologische Testung. Aber ob man mit einem Computertest das Potenzial eines Menschen erkennen kann, ist doch fraglich. Ich hatte schon Angst, dass wir nur die WfbM als Möglichkeit vorgeschlagen bekommen. Die Agentur hat eine theoriereduzierte Ausbildung im einem BBW empfohlen. Dazu muss er aber erst einmal wissen, was er werden will. Daher ist eine berufsvorbereitende Maßnahme sinnvoll. Eine Ausbildung auf dem ersten Arbeitsmarkt hat die Arbeitsagentur nicht in Betracht gezogen, da er noch viel Unterstützung braucht. Aber das nächste BBW ist über 70 Kilometer entfernt. Jonas braucht die Familie und ich denke dieser neue Lebensstil weg von zu Hause würde ihn stressen. Psychiatrische Erkrankungen sind bei dem Syndrom keine Seltenheit und Stress fördert diese Krankheiten. Auf der anderen Seite sind im BBW Menschen, die sich um ihn kümmern. Das sind wirklich schwierige Entscheidungen.

Welche Probleme könnten aus Ihrer Sicht für Jonas in der Arbeitswelt entstehen?

Soll er z. B. im Vorstellungsgespräch gleich sagen, dass er einen Schwerbehindertenausweis hat? Werden die Kollegen tolerant und geduldig genug sein? Wird er gehänselt? Man stellt sich als Eltern so manches vor. Wird er in der Arbeitswelt überfordert oder kann er sich entfalten?

Eine Werkstatt für behinderte Menschen ist im Moment für uns kein Thema. Bei 22q11 können sich im jungen Erwachsenenalter leider auch psychiatrische Krankheiten entwickeln. Das ist für uns wie ein Damoklesschwert. Eine WfbM ist also nicht gänzlich ausgeschlossen, falls er diesen geschützten Arbeitsbereich mal brauchen sollte. Aber wir sind überzeugt, dass er eine Ausbildung machen kann. Vielleicht arbeitet er später ja mal in einem Inklusionsbetrieb?

Wie sieht eine inklusive Gesellschaft für Sie aus?

Eine inklusive Gesellschaft definiert sich darüber, dass ein Mensch so akzeptiert wird, wie sie oder er ist, in der Schule, in der Familie, im Sportverein oder bei der Arbeit. Eine inklusive Gesellschaft schließt niemanden aus. Das ist ein Auftrag für uns alle. Wenn Jonas in der Schule gefragt wird, warum er einen Nachteilsausgleich bei Schulaufgaben bekommt, dann sagt er ohne große Erklärung: „Weil es so ist!"

Quelle: Bundesarbeitsgemeinschaft für Rehabilitation e. V. (2024): Reha-Info 5/2024, S. 9; https://www.bar-frankfurt.de

Torsten Ritter

Meine Geschichte und was mir wichtig ist [53]

Guten Tag, ich bin Torsten Ritter, 31 Jahre alt. Während ich dies schreibe, sitze ich im Rollstuhl und kann nur mit Hilfe eines Computers sprechen. Das war nicht immer so. Mit 18 Jahren hatte ich als Beifahrer im Auto eines Bekannten einen Verkehrsunfall. Er fuhr viel zu schnell und verlor die Kontrolle über sein Fahrzeug. Es passierte in einem Waldstück: Wir flogen ewig durch die Luft und überschlugen uns. Ich schleuderte mit samt dem Sitz durch die Heckscheibe und landete unter dem Auto. Als Folge hatte ich unter anderem ein schweres Schädelhirntrauma.

13 Monate lag ich danach im Krankenhaus, zunächst auf der Intensivstation, dann in einer Frühreha-Station. Einige Monate davon im Koma. Dann stellte die Krankenkasse fest, dass es nicht mehr wirtschaftlich sei, mich weiter im Krankenhaus zu behandeln und schickte mich nach Hause. Aber das ging nicht so einfach, denn wir wohnten damals im dritten Stock und mussten erst umziehen. Das war für meine Eltern und mich eine sehr schwere Zeit. Ich war kurz davor, meinen Lebenswillen ganz zu verlieren. Dank der Unterstützung meiner damaligen Freundin und meiner Familie habe ich diese schwere Zeit aber überstanden.

In den folgenden Jahren machte ich unzählige Therapiestunden, zum Beispiel Ergo, Logo, Krankengymnastik und vieles mehr. Ich tat das alles, um mein Leben so selbstständig wie irgend möglich gestalten zu können. Heute ist das Schlimmste für mich, das ich nicht mehr sprechen und nicht richtig schlucken kann. Dass ich nicht mehr laufen kann, ist nicht so schlimm. Das kann zum Glück der Rollstuhl oder mein Lifestand ausgleichen, ein Hilfsmittel, bei dem ich mich im Stehen fortbewege.

---

53 Abdruck mit freundlicher Genehmigung der ZNS-Stiftung - Hilfe für Menschen mit Schädelhirntrauma

Früher wollte ich mal Physik studieren. Das geht nun leider nicht mehr. Ich habe versucht, noch mal in die Schule zu gehen. Ich musste aber feststellen, dass meine Lernspanne sich von früher 6 Schulstunden auf 2 Schulstunden verkürzt hat. Es fällt mir schwer, Neues zu lernen. Komisch ist nur, dass ich immer noch Französisch verstehe. Auch Englisch geht noch prima. Wenigstens konnte ich meinen Hauptschulabschluss bestätigen.

Ich lebe im Moment zu Hause und werde von Assistenten betreut, die ich mir aussuchen konnte. Meine Eltern organisieren für mich. Ich habe fast täglich mehrere Therapien, die meine ganze Zeit beanspruchen. Das Geld für die Assistenz und für meine Therapien muss die Haftpflichtversicherung des Unfallverursachers endlich nach 10 Jahren Streit vor Gericht nun zahlen.

Was passiert, wenn meine Eltern nicht mehr da sind? Wie werde ich dann leben? Wahrscheinlich brauche ich dann auch noch Hilfe. Wer organisiert dann meine Assistenz und kümmert sich um meine Angelegenheiten? Mit der Ungewissheit muss ich irgendwie leben und trotzdem jeden Tag mit den Therapien weitermachen.

Zum Schluss möchte ich Ihnen noch erzählen, warum meine Geschichte hier auf der Internetseite der ZNS – Hannelore Kohl Stiftung steht. Menschen wie ich, die eine Hirnverletzung haben, müssen oft ein Leben lang mit erheblichen Einschränkungen klar kommen – nicht sichtbaren und sichtbaren. Viele von uns müssen Tag für Tag kämpfen: Um jedes Stück Selbstständigkeit, aber auch um Geld oder Anerkennung in der Gesellschaft. Einige haben nach dem Unfall schwerste Behinderungen, brauchen rund um die Uhr Betreuung und können sich nicht verständlich machen. Anderen sieht man ihre Behinderung nicht an, sie können aber trotzdem massive Probleme bei der Bewältigung ihres Alltags haben. Viele von uns sind einsam, da nach dem Unfall Freunde, manchmal auch die Familie, nicht mit den Veränderungen leben können und Beziehungen deshalb zu Bruch gehen.

[...]

Es ist mir wichtig, Ihnen zu erzählen, was eine Hirnverletzung im Alltag bedeutet. Wie dringend viele Schädelhirnverletzte und ihre Angehörigen unbürokratische Unterstützung und Hilfe benötigen. Wie viel zu tun ist, damit Menschen wie ich ein möglichst normales und unabhängiges Leben führen können. Ich hoffe, das ist mir gelungen.

Quelle: www.zns-stiftung.de/hilfe/information/erfahrungsberichte/ (18.8.2025)

Julia Keller

Das gehört eben halt mal zum Leben dazu

„Ich habe die Behinderung Down-Syndrom, aber man sieht es mir nicht so an, weil ich vieles dazu gelernt habe. Man sieht es mir an den Augen an, dass ich behindert bin, aber für mich ist es kein Leiden, sondern es ist einfach da und das gehört eben halt mal zum Leben dazu. Und man soll sich so akzeptieren wie man ist. Aber was ich nicht leiden kann, ist wenn mich jeder so dumm-blöd an glotzt. Als wäre ich nur behindert, obwohl das gar nicht stimmt. Ich bin zwar behindert aber nicht so wie die anderen Jugendlichen mit der Behinderung, sondern etwas normaler und ich weiß es auch nicht woher es kommt. Da ich auch mit Jugendlichen ohne Behinderung zusammen bin und mich darunter sehr wohl fühle, fällt es mir schwer als eine Behinderte ohne Freunde behandelt zu werden. Und außerdem bin ich sehr froh und stolz eine Schwester ohne eine Behinderung zu haben, die ich über alles in der Welt liebe".

Quelle: https://rp.baden-wuerttemberg.de/fileadmin/RP-Internet/Themenportal/Soziales/Landesarzt/_DocumentLibraries/Symposien/symposion_2011_schuppener.pdf (5.8.2025).

https://rp.baden-wuerttenberg.de > Symposien

Melis

Meine Erfahrungen, als Vollblinde auf einer Regelschule

Mein Name ist Melis und ich bin 14 Jahre alt. Ich bin vollblind, außer hell und dunkel und Umrissen erkenne ich nichts. Mein größtes Hobby ist das Lesen und Hören von Hörbüchern und Hörspielen. Außerdem schreibe ich sehr gerne eigene Texte. [...]

Laut, chaotisch, riesige Klassen, so war meine Vorstellung einer Regelschule. Diese Vorstellung machte mir Angst, sodass ich lange auf eine Blindenschule gegangen bin.
Seit fast einem Schuljahr besuche ich nun eine Regelschule und das kann ich vorwegnehmen, so schlimm ist es definitiv nicht.

Inklusion wird hier großgeschrieben

Diese Schule hat eine Besonderheit. Sie hat den Schwerpunkt Inklusion. Ungefähr 40 Schüler mit Beeinträchtigung besuchen das Gymnasium. Hauptsächlich gehören dazu Hörgeschädigte und Gehbehinderte.

Die Schule verfügt über den KBI (Kompetenzbereich Inklusion). Dort schreibe ich meine Arbeiten, bei denen ich auch Zeitverlängerung kriege. Aber dazu später mehr.

Meine Klasse

In meiner Klasse sind mit mir 23 Schüler. In der Klasse fühle ich mich wohl. Die anderen behandeln mich ganz normal und nicht als wäre ich besonders. Gerade von meinen Freundinnen bekomme ich viel Hilfe, aber auch dazu später mehr.

Der Klassenraum liegt im 3. Stock, indem keine anderen Klassen liegen, sondern nur Fachräume. Das wurde speziell für mich so ausgesucht. Das ist auch sehr gut, da es nicht laut und hektisch auf dem Flur zugeht. Die Wand der Klasse ist schallgedämpft, so ist die Akustik in der Klasse sehr gut. Eigentlich ist dies für Hörgeschädigte Schüler gedacht. Da ich mich allein auf mein Gehör konzentrieren muss, hilft es mir aber auch sehr.

Meine I-Helferin

Unterstützung erhalte ich von meiner I-Helferin (Integrationshelferin). Sie hat keine spezielle Ausbildung und deswegen auch keine Erfahrung mit Sehbehinderten. Das versucht sie, aber sehr engagiert aufzuarbeiten und wird immer besser. Sie diktiert mir von der Tafel, hilft mir von Raum zu Raum, erklärt mir spezielle Abbildungen, Landkarten etc. und überträgt Arbeitsblätter. [...].

Ganz wichtig ist mir zu sagen, dass sie nicht an mir klebt. In der Pause lässt sie mich mit meinen Freundinnen in Ruhe (ist ja auch ihre Pause). Wir sind inzwischen ein gutes Team geworden und sprechen uns ab wann ich, wo Hilfe brauche. Außerdem kriege ich nicht nur von ihr Hilfe. Auch meine Freundinnen nehmen mich oft in die Pausen oder andere Räume mit.
Am Anfang einer Unterrichtsstunde spricht sie mit dem Lehrer ab, ob sie, für die eben genannten Dinge, gebraucht wird. Falls ja, setzt sie sich nach hinten und kommt dann zu mir, wenn die Hilfe benötigt wird. Falls nicht, geht sie und bereitet Sachen für mich vor.

Meine Förderlehrerin

Außerdem werde ich von einer Förderlehrerin aus der Blindenschule unterstützt. Sie kommt im Gegensatz zu meiner I-Kraft nur 12 Stunden in der Woche und hilft mir in den Fächern, in denen ich mehr Unterstützung brauche, wie beispielsweise Mathe, Physik und Geschichte. Gerade in diesen Fächern wird viel mit Bildmaterial gearbeitet. Das bereitet sie speziell auf und erarbeitet es mit mir. Auch wenn ich Fragen zu meinem Laptop oder der Braillezeile habe, wende ich mich an sie. Auch ist sie fürs Übertragen zuständig.

Schulbücher und Arbeitsblätter

Wie oben bereits erwähnt, benutze ich einen Laptop mit Screenreader und Braillezeile. Darauf kann ich Lesen und Schreiben. Deswegen habe ich die Schulbücher als Worddokumente auf meinem Laptop.

Die Arbeitsblätter müssen speziell übertragen werden, damit ich sie lesen kann. Viele Lehrer haben sich darein gefuchst und machen das selbst. Diejenigen, die es sich nicht zutrauen, scannen die Arbeitsblätter ein und schicken diese an meine Förderlehrerin, die sie dann überträgt.

Bilder, Landkarten, Experimente

Gerade in Fächern wie Mathe, Geschichte und Physik wird viel mit Bildern und Landkarten gearbeitet. Wenn wir mit einem Bild oder Experiment nicht lange arbeiten, kriege ich es von meinen Mitschülern beschrieben. Ist das Bild so nicht gut erfassbar, wird es für mich taktil aufbereitet. Entweder auf einem speziellen Schwellpapier gezeichnet, dann kann ich es fühlen[,] oder es wird aus verschiedenen Materialien gebastelt.

Zu vielen Sachen gibt es auch Modelle, wie zum menschlichen Körper oder Tieren.

Landkarten gibt es auch in taktiler Form.

Sportunterricht

Der Sportunterricht ist tatsächlich sehr schwer für mich mitzumachen, da viele Ballspiele gespielt werden und es viel auf Schnelligkeit, Reaktionsfähigkeit und Perfektion ankommt. Damit ich besser mitmachen kann, werde ich von einer Physiotherapeutin unterstützt. Sie überlegt sich dann zusammen mit meinem Sportlehrer, wie ich die Übungen auch mitmachen kann und hilft mir dann bei der Umsetzung. Oftmals kann ich allerdings trotzdem nicht mitmachen. In diesen Stunden erarbeite ich dann mit meiner Förderlehrerin Sachen, für die ich als Sehbehinderte mehr Zeit brauche. Dazu gehören Landkarten, Abbildungen etc.

Kunstunterricht

Auch der Kunstunterricht ist nicht einfach mitzuarbeiten, da hauptsächlich gezeichnet wird. Das Zeichnen erledige ich mit einem Zeichenbrett, auf das eine Folie gespannt wird und dann mit einem Kugelschreiber drübergefahren, so entstehen fühlbare Linien. Natürlich kann ich damit nicht genau so gut zeichnen, wie meine sehenden Klassenkameraden. Mir fehlt die Vorstellung von vielem und auch auf kleine Details kann ich schwer achten. Deswegen arbeite ich auch viel mit Knete oder bastele etwas.

Meiner Kunstlehrerin ist klar, dass ein gezeichneter oder gekneteter Löwe von einem Blinden nicht genau so aussehen kann, wie er wirklich aussieht. Schließlich kann ich einen Löwen nicht einfach anfassen.

Der Nachteilsausgleich

Trotz all dieser Hilfsmittel und der Unterstützung, habe ich natürlich einen Nachteil meinen anderen Mitschülern gegenüber. Deswegen habe ich den sogenannten Nachteilsausgleich.
Der besteht im einen aus Zeitverlängerung, die ich bei Arbeiten und Tests bekomme. Ist das gerecht, fragen mich viele? Und ich antworte dann immer, auf jeden Fall.
Mit der Braillezeile brauche ich einfach länger zum Lesen, da ich immer nur eine Zeile auf einmal lesen kann und immer hoch und runter schallten muss. Das kostet einfach unfassbar viel Zeit.

Den zweiten Teil des Nachteilsausgleiches bekomme ich in Sport und Kunst. Ich habe bereits erzählt, dass ich dort mehr Schwierigkeiten habe. Damit mir dies nicht zum Verhängnis wird, wird hier meine Note entsprechend angepasst.

Diese Arbeiten schreibe ich dann im KBI. Dort habe ich mehr Ruhe und meine I-Helferin kann mir auch längere Texte vorlesen.

Mein Fazit zur Regelschule

Alles in allem komme ich gut im Unterricht klar. Natürlich habe ich den Vorteil, dass sich meine Schule mit Inklusion gut auskennt und die Lehrer deswegen offen sind.

Natürlich gibt es oft auch Schwierigkeiten. Nicht immer habe ich das Material vorliegen und wir müssen improvisieren. Das kann teilweise sehr anstrengend sein. Trotzdem fühle ich mich sehr wohl.

Quelle: https://lydiaswelt.com (Auszug , 5.8.2025)

3.IV.2 Aus der Rechtsprechung[54]

Instanzrechtsprechung zum „Persönlichen Budget"[55]

Bei den jüngst ergangenen instanzgerichtlichen Entscheidungen zum Persönlichen Budget (PB) nach § 29 SGB IX (PB) geht es u. a. um die Rechtsnatur von Zielvereinbarungen, die Auslegung des Rechtsbegriffs „wichtiger Grund" für die Kündigung einer Zielvereinbarung seitens des Leistungsträgers (vgl. § 29 Abs. 4 S. 6 SGB IX), mögliche Folgen einer solchen Kündigung (§ 29 Abs. 4 S. 7 SGB IX) und die marktgerechte Vergütung, wenn kein Anbieter für den ursprünglich errechneten Stundensatz zu finden ist.

Kernaussagen* im Überblick:[56]

Zur Rechtsnatur von Zielvereinbarungen

Der Abschluss einer Zielvereinbarung dient der Qualitätssicherung und somit auch dem Wohl der budgetnehmenden Person. So ist die entsprechende Regelung in § 29 Abs. 4 S. 1 SGB IX nicht als bloßer „Programmsatz" zu verstehen, sondern als Voraussetzung zur Auszahlung des PB. LSG Halle, Beschluss v. 06.09.2024 – L 8 SO 34/24 B ER

Zu Anforderungen an „wichtigen Grund" zur Kündigung einer Zielvereinbarung

Ein „wichtiger Grund" zur Kündigung einer Zielvereinbarung ist gegeben, wenn der Verstoß erheblich ist (schwerer Gemeinwohlverstoß nach § 59 Abs. 1 S. 2 Var. 2, Abs. 2 SGB X) und die PB-berechtigte Person zuvor wegen eines anderen Verstoßes bereits einmal abgemahnt wurde (vgl. § 314 BGB).

---

54 Die ausgewählten Urteile sind einzelnen Ausgaben der Zeitschrift „BAR Reha-Info" und hier der Seite „Recht" entnommen. Die unveränderte Verwendung erfolgt mit freundlicher Genehmigung der Bundesarbeitsgemeinschaft für Rehabilitation e.V. (BAR).

55 BAR Reha-Info 3/2025.

56 Für alle mit * gekennzeichneten Kernaussagen gilt: Aus Leitsätzen bzw. Orientierungssätzen nach JURIS sowie Entscheidungsgründen, redaktionell abgewandelt und gekürzt.

Ob es einer Abmahnung bedarf, ist Ergebnis einer Verhältnismäßigkeitsprüfung. Dabei wird die Schwere der Verfehlung und die Frage der positiven oder negativen Prognose in das notwendige Vertrauen in die Fortführung des Vertragsverhältnisses abgewogen. Im vorliegenden Fall betraf die Abwägung die Fortführung der Leistungsgewährung auf der Basis der Zielvereinbarung im Wege des PBs. **Hessisches LSG, Beschluss v. 27.11.2024 – L 4 SO 95/24 B ER**

Werden in einer Zielvereinbarung festgehaltene Vereinbarungen hinsichtlich des Nachweises zur Bedarfsdeckung und der Qualitätssicherung nicht eingehalten und bestehen darüber hinaus über einen längeren Zeitraum deutliche Indizien für die Fehlverwendung der Mittel, besteht darin ein „wichtiger Grund" zur Kündigung der Zielvereinbarung durch den Leistungsträger (§ 29 Abs. 4 S. 6 SGB IX). Ein solches Indiz kann z. B. die Entlohnung des Lebensgefährten der Mutter in erheblichem Umfang entgegen der Zielvereinbarung sein. **LSG Halle, a.a.O.**

Zu Folgen der Kündigung einer Zielvereinbarung

Eine Behörde darf sich nicht auf den Standpunkt der Unzumutbarkeit einer künftigen Leistungsbeziehung zurückziehen und muss unstreitig bestehende Ansprüche (ggf. auch im Rahmen einer Sachleistung) erfüllen. **Hessisches LSG, a.a.O**

Zur marktgerechten Vergütung für Leistungserbringer

Ist für die vom Leistungsträger zugrunde gelegten Stundensätze kein Leistungsanbieter zu finden und kann auch der Leistungsträger im Sinne einer „Beweislastumkehr" keinen erreichbaren Anbieter für das von ihm im PB berücksichtigte Entgelt benennen, bedarf es einer Anpassung der Stundensätze an die „marktgerechte Vergütung".

Maßgebend dafür ist § 29 Abs. 2 S. 6 SGB IX, wonach das PB so zu bemessen ist, dass der nach Teil 1 Kapitel 4 SGB IX „individuell festgestellte Bedarf" (vgl. § 29 Abs. 1 S. 1 SGB IX) gedeckt wird. Dieser umfasste im entschiedenen Fall eine nächtliche „qualifizierte Rufbereitschaft" als Leistung zur sozialen Teilhabe nach § 113 Abs. 1, Abs. 2 Nr. 2 SGB IX i.V.m. § 29 SGB IX. **Sächsisches OVG, Beschluss v. 29.10.2024 – 3 B 205/23**

Die vorliegenden Entscheidungen konturieren die rechtlichen Rahmenbedingungen in § 29 SGB IX zum Persönlichen Budget und sind damit vor dem Hintergrund der Praxis zu begrüßen.

Datenschutzaspekte mit Bezügen zur Rehabilitation – aktuelle höchstrichterliche Rechtsprechung[57]

Der vertrauliche Umgang mit personenbezogenen Daten, die Wahrung von Persönlichkeitsrechten, die informationelle Selbstbestimmung sind zentrale Ziele des Datenschutzes. Gerade gesundheitsbezogene Daten sind sensibel. Für rechtssicheres Handeln in der Rehabilitation sind also auch die Vorschriften des Datenschutzes zu beachten. Menschen mit Beeinträchtigungen müssen sich darauf verlassen können, dass die Sozialleistungsträger mit ihren Daten sorgsam und zweckgebunden umgehen.

Wesentliche Kernaussagen aktueller höchstrichterlicher Rechtsprechung zu relevanten Datenschutzfragen werden nachfolgend wiedergegeben.

Eine Übermittlung von Sozialdaten durch einen Sozialleistungsträger zur Erfüllung eigener oder Aufgaben des Empfängers ist nur rechtmäßig, wenn diese zur Erfüllung objektiv bestehender Aufgaben erforderlich ist.

BSG, Urt. v. 29.02.2024 – B 8 SO 2/23 R

Der Begriff der Verarbeitung ist weit auszulegen. Er umfasst auch das telefonische Abfragen von Gesundheitsdaten der betroffenen Person zur weiteren Dokumentation und Auswertung in einer gutachtlichen Stellungnahme, die zur Speicherung in einem Dateisystem des – wie hier – Medizinischen Dienstes (MD) vorgesehen ist.

Die beim MD mit der Erstellung einer medizinischen Stellungnahme befassten Ärzte unterliegen, auch soweit sie beim MD unmittelbar angestellt sind, nach § 203 Abs. 1 Nr. 1 StGB und der einschlägigen ärztlichen Landesberufsordnung einer (strafbewehrten) Berufsgeheimnispflicht.

BAG, Urt. v. 20.06.2024 – 8 AZR 253/20

Art. 82 Abs. 1 DS-GVO (Schadenersatz) erfasst nur Verstöße, die durch eine nicht der Datenschutzgrundverordnung entsprechende Datenverarbeitung im Sinne des Art. 4 Nr. 2 DS-GVO verursacht worden sind; der bloße Verstoß gegen die DS-GVO löst noch keinen Ersatzanspruch aus.

---

57   BAR Reha-Info 2/2025

BSG, Urt. v. 24.09.2024 – B 7 AS 15/23 R

Für Schadenersatzansprüche nach der DS-GVO wegen datenschutzrechtlicher Verstöße im Rahmen eines der Sozialgerichtsbarkeit zugewiesenen Rechtsverhältnisses ist der Sozialrechtsweg eröffnet.

BSG, Beschl. v. 06.03.2023 – B 1 SF 1/22 R

Immaterieller Schaden im Sinne des Art. 82 Abs. 1 DS-GVO kann auch der bloße und kurzzeitige Verlust der Kontrolle über eigene personenbezogene Daten infolge eines Verstoßes gegen die DS-GVO sein. Weder muss eine konkrete missbräuchliche Verwendung dieser Daten zum Nachteil des Betroffenen erfolgt sein noch bedarf es sonstiger zusätzlicher spürbarer negativer Folgen.

BGH, Urt. v. 18.11.2024 – VI ZR 10/24

Der Verantwortliche kann dem Auskunftsanspruch nach Art. 15 DS-GVO nicht entgegenhalten, dass die Auskunft einen unverhältnismäßigen Aufwand erfordern würde. Ein Auskunftsbegehren gilt nicht bereits als exzessiv, wenn die betroffene Person Auskunft zu ihren personenbezogenen Daten begehrt, ohne dieses Begehren in sachlicher bzw. zeitlicher Hinsicht zu beschränken. Mit der Gewährung einer Akteneinsicht kann der Auskunftsanspruch nach Art. 15 DS-GVO nicht erfüllt werden. Dabei handelt es sich um ein Aliud.

BFH, Urt. v. 14.01.2025 – IX R 25/22

Bei der Ermittlung der Obergrenzen von Bußgeldern wegen Verstößen gegen die DS-GVO kann der Umsatz der gesamten wirtschaftlichen Einheit zugrunde gelegt werden.

EuGH, Urt. v. 13.02.2025 – C-383/23

Begutachtung im Beisein einer Vertrauensperson möglich[58] ________
*Orientierungssatz**

Bei einer gerichtlich angeordneten Untersuchung steht es der zu begutachtenden Person grundsätzlich frei eine Vertrauensperson mitzunehmen, sofern deren Anwesenheit eine geordnete und effektive Beweiserhebung nicht objektiv erschwert oder verhindert. BSG, Urteil vom 27.10.2022 – B 9 SB 1/20 R

---

58   BAR Reha-Info 3/2024.

Sachverhalt und Entscheidungsgründe

Der Kläger wehrte sich gegen die Herabsetzung des Grades der Behinderung (GdB) von 50 auf 30. Die vom SG beauftragten Sachverständigen lehnten die Begutachtung ab, da auf Wunsch des Klägers eine Vertrauensperson (Tochter/Sohn) teilnehmen sollte. Begründungen dafür waren „erhebliche Bedenken bei der Erhebung objektiver Befunde" und „Zeugenungleichheit". Die Vorinstanzen wiesen die Klage ab. Der Kläger habe „die weitere Aufklärung des Sachverhalts vereitelt" und keinen Anspruch auf Anwesenheit einer Vertrauensperson. Mit seiner erfolgreichen Revision beim BSG rügte der Kläger u. a. die Verletzung der Art. 2 Abs. 1, Art. 20 Abs. 3 GG und Art. 6 Abs. 1 S. 1 EMRK.

Das BSG entschied, dass es den Beteiligten grundsätzlich freisteht, eine Vertrauensperson zu einer gutachterlichen Untersuchung mitzunehmen. Hierin verwirkliche sich das Recht auf ein faires Verfahren (garantiert durch das Rechtsstaatsprinzip (Art. 20 Abs. 3 GG) i.V.m. dem Recht auf allgemeine Handlungsfreiheit (Art. 2 Abs. 1 GG) sowie durch Art. 6 Abs. 1 Satz 1 EMRK). Dieses schützt die Beteiligten u. a. davor, bloßes Objekt eines rechtsstaatlich geordneten Verfahrens zu werden. Allerdings besteht das Recht auf Begleitung nicht uneingeschränkt. Gerichtlich angeordnete medizinische Begutachtungen unterliegen als Eingriff in das durch Art. 2 Abs. 1 i.V.m. Abs. 1 GG gewährleistete allgemeine Persönlichkeitsrecht dem Verhältnismäßigkeitsgebot. Es bedarf dabei der Abwägung zwischen der Aufrechterhaltung einer funktionsfähigen, wirksamen Rechtspflege sowie einer effektiven Beweiserhebung unter Beachtung des aktuellen wissenschaftlichen Erkenntnisstands einerseits, und den Rechten des Beteiligten andererseits. Zentral ist hier das berechtigte subjektive Bedürfnis des Beteiligten nach Unterstützung durch eine ihm nahestehende Person. Je nach Abwägung kann sich die Anwesenheit auch auf Teile der Untersuchung beschränken. Fragen zur konkreten Ausgestaltung der Anwesenheit (aktiv/passiv) ließ das Gericht offen. Anlässlich des Rechtstreits stellte das BSG zudem klar, dass das Gericht alle möglichen Ermittlungen zur Aufklärung des Sachverhalts anzustellen hat und davon nicht durch mangelnde Mitwirkung der Beteiligten entbunden wird. Dabei hat ein Gutachten nach § 109 SGG den gleichen Beweis wert wie ein durch das Gericht beauftragtes Gutachten („Grundsatz der Waffengleichheit"). Sollten Sachverständige allerdings den Eindruck haben, das Gutachten habe durch Anwesenheit einer Vertrauensperson eine geringere Aussagekraft, ist dies im Gutachten darzulegen und vom Gericht zu würdigen.

Die Entscheidung des BSG stärkt vor dem Hintergrund bisher teils uneinheitlicher instanzgerichtlicher Rechtsprechung die Selbstbestimmung von Menschen mit Behinderungen in der besonderen Situation einer Begutachtung. Ähnliche Fragen wie hier können sich auch bei Begutachtungen im Rehabilitationsverfahren i.S.d. § 17 SGB IX stellen. Insoweit haben die Rehabilitationsträger entsprechende Vereinbarungen in der Gemeinsamen Empfehlung „Begutachtung" getroffen, deren aktuelle Fassung am 1. November 2023 in Kraft getreten ist.

Neuere Rechtsprechung zu Grundfragen des § 14 SGB IX[59]

In den fünf Jahren seit der Neufassung der §§ 14 ff. SGB IX durch das BTHG sind auch Grundfragen des § 14 SGB IX weiterhin verschiedentlich Gegenstand einer nicht in allen Details einheitlichen Rechtsprechung. Nachfolgend werden entsprechende Kernaussagen* aus der jüngeren Rechtsprechung zusammenfassend dargestellt:

Anwendungsbereich des § 14

§ 14 SGB IX gilt für Leistungen zur Teilhabe. Er gilt seiner Intention nach auch, wenn die Einordnung der beantragten Leistung unklar ist oder wenn bei einem Reha-Träger eine Leistung beantragt wird, die von einem anderen Reha-Träger als Reha-Leistung zu erbringen wäre.

LSG NRW, Beschl. v. 31.01.2022, Az.: L 12 SO 210/20; SG Augsburg, Urt. v. 07.07.2022, Az.: S 3 KR 67/21; so auch BSG, Urt. v. 29.09.2009, Az.: B 8 SO 19/08 R; einschränkend (Anwendung des § 14 SGB IX nur in Bezug auf Leistungen zur Teilhabe): Sächs. LSG, Urt. v. 21.04.2021, Az.: L 1 KR 539/17; LSG B-W, Urt. v. 25.03.2021, Az.: L 7 SO 2344/19

Bei einem nach den Umständen des Einzelfalls zu bewertenden einheitlichen Rehabilitationsgeschehen besteht die im Außenverhältnis nach § 14 SGB IX begründete Zuständigkeit bei unverändertem Rehabilitationsbedarf fort. Ein einheitliches Reha-Geschehen kann z. B. vorliegen: bei Wechsel des Ast. Von ALG I– in Hartz IV-Bezug (LSG Berlin-Brandenburg, Beschl. v. 28.04.2021, Az.: L 18 AL 35/31 B ER); bei Umzug des Leistungsberechtigten, selbst wenn dadurch eine in der Leistungsbewilligung vorgesehene auflösende Bedingung eintritt (BSG, Urt. v. 28.11.2019, Az.: B 8 SO 8/18 R); Fristablauf einer befriste-

---

59 BAR RehaInfo 2/2023.

ten Leistung. (BSG, z.B. Urt. v. 28.01.2019, Az.: B 8 SO 9/19 R); Wechsel der örtlichen Zuständigkeit durch Eintritt der Volljährigkeit (BSG, Urt. v. 19.05.2022, Az.: B 8 SO 9/20 R); allerdings ggf. Zäsur bei Ende der Erziehungsbedürftigkeit (LSG NRW, Urt. v. 14.06.2021, Az.: L 9 SO 27/19; OVG NRW, Beschl. v. 09.06.2021, Az.: 12 B 636/21); differenziert zudem OVG NRW, Beschl. v. 22.10.2018, Az.: 12 B 1348/18: § 14 Abs. 1 SGB IX wird auch auf einen Verlängerungsantrag angewendet, der bei einem bisher nicht leistenden Rehabilitationsträger gestellt worden ist.

Antrag

Die Antragstellung auf Teilhabeleistung ist nicht an eine bestimmte Form gebunden (vgl. auch § 9 SGB X). Einen Antrag i.S.d. § 14 SGB IX kann jede Äußerung darstellen, die als Begehren auf bestimmte Teilhabeleistungen verstanden werden kann; die Auslegung erfolgt nach dem objektiven Empfängerhorizont und dem Grundsatz der Meistbegünstigung.

BSG, z.B. Urt. v. 04.04.2019, Az.: B 8 SO 12/17 R (vgl. BAR Reha-Info 6/2019); Bay. LSG, Urt. v. 21.05.2021, Az.: L 8 SO 213/20; strenger (Unterlagen, die eine Beurteilung der Zuständigkeit ermöglichen): LSG HH, Beschl. v. 03.09.2020, Az.: L 1 KR 93/20 B ER

Ein Antrag auf „Wohngeld nach dem SGB II" kann nach Maßgabe des Meistbegünstigungsgrundsatzes auch als Antrag auf Leistungen zur Teilhabe zu werten sein. Eine solche Antragstellung beim Jobcenter löst für die BA die Frist des § 14 Abs. 1 Satz 1 SGB IX aus. BSG, Urt. v. 04.04.2019, Az.: B 8 SO 12/17 R

Antragsaufnahme für andere Reha-Träger

Eine Antragsaufnahme, die erkennbar für einen anderen Rehabilitationsträger erfolgt (z. B.: Antragsaufnahme bei der KV auf Formularen der DRV])setzt die Frist des § 14 nicht in Gang. Das ergibt sich auch aus der – seinerzeit geltenden – Gemeinsamen Empfehlung (GE) zur Zuständigkeitsklärung (mittlerweile: GE Reha-Prozess). LSG NRW, Urt. v. 24.02.2021, Az.: L 11 KR 392/17 (Reha-Info 2/2023).

Persönliches Budget – Unzulässigkeit genereller Befristung und weiterer Aspekte[60]

Orientierungssätze*

1. Die Befristung einer Leistungserbringung in Form eines Persönlichen Budgets scheidet regelmäßig aus.

2. Eine Zielvereinbarung zum Persönlichen Budget bindet die Beteiligten in der Regel nicht materiell im Hinblick auf den individuellen Leistungsbedarf. BSG, Urteil v. 28.01.2021, Az.: B 8 SO 9/19 R

Sachverhalt und Entscheidungsgründe

Der Kläger leidet unter einer psychischen Symptomatik. Er erhielt u. a. Eingliederungshilfe in Form eines Persönlichen Budgets (PB) vom beklagten Sozialhilfeträger (Rechtslage vor BTHG). Die Höhe des PBs betrug vor dem streitigen Zeitraum 600 Euro monatlich. Ende 2012 beantragte der Kläger eine Verlängerung des PBs. Nach dem u. a. entsprechende Zielvereinbarungen unterschrieben worden waren – mit Vorbehalt des Klägers hinsichtlich der Freiwilligkeit –, wurde ein befristetes PB bewilligt, i.H.v. bis zu 388 EUR. Der Kläger begehrte zuletzt insbesondere ein unbefristetes PB i.H.v. 600 EUR monatlich sowie einen Ausgleich für zu geringe monatliche Auszahlungen vom 1.12.2012 bis 31.1.2014. Zeitlich nachfolgende PB-Bewilligungen waren aus prozessrechtlichen Gründen nicht mehr Gegenstand des Verfahrens. Die Klage hatte in den Vorinstanzen keinen Erfolg. Auf Revision des Klägers hat das BSG die Rechtswidrigkeit der PB-Befristung festgestellt und hinsichtlich der PB-Höhe vom 1.12.2012 bis 31.1.2014 die Sache an das LSG zurückverwiesen.

Das BSG unterstreicht zunächst erneut, dass ein Anspruch auf Leistungserbringung in der Form eines PBs besteht, wenn ein Anspruch auf eine budgetfähige Teilhabeleistung vorliegt. Hier kam ein Anspruch auf Eingliederungshilfe nach dem SGB XII a.F. i.V.m. SGB IX a.F. in Betracht. Die Voraussetzung einer wesentlichen Behinderung liegt nach den Feststellungen des LSG vor. Betreffend die Anspruchshöhe hatte das LSG allerdings keine Feststellungen zum individuellen Leistungsbedarf getroffen. Dies ist laut BSG nicht deshalb entbehrlich, weil die vorliegenden Zielvereinbarungen Ausführungen zum Leistungsbedarf enthalten. Denn die Zielvereinbarungen sind allenfalls formale Voraussetzung für die PB-Bewilligung, binden die Beteiligten aber im Ergebnis nicht materiell im Hinblick auf den individuellen

---

60   BAR Reha-Info 4/2021

Leistungsbedarf. Mit Blick auf den Zweck des PBs, ein selbstbestimmtes Leben zu ermöglichen, kommen nach dem BSG auch PB-Leistungen für die Vergangenheit in Betracht, wenn das PB zuvor rechtswidrig zu gering war.

Die Voraussetzungen des § 32 SGB X für die Befristung eines Verwaltungsakts, auf den – wie hier – ein Anspruch besteht, liegen laut BSG nicht vor. Insbesondere kann eine zeitliche Befristung vorliegend nicht dazu dienen, das Fehlen von Voraussetzungen für den Erlass des Verwaltungsakts zu überbrücken. Eine Befristung zur Sicherstellung des künftigen Fortbestands der gesetzlichen Voraussetzungen eines Dauerverwaltungsakts scheidet grundsätzlich aus, wenn sie nicht durch Rechtsvorschrift ausdrücklich zugelassen ist. Der Notwendigkeit einer regelmäßigen Überprüfung des Bedarfs wird beim PB bereits dadurch Rechnung getragen, dass das Bedarfsfeststellungsverfahren grundsätzlich alle zwei Jahren zu wiederholen ist (vgl. auch § 29 Abs. 2 S. 4 SGB IX). Das BSG weist insoweit auch auf ggf. problematische Anreize zur Verfahrensgestaltung bei anderer Auslegung hin.

Mit der vorliegenden Entscheidung zur alten Rechtslage klärt das BSG neben den hier kursorisch aufgegriffenen weitere grundsätzliche praxisrelevante Verfahrensfragen beim PB mit Bedeutung auch für die aktuelle Rechtslage.

Zuständigkeitsklärung nach § 14 SGB IX: Mehrere Anträge bei verschiedenen Reha-Trägern [61]
Orientierungssatz*

Der zuständige Reha-Träger nach § 14 SGB IX bestimmt sich bei mehreren gleichartigen Anträgen bei verschiedenen Reha-Trägern nach dem zeitlich zuerst gestellten Antrag. LSG Niedersachsen-Bremen, Urteil v. 17.03.2020, Az.: L 7 AL 81/19

Sachverhalt und Entscheidungsgründe

Bei der 1995 geborenen Klägerin besteht seit früher Kindheit ein Asperger-Syndrom. Bis zum 08.06.2017 absolvierte sie erfolgreich eine von der Beklagten Agentur für Arbeit geförderte Berufsausbildung und nahm anschließend eine Teilzeittätigkeit als Küchenhilfe in einem Integrationsbetrieb auf. Der Jugendhilfeträger (Beigeladene) gewährte der Klägerin ab 2010 bis 2016 zudem die Kosten für

---

61   BAR Reha-Info 2/2021.

Therapiesitzungen in einem Autismus-Therapie-Zentrum als Eingliederungshilfe; zunächst nach § 35a SGB VIII und anschließend als Hilfe für junge Volljährige gemäß §§ 41, 35a, 39 SGB VIII. Am 06.05.2016 stellte die Klägerin beim Sozialamt (Beigeladene) einen Antrag auf Übernahme der Kosten für die Autismus-Therapie (ab Vollendung des 21. Lebensjahres). Das Sozialamt ordnete den Antrag der Teilhabe am Arbeitsleben zu und leitete ihn am 12.05.16 an die Agentur für Arbeit (Beklagte) weiter. Die Beklagte hatte am 11.05.2016 bereits einen gleichlautenden Antrag der Klägerin erhalten und am selben Tag an das Jugendamt weitergeleitet. Der Klägerin gegenüber lehnte sie die Kostenübernahme für die Autismus-Therapie ab, weil diese nicht als Leistung zur Teilhabe am Arbeitsleben erforderlich sei. Im darauffolgenden Rechtstreit berief sie sich u. a. auch darauf, dass sie mit Blick auf die verschiedenen Anträge und Weiterleitungen im Ergebnis nicht nach § 14 SGB IX als zweitangegangener Träger zuständig geworden sei. Dieser verfahrensrechtlichen Frage folgte das LSG im Berufungsurteil nicht.

Das LSG stellt fest, dass die Agentur für Arbeit durch die fristgerechte Weiterleitung des Sozialamts gemäß § 14 Abs. 1 Satz 2 SGB IX (a.F.) als zweitangegangener Reha-Träger zuständige worden ist. Sie hatte somit unter allen rechtlichen Gesichtspunkten und nicht beschränkt auf das eigene Leistungsgesetz über den Antrag zu entscheiden (st. Rspr. vgl. z. B. BSG, Urt. v. 16.5.2014, Az.: B 11 AL 6/13 R). Sofern gleichartige Anträge bei verschiedenen Trägern zeitnah eingehen, kommt es im Rahmen des § 14 SGB IX laut LSG darauf an, welcher Antrag zuerst gestellt (hier: der am 06.05.2016 beim Sozialamt gestellte Antrag), und nicht, welcher Antrag zuerst weitergeleitet wurde. Das LSG begründet seine Ansicht vor allem mit der Entstehungsgeschichte sowie Sinn und Zweck des § 14 SGB IX (a.F.).

Dabei hebt es u. a. hervor, dass im Verhältnis zum Menschen mit Behinderung allein durch die Stellung eines einzigen Antrags ein bürgernaher Zugang zu den erforderlichen Sozialleistungen geschaffen und eine eigene gesetzliche Verpflichtung des erst- oder zweitangegangenen Trägers begründet werden sollen. Diese Zuständigkeitsfestlegung würde ohne ersichtlichen Grund geschwächt, wenn deren Wirksamkeit durch evtl. später gestellte Neuanträge über denselben Rehabilitationsbedarf tangiert würde.

Weiterhin stellt das LSG unter Aufgriff der Vorgaben des BSG klar, dass für die Zuordnung einer Leistung zu einer Leistungsgruppe (vgl. § 5 SGB IX) vor allem der angestrebte Leistungszweck entscheidend ist. Darauf aufbauend ordnet es die Autismus-Therapie hier als Leistung zur Teilhabe am Leben der Gemeinschaft (seit 2018: insb. Leistungsgruppe soziale Teilhabe) ein – und nicht als Leistung zur Teilhabe am Arbeitsleben.

Das rechtskräftige LSG-Urteil bietet eine Lösung für die praxisrelevante Konstellation, dass mehrere gleichlautende Anträge bei verschiedenen Reha-Trägern gestellt werden. Die dabei vom LSG als maßgeblich herangezogenen Ziele der Regelung des § 14 SGB IX haben sich auch nach dem 01.01.2018 nicht geändert, sie sind vielmehr durch das BTHG nochmals unterstrichen worden.

(Keine) Zuständigkeitsklärung bei Weiterbewilligung, einheitliches Leistungsgeschehen[62]
Orientierungssätze*

Wird im Rahmen eines einheitlichen Leistungsgeschehens die Weiterbewilligung einer Leistung beantragt, wird die Zuständigkeit für die beantragte Leistung nicht erneut nach § 14 SGB IX geprüft.

Maßgeblich für die Einheitlichkeit des Leistungsgeschehens ist insbesondere ein im Kern unveränderter Bedarf. BSG, Urteil v. 28.11.2019, Az.: B 8 SO 8/18 R

Sachverhalt und Entscheidungsgründe

Die 1969 geborene Klägerin leidet an paranoider Schizophrenie. Sie lebte zunächst im Zuständigkeitsbereich des Beigeladenen zu 1 und seit 2008 in K im Zuständigkeitsbereich des Beigeladenen zu 2. Dort wurde sie in ihrer Wohnung ambulant betreut. Die Kosten trug der Beigeladene zu 1 als Leistung der Eingliederungshilfe nach §§ 53f. SGB XII (a.F.). Nach einem mehrmonatigen stationären Aufenthalt der Klägerin bewilligte der Beigeladene zu 1 auf entsprechenden Antrag ab Mai 2011 erneut Eingliederungshilfe für das ambulant betreute Wohnen. Die letzte Bewilligung erfolgte befristet bis 30.06.2013 und unter der auflösenden Bedingung, dass die Klägerin aus der Betreuung in K. ausscheidet. Ende 2012 zog sie nach B. in den Zuständigkeitsbereich der Beklagten. Einen beim Beigeladenen zu 1 am 20.12.2012 gestellten Antrag auf Eingliederungshilfe für ambulant betreutes Wohnen leitete dieser an die Beklagte weiter. Die Beklagte lehnte eine Kostenübernahme für Vorinstanzen erfolgreich, im Wesentlichen unter Hinweis darauf, dass durch Weiterleitung des An-

---

62   BAR Reha-Info 4/2020.

trags vom 20.12.2012 nach § 14 SGB IX (a.F.) die Zuständigkeit der Beklagten begründet worden sei. Das BSG hat das Urteil des LSG aufgehoben und die Sache an das LSG zurückverwiesen. Rechtsgrundlage für einen Anspruch auf Kosterstattung ist hiernach § 15 SGB IX (a.F.), der sich gegen den nach § 14 SGB IX (a.F.) verantwortlichen Reha-Träger richtet. Vorliegend war dies nach dem BSG der Bei geladene zu 1. Zwar hat der stationäre Aufenthalt 2011 das bisherige Leistungsgeschehen im Hinblick auf das ambulante betreute Wohnen unterbrochen. Denn damit wurde auf eine erheblich geänderte Bedarfslage mit einer nach dem Leistungsrecht des SGB XII (a.F.) wesentlich anderen (stationären) Leistung reagiert. Durch Nichtweiterleitung des 2011 gestellten Antrags ist der Beigeladene zu 1 allerdings nach § 14 SGB IX (a F.) zuvor bereits für das ambulante betreute Wohnen zuständig geworden. Seither bestand eine im Kern unveränderte Bedarfslage und mithin ein einheitliches Leistungsgeschehen. Es widerspräche laut BSG dem Grundsatz der Leistungskontinuität, wenn die Änderung der örtlichen Zuständigkeit durch einen Umzug zugleich eine bereits bestehende (sachliche) Zuständigkeit beendete. Auch eine auflösende Bedingung unterbricht für sich genommen nicht ein ansonsten einheitliches Leistungsgeschehen – ebenso wenig wie eine zeitabschnittsweise Bewilligung von Leistungen (vgl. BSG, Urteil v. 04.04.2019, Az.: B 8 SO 12/17 R). Deshalb war der Beigeladene zu 1 wegen der bereits geklärten Zuständigkeit nicht zur Weiterleitung nach § 14 SGB IX (a.F.) berechtigt, die Weiterleitung ging „ins Leere". Die zur Rechtslage vor 2018 ergangene Entscheidung präzisiert den Umgang mit Weiterbewilligungsanträgen nach § 14 SGB IX sowie die Konsequenzen unberechtigter Weiterleitungen. Nicht zuletzt die mit Blick auf das einheitliche Leistungsgeschehen angelegten Kriterien „Bedarf" und „Leistungsart" dürften auch im Kontext der aktuellen Rechtslage sowie für andere Leistungsträgerbereiche relevant sein.

Anforderungen an die Beratungspflicht von Sozialleistungsträgern bei erkennbarem dringendem Beratungsbedarf[63]

Orientierungssatz*

Ist bei der Beantragung von Grundsicherungsleistungen ein dringender rentenversicherungsrechtlicher Beratungsbedarf eindeutig erkennbar, ist der Sozialhilfeträger zumindest verpflichtet, dem Bürger eine Beratung durch den Rentenversicherungsträger nahezulegen. BGH, Urteil v. 02.08.2018, Az.: III ZR 466/16

---

63   BAR Reha-Info 5/2018.

Sachverhalt und Entscheidungsgründe

Die zur Betreuerin bestellte Mutter des geistig schwerbehinderten Klägers (GdB 100) beantragte für diesen 2004 beim Sozialhilfeträger Grundsicherungsleistungen nach §§ 41 ff. SGB XII. Die Grundsicherungsleistung wurde bis 2011 gewährt. Sodann erfuhr die Mutter des Klägers, dass der Kläger auch einen Anspruch auf Leistungen der gesetzlichen Rentenversicherung habe. Nach entsprechendem Antrag erhielt der Kläger ab 2011 Rente wegen voller Erwerbsminderung. Die Anspruchsvoraussetzungen für diese Leistung erfüllte er allerdings bereits seit 2004. Bei entsprechender Antragsstellung hätte er sie somit bereits zu diesem Zeitpunkt anstelle der geringeren Grundsicherungsleistung erhalten können (vgl. § 2 Abs. 1 SGB XII). Darüber war die Betreuerin bei der Beantragung von Grundsicherung 2004 nicht beraten worden. Deshalb verlangt der Kläger vom Sozialhilfeträger Schadensersatz in Höhe der Differenz zwischen der erhaltenen Grundsicherung und der Rente wegen voller Erwerbsminderung. Im Rahmen der Revision war vom BGH insbesondere zu klären, ob der fehlende Hinweis auf einen möglichen Rentenanspruch durch die Mitarbeiter des Sozialhilfeträgers einen Beratungsfehler und damit die Verletzung einer Amtspflicht i.S.d. § 839 Abs. 1 Satz 1 BGB i.V.m. Art. 34 Satz 1 GG darstellt. Dies hat der BGH im vorliegenden Fall bejaht und eine entsprechende Hinweispflicht des Sozialhilfeträgers aus § 14 Satz 1 i.V.m. § 2 Abs. 2 Halbs. 2, § 17 Abs. 1 SGB I abgeleitet. Die Sozialleistungsträger unterlägen besonderen Beratungs- und Betreuungspflichten, weil eine umfassende Beratung Grundlage für das Funktionieren des immer komplizierter werdenden Sozialleistungssystems sei. Für Art und Umfang dieser Pflichten komme es nicht auf ein konkretes Beratungsbegehren durch den Bürger an, sondern der Leistungsträger habe von Amts wegen zu prüfen, ob über eine konkrete Fragestellung hinaus Anlass bestehe, auf Gestaltungsmöglichkeiten, Vor- oder Nachteile hinzuweisen, die sich mit einem Anliegen verbinden. Die Beratungspflicht sei auch nicht auf Normen beschränkt, die der betreffende Sozialleistungsträger selbst anzuwenden habe. Vielmehr könne auch eine Beratungspflicht über Rechte oder Pflichten bestehen, die gegenüber einer anderen Behörde gelten. Dies komme insbesondere dann in Betracht, wenn die Zuständigkeitsbereiche beider Stellen materiell-rechtlich eng miteinander verknüpft oder die jeweiligen Leistungen verfahrensrechtlich verbunden seien. Sofern – wie im entschiedenen Fall – für einen aktuell angegangenen Sozialleistungsträger ein zwingender rentenversicherungsrechtlicher Beratungsbedarf ohne weitere Ermittlungen eindeutig erkennbar sei, habe dieser zumindest die Pflicht, dem Bürger (auch) eine Beratung durch den Rentenversicherungsträger nahe zu legen. Eine umfangreiche Prüfung von Ansprüchen in dem ‚anderen' Bereich sei damit allerdings nicht verbunden.

Mit seiner Entscheidung knüpft der BGH (wie bereits mit Urt. v. 06.02.1997, Az.: III ZR 241/95) an die Rechtsprechung des BSG zur Beratungspflicht der Sozialleistungsträger (z.B. Urteile vom 22.10.1996, Az.: 13 RJ 69/95, und vom 19.02.1987, Az.: 12 RK 55/84) an und zeigt deren mögliche Bedeutung für Schadensersatzansprüche aus Amtshaftung auf. Es bleibt abzuwarten, ob und welche Ableitungen daraus für das sowohl materiell-rechtlich als auch verfahrensrechtlich eng verzahnte Rehabilitations- und Teilhaberecht entstehen. Dort könnten jedenfalls auch der sozialrechtliche Herstellungsanspruch und seine besonderen Voraussetzungen – wie die Möglichkeit der Beseitigung negativer Folgen durch zulässige Amtshandlung – von Bedeutung sein.

Urteil des Europäischen Gerichtshofes zum Begriff Behinderung [64]

Der EuGH klärt die Frage, ob und wann auch chronische Krankheiten vom Begriff der Behinderung im Sinne der EU-Antidiskriminierungsrichtlinie (RL 2000/78/EG) umfasst sein können. Die im Hinblick auf zwei Fälle aus Dänemark (im Rahmen sog. verbundener Verfahren) ergangene Entscheidung hat möglicherweise Auswirkungen auf das deutsche Arbeitsrecht und ggf. auch auf sozialrechtliche Fragestellungen.

Kernaussagen

1. Eine „Behinderung" im Sinne der Richtlinie 2000/78/EG liegt auch dann vor, wenn eine ärztlich diagnostizierte Krankheit eine lange andauernde Einschränkung mit sich bringt, die insbesondere auf physische, geistige oder psychische Beeinträchtigungen zurückzuführen ist, welche in Wechselwirkung mit verschiedenen Barrieren den Betreffenden an der vollen und wirksamen gleichberechtigten Teilhabe am Berufsleben hindern können.

Nach Art. 5 dieser Richtlinie hat der Arbeitgeber zur Gewährleistung des Gleichheitsgrundsatzes für Menschen mit Behinderung angemessene Vorkehrungen/Maßnahmen zu treffen, um diesen die gleichberechtigte Teilhabe am Berufsleben zu ermöglichen, es sei

---

64   BAR Reha-Info 5/2013.

denn, diese Vorkehrungen/Maßnahmen würden den Arbeitgeber unverhältnismäßig belasten.

2. Eine Verkürzung der Arbeitszeit kann eine solche angemessene Vorkehrung für Menschen mit Behinderung darstellen. Es ist Sache der nationalen Gerichte, zu beurteilen, ob unter den konkreten Umständen des Einzelfalls die Verkürzung der Arbeitszeit als Vorkehrungsmaßnahme eine unverhältnismäßige Belastung des Arbeitgebers darstellt.

3. Nach einer nationalen Bestimmung kann ein Arbeitgeber einen Arbeitsvertrag mit einer verkürzten Kündigungsfrist beenden, wenn der betroffene behinderte Arbeitnehmer innerhalb der letzten zwölf Monate krankheitsbedingt 120 Tage mit Entgeltfortzahlung abwesend war. Dem steht die Richtlinie 2000/78/EG entgegen, wenn diese Fehlzeiten darauf zurückzuführen sind, dass der Arbeitgeber nicht gemäß der Verpflichtung nach Art. 5 der Richtlinie geeignete angemessene Maßnahmen ergriffen hat und die Fehlzeiten auf die Behinderung zurückzuführen sind.

4. Ausnahme: Diese nationale Bestimmung verfolgt ein rechtmäßiges Ziel und geht nicht über das zu dessen Erreichung Erforderliche hinaus. Das zu prüfen, ist Sache des jeweiligen nationalen Gerichts.

Bedeutung für die Praxis:

Schon in der Präambel der UN-BRK heißt es, dass Behinderung aus der Wechselwirkung zwischen Menschen mit Beeinträchtigungen und einstellungs- und umweltbedingten Barrieren entsteht, die sie an der vollen, wirksamen und gleichberechtigten Teilhabe an der Gesellschaft hindert, und dass das Verständnis von Behinderung sich ständig weiterentwickelt.

Der EuGH erweitert nun mit seiner Entscheidung den Begriff der Behinderung im Kontext des Antidiskriminierungsrechts deutlich. Auch chronische Krankheiten sind danach vom Diskriminierungsschutz erfasst, wenn sie – im Ergebnis – zu einem Hindernis für die volle Teilhabe am Arbeitsleben führen. Diese Entscheidung könnte im deutschen Arbeitsrecht (z. B. im Kontext des BEM) dazu führen, dass die Rechtstellung von im o. g. Sinne chronisch Erkrankten im Arbeitsverhältnis mehr den nach geltender Gesetzeslage schwerbehinderten Beschäftigten vorbehaltenen Positionen angenähert wird. Es ist zudem nicht auszuschließen, dass das entsprechend erweiterte Verständnis von Behinderung auch in sozialrechtlichen Zusammen-

> hängen Auswirkungen haben wird. Urteil des Europäischen Gerichtshofes vom 11. April 2013, Az.: C-335/11 und C-337/11

3.IV.3 Teilhabeverfahrensbericht

Um einen belastbaren Einblick in das Reha- und Leistungsgeschehen zu erhalten, wurde mit Inkrafttreten des BTHG der Teilhabeverfahrensbericht (THVB) eingeführt (§ 41 SGB IX). Die gesetzliche Vorschrift richtet sich an mehr als 1.200 Rehabilitationsträger und mehr als 20 beteiligte Spitzenverbände bzw. oberste Landesbehörden. Die BAR ist vom Gesetzgeber beauftragt, auf Basis der gemeldeten Daten jährlich einen Teilhabeverfahrensbericht vorzulegen.[65]

Für den Gesetzgeber soll der Teilhabeverfahrensbericht

- die Zusammenarbeit der Träger und das Reha-Leistungsgeschehen transparenter machen,
- Möglichkeiten der Evaluation und Steuerung eröffnen sowie
- ein besseres Erkennen verfahrenshemmender Divergenzen und Intransparenzen im Rehabilitationsrecht ermöglichen.

Ausgangspunkt des Berichtes sind Angaben der Rehabilitationsträger zu den Leistungsprozessen. Um einen Einblick in das Reha- und Teilhabegeschehen zu erhalten, erfassen die gesetzlichen Krankenkassen, die Bundesagentur für Arbeit, die Träger der gesetzlichen Unfallversicherung und der gesetzlichen Rentenversicherung, die Träger im Rahmen des Rechts der sozialen Entschädigung, die Träger der öffentlichen Jugendhilfe sowie der Eingliederungshilfe Angaben zu Verfahrensabläufen bei Anträgen auf Leistungen zur Rehabilitation und Teilhabe.

Der Gesetzgeber hat 16 von den Rehabilitationsträgern zu ermittelnde Sachverhalte festgelegt (§ 41 Abs. 1 SGB IX). Im Mittelpunkt stehen Häufigkeiten und Zeitdauern.

Die Daten betreffen u. a. die folgenden Sachverhalte:

- Anzahl der Anträge auf Leistungen zur Rehabilitation und Teilhabe
- Anzahl der Weiterleitungen wegen vollständiger Unzuständigkeit
- Fristüberschreitungen im Verfahren
- Bearbeitungszeit

---

65 https://www.bar-frankfurt.de/themen/teilhabeverfahrensbericht.html

- Trägerübergreifende Teilhabeplanungen
- Anzahl von trägerspezifischen und trägerübergreifenden Persönlichen Budgets
- Widersprüche und Klagen

Neben den inhaltlichen Aspekten legt der Gesetzgeber auch den Weg der Entstehung des Berichtes fest. Er beauftragt

- die BAR, den Teilhabeverfahrensbericht zu erstellen,
- alle Reha-Träger über die Spitzenverbände bzw. obersten Landesbehörden, die Daten in einem mit der BAR technisch abgestimmten Datenformat zu liefern sowie
- die BAR die Angaben unter Beteiligung der Rehabilitationsträger auszuwerten.

Seit 2019 bieten die Teilhabeverfahrensberichte einheitlich erhobene und vergleichbare Daten zu Verfahrensabläufen im Bereich der Rehabilitation und Teilhabe über alle Trägerbereiche des gegliederten Systems der sozialen Sicherung in Deutschland. Der Teilhabeverfahrensbericht 2025 wird zum 31.12.2025 veröffentlicht.[66]

Sie geben einen detaillierten Einblick in die Leistungsfähigkeit des deutschen Rehabilitationssystems, die Zusammenarbeit der Träger im Reha-Leistungsgeschehen und zeigen Möglichkeiten der Evaluation und Steuerung auf.

Die mit dem THVB erreichte Transparenz ist für Verantwortliche im Reha-Geschehen wie für Beobachter eine belastbare Grundlage. Unstrittig ist, dass für den Erfolg von Rehabilitation ein professioneller Verfahrensablauf eine wichtige Rolle spielt. Seit nunmehr sechs Jahren geben die Kennzahlen aus dem THVB Einblicke in die Verfahrensabläufe von Rehabilitation und Teilhabe. Die aussagekräftigen, vergleichbaren Daten erlauben Rückschlüsse auf die Umsetzung gesetzlicher Vorgaben in der Praxis und bieten eine belastbare Grundlage in bisherige Entwicklungen und Ansätze für die Weiterentwicklung. Den Reha-Trägern selbst (siehe Kapitel 2.IV.2) werden nach Auswertung ihrer Angaben Steuerungsdaten an die Hand gegeben. Und auch für die Selbstverwaltung (siehe Kapitel 2.IV.3) stellt der vorgelegte Bericht eine ausgezeichnete Grundlage und Informationsquelle dar.

---

66 Alle bisher veröffentlichten Teilhabeverfahrensberichte sind abrufbar unter: https://www.bar-frank furt.de/themen/teilhabeverfahrensbericht.html (7.10.2025).

Voraussetzung ist, dass mit den zur Verfügung stehenden Kennzahlen gearbeitet wird und auf welche Weise der THVB als Evaluationsinstrument für mögliche Handlungsbedarfe von den verantwortlichen Akteuren genutzt wird.

Teilhabeverfahrensbericht 2024

Der Teilhabeverfahrensbericht 2024 basiert auf den Meldungen von 1.154 Trägern für das Berichtsjahr 2023. Das bedeutet, dass 91,1 Prozent aller 1.267 berichtspflichtigen Träger ihre Daten an die BAR übermittelt haben. 113 Träger (8,9 Prozent) meldeten keine Daten.

Anzahl der gestellten Anträge

Die Anzahl der Neuanträge ist im Jahr 2023 um rund 9 Prozent im Vergleich zum Vorjahr gestiegen – auf etwa 3,2 Millionen. Die meisten dieser Anträge wurden gestellt, um Leistungen zur medizinischen Rehabilitation zu beantragen.

Weiterleitungen

7,3 Prozent der eingehenden Anträge wurden an den jeweils zuständigen Rehabilitationsträger weitergeleitet.

Fristen nach § 14 SGB IX

Nach dem Antragseingang muss der Träger innerhalb von zwei Wochen über die Zuständigkeit entscheiden. Diese Frist wurde bei 17,5 Prozent aller Zuständigkeitsfeststellungen nicht eingehalten. Im Jahr 2022 lag dieser Wert bei 16,8 Prozent.

Für den leistenden Rehabilitationsträger liegt die Entscheidungsfrist über den Antrag bei drei Wochen. Wurde zur Bedarfsfeststellung ein Gutachten eingeholt, liegt die Entscheidungsfrist von zwei Wochen nach Vorlage des Gutachtens. Die Dreiwochenfrist wurde bei 25,5 Prozent aller Entscheidungen überschritten und bei 34,0 Prozent bei Entscheidungen mit Gutachten.

Gutachtendauer

Im Jahr 2023 wurden 291.889 Gutachten beauftragt. Die durchschnittliche Dauer zur Erstellung eines Gutachtens lag bei 12,7 Tagen.

Bearbeitungsdauern

2023 vergingen im Durchschnitt 26,3 Tage, bis ein Antrag abschließend bearbeitet wurde. Damit hat sich die durchschnittliche Bearbeitungsdauer im Jahresvergleich kaum verändert.

Entscheidungsarten

Insgesamt wurden 84,1 Prozent der bearbeiteten Anträge vollständig oder teilweise positiv beschieden.

Teilhabeplanungen, Teilhabeplankonferenzen

2023 gab es 11.818 Anträge mit trägerübergreifender Teilhabeplanung: Bezogen auf alle entschiedenen Gesamtanträge handelt es sich mit insgesamt 0,4 Prozent um einen sehr geringen Anteil.

Ähnliches gilt bei Teilhabeplankonferenzen: Bei 1.372 Anträgen fand eine Teilhabeplankonferenz statt. Bezogen auf alle Anträge entspricht dies einem Anteil von 0,05 Prozent.

Teilhabepläne und deren Geltungsdauern

Bei 47.538 Teilhabeplänen wurden Anpassungen vorgenommen. Die durchschnittliche Geltungsdauer eines Teilhabeplans lag bei 369, 3 Tagen.

Erstattungsverfahren

Die Anzahl der Erstattungsverfahren zwischen den Rehabilitationsträgern lag bei 1.823. Gegenüber dem Vorjahr mit 2.684 Erstattungsverfahren bedeutet dies einen Rückgang um 32,1 Prozent.

Trägerspezifische Persönliche Budgets

Von den in 5.497 beantragten trägerspezifischen Persönlichen Budgets wurden 4.670 bewilligt.

Trägerübergreifende Persönliche Budgets

Von den beantragten 399 trägerübergreifenden Persönlichen Budgets wurden 303 bewilligt.

Mitteilungen wegen langer Verfahrensdauer

Es erfolgten 2.655 Mitteilungen, weil über den Antrag nicht innerhalb von zwei Wochen nach Antragseingang entschieden werden konnte.

Erstattungsansprüche

78,0 Prozent der Anträge auf Erstattung selbstbeschaffter Leistungen wurden bewilligt.

Widersprüche und Klagen

Antragstellende können rechtlich gegen die Entscheidung eines Trägers vorgehen. Im Jahr 2023 waren 53,2 Prozent der Widersprüche erfolgreich, und 26,8 Prozent der Klagen wurde stattgegeben. Die Anzahl entschiedener Widersprüche insgesamt hat im Vergleich zum Vorjahr um 6,4 Prozent zugenommen.

Dauerhafte Integration in Arbeit

Aus den Trägerbereichen der Bundesagentur für Arbeit, der Rentenversicherung und der Unfallversicherung wurden 146.853 sozialversicherungspflichtige Beschäftigungsverhältnisse sechs Monate nach Ende der Leistungen zur Teilhabe am Arbeitsleben gemeldet.

Als Instrument unterstützt der THVB die Beobachtung der Umsetzung von Verfahrensvorschriften der SGB IX. Die sechs vorliegenden Teilhabeverfahrensberichte geben Einblicke in die Entwicklungen der Umsetzung und erlauben Möglichkeiten des Vergleichs zwischen zwei oder mehreren Jahren und ebenso des Vergleichs mit anderen Trägern. Den Verantwortlichen in den Trägerbereichen werden mit dem THVB weitere Steuerungsdaten zur Verfügung gestellt, die genutzt werden können und sollten, um positive Entwicklungen zu bestätigen, um Schwierigkeiten, die sich in der Praxis zeigen, zahlenmäßig zu belegen, und um Verbesserungsansätze abzuleiten.

3.V Aufgabenteil

Zusammenfassung

Dieses Kapitel lädt ein zur Überprüfung, Anwendung und Reflektion des Gelernten. Er enthält Aussagen, Fragen und Aufgaben zum Wiederholen, zum Nachdenken, zum Diskutieren, zum Üben. Der Aufbau dieses Teils orientiert sich an den Kapitel 1 bis 3.

Legende

W: Wiederholen
N: Nachdenken
D: Diskutieren
Ü: Üben

Kapitel 1 Einführung

W: Was zeichnet ein inklusives Gesellschaftsmodell im Sinne der UN-BRK aus?

W: Was unterscheidet „Integration" von „Inklusion"?

W: Welche Bedeutung hat die Ratifikation der UN-BRK in Deutschland?

D: Was meint: „Demokratie braucht Inklusion"?

N: „Vorschriften schaffen noch keine Inklusion" – wie stehen Sie zu dieser Aussage?

W: Erklären Sie die Bedeutung von Personenzentrierung als Leitgedanke des BTHG.

Ü: Erstellen Sie eine Liste mit Faktoren, die für Personenzentrierung relevant sind.

D: Welche Herausforderungen sind mit dem Wechsel zu Teilhabeorientierung und Personenzentrierung verbunden?

D: „Die Freiheit des Einzelnen endet dort, wo die Freiheit des Anderen beginnt" (Immanuel Kant): Diskutieren Sie diese Aussage mit Blick auf eine inklusive Gesellschaft.

Kapitel 2 Grundlagenteil

Kapitel 2.I. Um wen geht es?

W: Welche Ursachen können zu einer Behinderung führen?

W: Die Zahl der Menschen mit Behinderungen steigt: Nennen Sie die wesentlichen Einflussfaktoren.

W: Welche Auswirkungen hat diese Entwicklung auf den Bereich von Rehabilitation und Teilhabe?

W: Was kennzeichnet den Behinderungsbegriff, den die UN-BRK und das BTHG zugrunde legen?

N: Was bedeutet dies im Zusammenhang mit Artikel 3 Grundgesetz „Niemand darf wegen seiner Behinderung benachteiligt werden"?

Ü: Nennen Sie die Hauptbegriffe zur Bezeichnung der Zielgruppen von Rehabilitation und Teilhabe. In welchem Kontext würden Sie welchen Begriff einsetzen?

W: Worin besteht eine amtliche Anerkennung der Behinderung und welche Relevanz hat sie?

D: Warum ist es für Beraterinnen und Berater unverzichtbar, einzelne Krankheitsbilder und Behinderungsarten zu kennen?

Ü: Wie bereiten Sie sich auf ein Beratungsgespräch mit einem gehörlosen Menschen vor?

Kapitel 2.II Um was geht es?

Kapitel 2.II.1

D: Was macht selbstbestimmte Teilhabe aus?

W: Worin liegt der Unterschied zwischen Selbstbestimmung und Selbstständigkeit?

N: Wie ordnen Sie die Forderung von Menschen mit Behinderungen „Nichts über uns ohne uns" in diesem Zusammenhang ein?

Ü: Nennen Sie ein Beispiel für das Selbstbestimmungsrecht in der Rehabilitation. Worin liegt die besondere Relevanz?

Kapitel 2.II.2

D: „Teilhabe braucht Rehabilitation" – worin zeigt sich für Sie die Relevanz dieser Aussage?

W: Wie ist Rehabilitation im deutschen Hilfesystem eingeordnet?

W: Worin besteht die besondere Bedeutung von Rehabilitation?

N: Welche Herausforderungen kommen auf die Entwicklung der Rehabilitation und Teilhabe zu?

Kapitel 2.III Rechtliche Grundlagen

Kapitel 2.III.1 UN-BRK

W: Welche Bedeutung hat die UN-BRK für Menschen mit Behinderungen?
Ü: Nennen und erläutern Sie zwei zentrale Begriffe der UN-BRK.
D: Worin sehen Sie die Rolle der UN-BRK im deutschen Recht.

Kapitel 2.III.2 Gegliedertes Sozialleistungssystem

Ü: Beschreiben Sie das deutsche Sozialleistungssystem.
D: Für wie zutreffend halten Sie die Zuschreibung „zergliedertes" System?
D: Was genau meint „Leistungen wie aus einer Hand"?
W: Welches sind die Schritte zur Zusammenführung im gegliederten System?

Kapitel 2.III.3 Bundesteilhabegesetz

W: Wie hat das BTHG das bisher geltende SGB IX novelliert?
D: Worin sehen Sie die großen Veränderungen, die das BTHG gebracht hat?
W: Wie hat das BTHG das Verhältnis zwischen dem SGB IX und den Leistungsgesetzen geändert?
D: Welche Bedeutung hat eine Einheitlichkeit von Verfahren aus Ihrer Sicht?

Kapitel 2.III.4 Das Sozialgesetzbuch

W: Wie viele Sozialgesetzbücher gibt es?
W: Was ist das Besondere am SGB XIV?

Kapitel 2.III.5 Untergesetzliche Regelungen zur Umsetzung des SGB IX

W: Was sind Gemeinsame Empfehlungen?
Ü: Nennen Sie drei Gemeinsame Empfehlungen und beschreiben Sie ihre Relevanz für die Praxis.

D: Diskutieren Sie die Rolle der Rehabilitationsträger und der BAR im Erarbeitungsprozess einer Gemeinsamen Empfehlung.

D: Worin sehen Sie die Bedeutung von untergesetzlichen Regelungen?

Kapitel 2.III.6 Die ICF als Teil der Klassifikationen der WHO

W: Welche Fortschritte sind mit der ICF verbunden?

W: Erläutern Sie die Schlüsselbegriffe Personenbezogene Faktoren und Umweltfaktoren in ihrer Bedeutung für die Bedarfsermittlung.

W: Was wird unter dem biopsychosozialen Modell verstanden?

Kapitel 2.IV Das gegliederte Sozialleistungssystem

Kapitel 2.IV.1 Leistungen

W: Welches sind die fünf Leistungsgruppen zur Teilhabe?

W: Wer kann Leistungen der medizinischen Rehabilitation in Anspruch nehmen und welche Voraussetzungen müssen erfüllt sein?

Ü: Frau W., 35 Jahre alt, berufstätig, leidet unter Adipositas – Markus, 12 Jahre alt, geht zur Schule, leidet unter Adipositas: Auf was kommt es bei den Unterstützungsleistungen an?

W: Was sind die Ziele von Leistungen der medizinischen Rehabilitation?

W: An wen richten sich die Leistungen zur Teilhabe am Arbeitsleben?

W: Worin unterscheiden sich Leistungen zur Teilhabe im Arbeitsleben von Leistungen der Begleitenden Hilfe?

N: Für die Teilhabe am Arbeitsleben spielen Arbeitgeber eine zentrale Rolle. Was halten Sie für besonders wichtig, um Arbeitgeber zu motivieren?

W: Wie stehen Leistungen zur Sozialen Teilhabe zu den Leistungen der anderen Leistungsgruppen?

Kapitel 2.IV.2 Akteure

D: Rehabilitationsträger als Weichensteller – was sagt das aus?

W: Weshalb ist die Anzahl der Rehabilitationsträger dynamisch? Nennen Sie ein aktuelles Beispiel, an dem das besonders deutlich wird.

W: Worin unterscheiden sich die Bundesagentur für Arbeit und die Gesetzliche Unfallversicherung?

Ü: Nach einem Arbeitsunfall kann Herr B. nicht mehr seine bisher ausgeübte Beschäftigung aufnehmen. Zudem leidet er unter einer psychischen Beeinträchtigung. Welche Leistungserbringer kommen für eine Unterstützung infrage?

D: Worin sehen Sie die Bedeutung von Selbsthilfeorganisationen?

Kapitel 2.IV.3 Selbstverwaltung

W: Beschreiben Sie die Selbstverwaltung als Gestaltungsprinzip der Sozialversicherung.

Kapitel 2.IV.4 Zuständigkeiten

W: Was beinhaltet das Vorrang-/Nachrangprinzip?

D: Welche Herausforderungen sehen Sie im Rahmen der Zuständigkeitsklärung, wenn mehrere Träger für eine Leistung zuständig sein können?

W: Weshalb ist der „Leistende Rehabilitationsträger" bei komplexem Unterstützungsbedarf wichtig?

Kapitel 2.IV.5 Trägerübergreifende Kooperation

W: Was verbirgt sich hinter den drei K?

N: Zusammenarbeit kann man nicht oder nur bedingt verordnen – ist sie deshalb beliebig?

d. Welche Vorteile hat eine einheitliche Verwaltungspraxis – welche Nachteile bringt eine uneinheitliche Verwaltungspraxis?

Ü: Kennen Sie die Plattform der BAR – machen Sie sich schlau.

W: Was beinhaltet der Teilhabeverfahrensbericht und worüber gibt er Auskunft?

Kapitel 3 Praxisteil

Kapitel 3.I. Zusammenarbeiten im gegliederten Sozialleistungssystem

N: Eine Vorschrift ist zunächst nur eine Vorschrift: Was bedeutet es für Sie, eine Vorschrift mit Leben zu füllen?

D: Die Umsetzung der Verfahrensvorschriften für Reha und Teilhabe sollte so einfach wie möglich und so umfassend wie nötig sein. Was macht diesen Handlungsansatz aus?

W: Wieso ist Zusammenarbeit ein Qualitätskriterium für Rehabilitation und Teilhabe?

W: Welches sind die Phasen des Reha-Prozesses und wie stehen die Prozessphasen zueinander?

W: Welche Rolle spielt ein Antrag für den Zugang zu Leistungen. Welche Anforderungen werden an einen Antrag gestellt?

W: Welche besonderen Vorgaben gelten für den Datenschutz im Rahmen der Zuständigkeitsklärung und der Teilhabeplanung?

D: Wie blicken Sie auf den Datenschutz im Reha-Prozess?

Ü: Franz Z. ist gehörlos. Auf was kommt es bei der Kommunikation mit ihm an?

Ü: Machen Sie sich die Bedeutung von Verstehen – Verständnis für eine Verständigung im Reha-Prozess klar.

N: „Eine funktionierende Gesellschaft braucht nicht nur Regeln, sondern eine emotionale Basis für Gerechtigkeit" (John Rawls – US-amerikanischer Philosoph, Gerechtigkeitstheorie) – wie denken Sie darüber im Zusammenhang mit Rehabilitation und Teilhabe ?

Kapitel 3.II. Rehabilitation und Teilhabe planen

Kapitel 3.II.1 Bedarfsermittlung – Teilhabeplanung

W: Welche Schritte umfassen den Prozess der Bedarfsermittlung?

W: Was bedeuten „umfassend" und „Meistbegünstigung"? Was muss die Fachkraft eines Reha-Trägers beachten?

D: Welches sind für Sie die Hauptgründe für die Notwendigkeit von Teilhabeplanung?

W: Wann muss ein Teilhabeplanverfahren durchgeführt werden?

D: Teilhabeplan, Hilfeplan, Reha-Plan: Was spricht für, was gegen die Verwendung von unterschiedlichen Begriffen für eine Sache?

Kapitel 3.II.2 Fallmanagement

W: In welchem Verhältnis stehen Fallmanagement und Teilhabeplanung?

W: Was genau ist zu tun, um Bedarfe zu ermitteln, um Leistungen zu ermitteln und zu koordinieren?

Ü: Wie gut vernetzt sind Sie? Was machen Sie, um Ihr Netzwerk zu erweitern?

D: Weshalb spielen aus Ihrer Sicht Teilhabeplanung und Fallmanagement in der Praxis immer noch eine geringe Rolle?

Kapitel 3.II.3 Ansätze zur Optimierung

Ü: Werner B., seit 20 Jahren erwerbstätig, leidet unter starken Rückenschmerzen und ist immer wieder arbeitsunfähig. Er stellt einen Antrag auf Reha-Leistungen. Nutzen Sie den Zuständigkeitsnavigator, um das Verfahren anzukurbeln.

Ü: Ein Antrag geht 23.10.2025 bei einem Reha-Träger in Baden-Württemberg ein. Es gelten die vorgegebenen Fristen. Was sagt der Fristenrechner, wann was fristgerecht zu erfolgen hat?

D: Netzwerkarbeit kostet Zeit und spart Zeit – wieso?

D: „When the ‚Why' is clear, the ‚How' is easy" (Boris Hermann, Profisegler) – was könnte dies bedeuten im Zusammenhang mit Rehabilitation und Teilhabe?

Kapitel 3.III Beratung im Reha-Prozess

Kapitel 3.III.1 Bedeutung von Beratung

W: Worin bestehen die Beratungspflichten der Rehabilitationsträger?

W: Welche weiteren Beratungsstellen kennen Sie?

W: Was ist und was macht eine EUTB?

Ü: Nehmen Sie zu einer Auskunfts- und Beratungsstelle Kontakt auf, die Sie nicht kennen.

(Sie kennen schon alle? Wunderbar!)

Kapitel 3.III.2 Aufgaben, Anforderungen und Kompetenzen

W: Was umfasst die Fachkompetenz?

Ü: Wie steht es mit Ihrer Fachkompetenz? Prüfen Sie sich selbst.

W: Was zählt zur sozialen Kompetenz und weshalb ist auch diese im Reha-Bereich wichtig?

N: „Als Mensch mit Behinderung möchte ich mich angenommen fühlen und in erster Linie als Mensch wahrgenommen werden" – was muss die Beratungsfachkraft beachten und können, um diese Erwartung zu erfüllen?

Ü: Sie befinden sich im Beratungsgespräch mit Frau Martina G. Sie wirkt verunsichert und ängstlich. Welche Möglichkeiten nutzen Sie, um ins Gespräch zu kommen?

Kapitel 3.III.3 Partizipation

W: Nennen Sie drei Mitwirkungsrechte von Menschen mit Behinderungen.

W: Welche Mitwirkungspflichten haben Leistungsberechtigte?

N: Menschen mit Behinderung müssen zur Partizipation befähigt werden. Wie können Sie dazu beitragen.

Literaturverzeichnis

Behrens, Johann (2022): Perspektive der Pflegewissenschaft. In: Meyer, Thorsten/Bengel, Jürgen/Wirtz, Markus Antonius (Hrsg.) (2022): Lehrbuch Rehabilitationswissenschaften. Bern: Hogrefe, S. 226-236.

Beschorner, Jürgen (2015): Staatsaufsicht über Sozialversicherungsträger. In: Mülheims, Laurenz/Hummel, Karin/Peters-Lange, Susanne/Toepler, Edwin/Schuhmann, Iris (Hrsg.) (2015): Handbuch Sozialversicherungswissenschaft. Wiesbaden: Springer, S.778-798.

Bickenbach, Jerome/Stucki, Gerold (2022): Das ICF-Modell der funktionalen Gesundheit. In: Meyer, Thorsten/Bengel, Jürgen/Wirtz, Markus Antonius (Hrsg.) (2022): Lehrbuch Rehabilitationswissenschaften. Bern: Hogrefe, S. 42-56.

Bickenbach, Jerome/Sabariego, Carla/Stucki, Gerold mit einem zusätzlichen Beitrag von Rolf Buschmann-Steinhage (2022): Zielgruppen der Rehabilitation. In: Meyer, Thorsten/Bengel, Jürgen/Wirtz, Markus Antonius (Hrsg.) (2022): Lehrbuch Rehabilitationswissenschaften. Bern: Hogrefe, S.58-69.

Bogumil, Jörg/Gräfe Philipp (2024): Fragmentierung der Sozialpolitik – Schnittstellen und Brüche zwischen unterschiedlichen Sozialpolitikfelder. Eine Literaturstudie. Deutsches Institut für interdisziplinäre Sozialpolitikforschung. Universität Duisburg-Essen.

Bredehorst, Marlis (2015): UN-Behindertenrechtskonvention und Sozialversicherung. In: Mülheims, Laurenz/Hummel, Karin/Peters-Lange, Susanne/Toepler, Edwin/Schuhmann, Iris (Hrsg.): Handbuch Sozialversicherungswissenschaft. Wiesbaden: Springer, S. 158–174.

Bundesagentur für Arbeit (2024): Arbeitsmarktsituation schwerbehinderter Menschen 2024. https://statistik.arbeitsagentur.de (6.7.2025).

Bundesarbeitsgemeinschaft der Integrationsämter und Hauptfürsorgestellen (BIH) o. J.: Fachlexikon Beschäftigung schwerbehinderter Menschen. www.bih.de (7.10.2025).

Bundesarbeitsgemeinschaft für Rehabilitation (BAR) (2015): Trägerübergreifende Beratungsstandards. Handlungsempfehlungen zur Sicherstellung guter Beratung in der Rehabilitation. Frankfurt a.M.

Bundesarbeitsgemeinschaft für Rehabilitation (BAR) (Hrsg.) (2018): Rehabilitation – Vom Antrag bis zur Nachsorge – für Ärzte, Psychologische Psychotherapeuten und andere Gesundheitsberufe. Berlin: Springer.

Bundesarbeitsgemeinschaft für Rehabilitation (BAR) (2019a): Teilhabe braucht Rehabilitation. Blicke zurück in die Zukunft. Berlin: Peter Lang.

Bundesarbeitsgemeinschaft für Rehabilitation (BAR) (2019b): Reha-Prozess: Gemeinsame Empfehlung. Frankfurt a.M. www.bar-frankfurt.de/themen/gemeinsame-empfehlungen.html (7.10.2025), zit. GE Reha-Prozess

Bundesarbeitsgemeinschaft für Rehabilitation (BAR) (2019c): Bundesteilhabegesetz Kompakt: Teilhabeplanung. Frankfurt a.M. www.bar-frankfurt.de/service/publikationen/reha-grundlagen.html (7.10.2025).

Bundesarbeitsgemeinschaft für Rehabilitation e. V. (BAR) (2022). Rehabilitation und Teilhabe – Ein Wegweiser. Frankfurt a.M. www.bar-frankfurt.de/service/publikationen/reha-grundlagen.html (7.10.2025).

Bundesarbeitsgemeinschaft für Rehabilitation (BAR) (2024): Bundesteilhabegesetz Kompakt: Bedarfsermittlung. Frankfurt a.M. www.bar-frankfurt.de/service/publikationen/reha-grundlagen.html (7.10.2025).

Bundesarbeitsgemeinschaft für Rehabilitation (BAR) (Hrsg.) (2024): Teilhabeverfahrensbericht 2024. Frankfurt a.M. www.bar-frankfurt.de/themen/teilhabeverfahrensbericht/teilhabeverfahrensberichte.html (7.10.2025). Zit. Teilhabeverfahrensbericht 2024.

Bundesarbeitsgemeinschaft für Rehabilitation (BAR) 2025: Trägerübergreifende Ausgabenstatistik der BAR. Ausgabensteigerung für Reha und Teilhabe. In: BAR Reha-Info 1/ 2025, S. 4-7. https://www.bar-frankfurt.de/service/reha-info-und-newsletter/reha-info-2025/reha-info-012025.html (30.4.2025).

Bundesministerium für Arbeit und Soziales (BMAS) (Hrsg.) (2021): Dritter Teilhabebericht der Bundesregierung über die Lebenslagen von Menschen mit Beeinträchtigung: Teilhabe – Beeinträchtigung – Behinderung.https://www.bmas.de/DE/Service/Publikationen/Broschueren/a125-21-teilhabebericht.html7.10.2025).

Bundesministerium für Arbeit und Soziales (BMAS) (Hrsg.) (2024): Teilhabe gemeinsam planen. Forschungsbericht 645. Berlin.

Bundesvereinigung der Deutschen Arbeitgeberverbände (BDA) (2025): Sozialversicherungsträger effizient organisieren und Soziale Selbstverwaltung stärken. Vorschläge für eine effiziente Verwaltung der Sozialversicherungsträger. Mai 2025. https:// arbeitgeber.de (17.9.2025)

Buschmann-Steinhage, Rolf (2022): Leistungsträger der Rehabilitation. In: Meyer, Thorsten/Bengel, Jürgen/Wirtz, Markus Antonius (Hrsg.) (2022): Lehrbuch Rehabilitationswissenschaften. Bern: Hogrefe, S. 94-102.Czedik, Stephanie/Liebing, Nadine/Schüring, Stefan (2025): Neuordnung der Trägerstrukturen in der Sozialen Entschädigung. In: DVfR Reha Recht, Beitrag D4-2025. https://www.reha-recht.de/fachbeitraege/beitrag/artikel/beitrag-d4-202511.07.2025).

Dau, Dirk H./Düwell, Franz Josef/Joussen, Jacob/Luik, Steffen (Hrsg.) (2022): Sozialgesetzbuch IX. Rehabilitation und Teilhabe von Menschen mit Behinderungen. SGB IX. BTHG. SchwbVWO. BGG. Lehr- und Praxiskommentar. Baden-Baden: Nomos. Zit. Bearbeiterin/Bearbeiter in LPK-SGB IX.

Degener, Theresia (2009): Welche legislativen Herausforderungen bestehen in Bezug auf die nationale Implementierung der UN-Behindertenrechtskonvention in Bund und Ländern? In: Behindertenrecht 2009, S. 34–51.

Deinert, Olaf/Welti, Felix (Hrsg.) (2018): StichwortKommentar. Behindertenrecht. Arbeits- und Sozialrecht. Öffentliches Recht. Zivilrecht. Alphabetische Gesamtdarstellung. Baden-Baden: Nomos. Zit. Bearbeiterin/ Bearbeiter in SWK Behindertenrecht

Deutsche Vereinigung für Rehabilitation (DVfR) (2024): Voraussetzungen für personenzentrierte Teilhabeleistungen von Kindern und Jugendlichen mit Behinderungen bei der inklusive Kinder- und Jugendhilfe 2028. Positionspapier der DVfR. Februar 2024.

Deutscher Verein für öffentliche und private Fürsorge (2018): Empfehlungen des Deutschen Vereins zum Fallmanagement im Jobcenter. DV 18/16.

Deutscher Verein für öffentliche und private Fürsorge (Hrsg.) (2022): Fachlexikon der Sozialen Arbeit. Baden-Baden: Nomos. Zit. Bearbeiterin/ Bearbeiter in FL SA.

Deutscher Verein für öffentliche und private Fürsorge (2025): Empfehlungen des Deutschen Vereins für öffentliche und private Fürsorge e.V. zur Rechtsvereinfachung und Entbürokratisierung. https://www.deutscher-verein.de/fileadmin/user_upload/dv/pdfs/Empfehlungen_Stellungnahmen/2025/DV-1-25_Rechtsvereinfachung_Entbuerokratisierung_im_Sozialrecht.pdf (13.9.2025)

Egen, Christoph/Gutenbrunner, Christoph (2021): Reflexionen über den Begriff der Behinderung. In: RP Reha 3/2021, S. 32–41.

Fuchs, Harry (2011): Zehn Jahre Sozialgesetzbuch IX. Eine kritische Bestandsaufnahme der Umsetzung. In: Soziale Sicherheit, S. 205–213.

Fuchs, Harry (2019): Auf dem Weg zum Neunten Sozialgesetzbuch. In: Bundesarbeitsgemeinschaft für Rehabilitation (BAR) (2019): Teilhabe braucht Rehabilitation. Blicke zurück in die Zukunft. Berlin: Peter Lang, S. 113-117.

Gerlinger, Thomas (2015): Selbstverwaltung in der Sozialversicherung – Ein Überblick. In: Mülheims, Laurenz/Hummel, Karin/Peters-Lange, Susanne/Toepler, Edwin/Schuhmann, Iris (Hrsg.) (2015): Handbuch Sozialversicherungswissenschaft. Wiesbaden: Springer, S.747-762.

Gesellschaft für Versicherungswissenschaft und -gestaltung e. V. (Hrsg.) (2019): Zukunft der sozialen Selbstverwaltung – demokratisch, effizient, modern? Tagungsband zum Symposium des Wissenschaftlichen Beirates der GVG vom 27.Mai 2019. Berlin.

Giraud, Bernd/Penstorf, Carola (2018): Beraten im Reha-Prozess. Das Bundesteilhabegesetz verändert die Beratungslandschaft. In: RP Reha 1/2018, S. 39–44.

Giraud, Bernd/Schian, Marcus (2019): Teilhabeplanung: die Regelungen im BTHG und in der Gemeinsamen Empfehlung Reha-Prozess. In: Nachrichten des Deutschen Vereins (NDV), April 2019, S. 175–180.

Hajasch, Lydia (2019): Bundesgerichtshof konkretisiert Beratungspflichten der Sozialleistungsträger. In: Die Rehabilitation 2, S. 82–84.

Köpke, Karl-Heinz/Richter, Alexandra/Welti, Felix(2018): Soziale Selbstverwaltung und Rehabilitation. Sichtweisen, Bewertungen und Anregungen von Expertinnen und Experten der Selbstverwaltung. Düsseldorf: Hans Böckler Stiftung.

Landschaftsverband Rheinland (LVR)/Landschaftsverband Westfalen-Lippe (LWL) (Hrsg.) (2019): Bedarfe ermitteln Teilhabe gestalten BEI_NRW Handbuch. Köln/Münster.

Lüders, Carolin/ Baron, Michael (2019): Kompetenzentwicklung. Qualifizierung von Reha-Managerinnen und Reha-Managern. In: DGUV Forum 7,8 2019, S. 15-17.

Luik, Steffen (2014): Der Teilhabeplan – die Roadmap zum Reha-Erfolg. In: Sozialrecht aktuell, Zeitschrift für Sozialberatung, Sonderheft, S. 11–17.

Luik, Steffen (2019): Der Teilhabeplan als wichtiges Instrument effektiver Verwaltungskooperation. In: Bundesarbeitsgemeinschaft für Rehabilitation (BAR) (2019a): Teilhabe braucht Rehabilitation. Blicke zurück in die Zukunft. Berlin: Peter Lang, S. 123-125.

Mattern, Lea/Peters, Ulrike/Rambausek-Haß, Tonia (2023): Zur Umsetzung der Partizipation in der Bedarfsermittlung und Teilhabeplanung. Forschungsstand. In: DVfR Reha Recht. Fachbeitrag D5-2023. https://www.reha-recht.de/fachbeitraege/beitrag/artikel/bei trag-d5-2023 (7.10.2025).

Masuch, Peter (2012): UN-Behindertenrechtskonvention anwenden. In: Sozialrecht und Praxis 5/2012, S. 287–293.

Meyer, Thorsten/Bengel, Jürgen/Wirtz, Markus Antonius (Hrsg.) (2022): Lehrbuch Rehabilitationswissenschaften. Bern: Hogrefe.

Meyer, Thorsten/Bengel, Jürgen/Wirtz, Markus, Antonius (2022): Definitionen der Rehabilitation und zentraler Begriffe. In: Meyer, Thorsten et al. (Hrsg.): Lehrbuch Rehabilitationswissenschaften. Bern-Hogrefe, S. 28-41.

Mülheims, Laurenz/Hummel, Karin/Peters-Lange, Susanne/Toepler, Edwin/Schuhmann, Iris (Hrsg.) (2015): Handbuch Sozialversicherungswissenschaft. Wiesbaden: Springer.

Mülheims, Laurenz/ Seel, Helga (2022): Und das ist erst der Anfang. Vom Arbeitskreis Hochschulen – Teilhabe und Inklusion. In: RP Reha 2/ 2022, S. 36-40.

Pichler, Johannes (2018): Nervensystem. In: Bundesarbeitsgemeinschaft für Rehabilitation (BAR) (Hrsg.) (2018): Rehabilitation – Vom Antrag bis zur Nachsorge – für Ärzte, Psychologische Psychotherapeuten und andere Gesundheitsberufe. Berlin: Springer, S.47-56.Pohontosch, Nadine/Träder, Jens-Martin/Scherer, M./Deck, R. (2013): Empfehlungen zur Überwindung von Schnittstellenproblemen in der medizinischen Rehabilitation der gesetzlichen Renten- und Krankenversicherung. In: Die Rehabilitation 52, S. 322–328.

Prantl, Heribert (2019): 50 Jahre BAR – eine Arbeitsgemeinschaft als Schicksalskorrektorat und als ausführendes Organ des Artikels 1 Grundgesetz: Die Würde des Menschen ist unantastbar. In: Bundesarbeitsgemeinschaft für Rehabilitation (BAR) (2019): Teilhabe braucht Rehabilitation. Blicke zurück in die Zukunft. Berlin: Peter Lang, S. 15–26.

Ramm, Diana/Welti, Felix/Kilimann, Martin (2021): Das SGB IX: Wege zu seiner Entstehung und zu seinem Verständnis. In: RP Reha 3/2021, S. 18–25.

Reit, Anette (2015): Rechtliche Determinanten der Selbstverwaltung in der Sozialversicherung. In: Mülheims, Laurenz/Hummel, Karin/Peters-Lange, Susanne/Toepler, Edwin/Schuhmann, Iris (Hrsg.) (2015): Handbuch Sozialversicherungswissenschaft. Wiesbaden: Springer, S. 763-776.

Rexrodt, Christian/Toepler, Edwin/Lohmer, Erwin (2022): Reha-Management – Integration der Rehabilitation in das Versorgungssystem. In: Meyer, Thorsten/Bengel, Jürgen/Wirtz, Markus Antonius (Hrsg.): Lehrbuch Rehabilitationswissenschaften, S. 624–637.

Schaumberg, Torsten (2020). Das gegliederte System des Rehabilitationsrechts. Beitrag A9-2020 unter: www.reha-recht.de (7.10.2025).

Schian, Marcus/Giraud, Bernd (2019): Teilhabeplanung – ein Kernelement des trägerübergreifenden Reha-Prozesses. In: ARCHIV für Wissenschaft und Praxis der sozialen Arbeit 1/2019, S. 2–14.

Schian, Marcus/Sutorius, Mathias (2020a): Umgang mit datenschutzrechtlichen Herausforderungen in ausgewählten Phasen des Reha-Prozesses. In: Die Rehabilitation 2020/59, S. 72–77.

Schian, Markus (2020b): Die Gemeinsame Empfehlung Reha-Prozess – ein Patentrezept für die Gestaltung trägerübergreifender Zusammenarbeit in der Rehabilitation. In: Sozialrecht aktuell, Zeitschrift für Sozialberatung, Sonderheft, 192–198.

Schmachtenberg, Rolf (2019): Zur Jubiläumsveranstaltung der BAR am 19.Juni 2019 in Frankfurt am Main. In: Bundesarbeitsgemeinschaft für Rehabilitation (BAR) (2019): Teilhabe braucht Rehabilitation. Blicke zurück in die Zukunft. Berlin: Peter Lang, S.27-30.

Schmidt-Ohlemann, Matthias (2022): Formen der Rehabilitation. In: Meyer, Thorsten/Bengel, Jürgen/Wirtz, Markus Antonius (Hrsg.) (2022): Lehrbuch Rehabilitationswissenschaften. Bern: Hogrefe, S. 162-174.

Schüring, Stephan/Ulrich, Lisa (2021): Der Teilhabeverfahrensbericht nach § 41 SGB IX: Instrument zur Darstellung von Rehabilitation in Kennzahlen. In: Sozialrecht und Praxis 31, S. 211–215.

Schuhmacher, Norbert (2018): Beratungspflichten im Sozialrecht. In: Rechtsdienst der Lebenshilfe. Rechtsprechung und Rechtspraxis 4, S. 207–213.

Seel, Helga (2019a): Beratung und Fallmanagement – Schlüssel für eine erfolgreiche Rehabilitation. In: Behindertenrecht 58 (4), S. 86–92.

Seel, Helga (2019b): Denken, planen und handeln im gegliederten Sozialleistungssystem: Aufgaben und Selbstverständnis der BAR. In: Bundesarbeitsgemeinschaft für Rehabilitation (BAR) (2019a): Teilhabe braucht Rehabilitation. Blicke zurück in die Zukunft. Berlin: Peter Lang, S. 31-37).

Seel, Helga (2022): System der Rehabilitation in Deutschland: In: Meyer, Thorsten/Bengel, Jürgen/Wirtz, Markus Antonius (Hrsg.) (2022): Lehrbuch Rehabilitationswissenschaften. Bern: Hogrefe, S.126-138.

Sellnick, Joachim (2021): Das Teilhabestärkungsgesetz und die Leistungen an SGB-II:Leistungsberechtigte mit Behinderungen. Teil I: Die partielle Aufhebung des Verbots von Leistungen nach §§ 16a ff. SGB II. In: DVfR Forum Rehabilitations- und Teilhaberecht. Fachbeitrag A23-2021. https:// www.reha-recht.de/fachbeitraege/beitrag/artikel/beitrag-a 23-2021 (3.11.2025)

Stähler, Thomas/ Abdelkader, Wofa (2019): 50 Jahre Reha-bezogene Sozialgesetzgebung. In: Bundesarbeitsgemeinschaft für Rehabilitation (BAR) (2019a): Teilhabe braucht Rehabilitation. Blicke zurück in die Zukunft. Berlin: Peter Lang, S. 101-108.

Tabbara, Annette (2020): Neues Sozialgesetzbuch XIV – Die Reform des Sozialen Entschädigungsrechts. In: Neue Zeitschrift für Sozialrecht (NZS, 210), S. 210–217.

Tabbara, Annette (2021): Mehr Inklusion möglich machen: Das Teilhabestärkungsgesetz. In: Neue Zeitschrift für Sozialrecht (NZS) 17, S. 665–675.

Tietz, Alexander (2022): Die ergänzende Funktion des Fallmanagements nach § 30 Abs. 7 SGB XIV im Hinblick auf das Teilhabeplanverfahren. IN: RP Reha 3/2022, S. 39-43.

Ulrich, Peter (2018): Kooperation der Leistungsträger. In: Deinert, Olaf/Welti, Felix (Hrsg.): StichwortKommentar Behindertenrecht, Arbeits- und Sozialrecht, Öffentliches Recht, Zivilrecht. 2. Aufl., Baden-Baden: Nomos, S. 640–647.

von Boetticher, Arne (2019): Nahtlosigkeitsideal oder Schnittstellenrealität im gegliederten Leistungssystem im Plan: Koordinierung bei Antrag und Leistung – aus einer Hand? In: Sozialrecht aktuell, Sonderheft 2019, S. 48–52.

von Boetticher, Arne (2022): Inklusion und rechtskreisübergreifende Zusammenarbeit in der Kinder- und Jugendhilfe nach dem KJSG. In: Praxis der Rehabilitation 2/2022, S. 5–13.

von Boetticher, Arne/Kuhn-Zuber, Gabriele (2022): Rehabilitationsrecht. Ein Studienbuch für soziale Berufe. Baden-Baden: Nomos.

Welti, Felix (2016): Beratung im Recht – am Beispiel der Beratung für und durch behinderte Menschen. In: DVfR Reha Recht, Beitrag D41-2016. https://www.reha-recht.de/fachbeitr aege/beitrag/artikel/beitrag-d41-2016(7.10.2025).

Welti, Felix (2019): Selbstverwaltung der Rehabilitationsträger – eine Erfolgsgeschichte? In: Gesellschaft für Versicherungswissenschaft und -gestaltung e. V. (GVG) (Hrsg.): Zukunft der sozialen Selbstverwaltung – demokratisch, effizient, modern? Tagungsband zum Symposium des Wissenschaftlichen Beirates der GVG vom 27. Mai 2019. Berlin, S. 47–56.

Register